O PODER DA
DISCÓRDIA

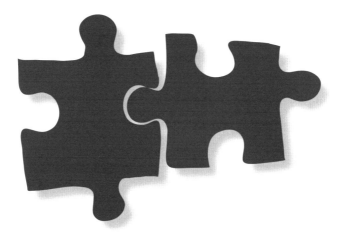

por Dr. Ed Tronick

The Neurobehavioral and Social-Emotional Development of Infants and Children [O Desenvolvimento Neurocomportamental e Socioemocional de Bebês e Crianças, em tradução livre]

por Dra. Claudia M. Gold

The Developmental Science of Early Childhood [A Ciência do Desenvolvimento da Primeira Infância, em tradução livre]

The Silenced Child [A Criança Silenciada, em tradução livre]

Keeping Your Child in Mind [Mantendo Seu Filho em Mente, em tradução livre]

O PODER DA DISCÓRDIA

POR QUE OS ALTOS E BAIXOS DOS
RELACIONAMENTOS SÃO O SEGREDO PARA
CONSTRUIR INTIMIDADE, RESILIÊNCIA E CONFIANÇA

DR. ED TRONICK
DRA. CLAUDIA M. GOLD

ALTA BOOKS
GRUPO EDITORIAL
Rio de Janeiro, 2023

O Poder da Discórdia

Copyright © 2023 da Starlin Alta Editora e Consultoria Eireli.
ISBN: 978-65-5520-436-0

Translated from original The Power of Discord. Copyright © 2020 by Ed Tronick and Claudia M. Gold. ISBN 978-0- 316-48887-7. This translation is published and sold by permission of Hachette Book Group, the owner of all rights to publish and sell the same. PORTUGUESE language edition published by Starlin Alta Editora e Consultoria Eireli, Copyright © 2023 by Starlin Alta Editora e Consultoria Eireli.

Impresso no Brasil — 1ª Edição, 2023 — Edição revisada conforme o Acordo Ortográfico da Língua Portuguesa de 2009.

Todos os direitos estão reservados e protegidos por Lei. Nenhuma parte deste livro, sem autorização prévia por escrito da editora, poderá ser reproduzida ou transmitida. A violação dos Direitos Autorais é crime estabelecido na Lei nº 9.610/98 e com punição de acordo com o artigo 184 do Código Penal.

A editora não se responsabiliza pelo conteúdo da obra, formulada exclusivamente pelo(s) autor(es).

Marcas Registradas: Todos os termos mencionados e reconhecidos como Marca Registrada e/ou Comercial são de responsabilidade de seus proprietários. A editora informa não estar associada a nenhum produto e/ou fornecedor apresentado no livro.

Erratas e arquivos de apoio: No site da editora relatamos, com a devida correção, qualquer erro encontrado em nossos livros, bem como disponibilizamos arquivos de apoio se aplicáveis à obra em questão.

Acesse o site **www.altabooks.com.br** e procure pelo título do livro desejado para ter acesso às erratas, aos arquivos de apoio e/ou a outros conteúdos aplicáveis à obra.

Suporte Técnico: A obra é comercializada na forma em que está, sem direito a suporte técnico ou orientação pessoal/exclusiva ao leitor.

A editora não se responsabiliza pela manutenção, atualização e idioma dos sites referidos pelos autores nesta obra.

Dados Internacionais de Catalogação na Publicação (CIP) de acordo com ISBD

T853p Tronick, Dr. Ed
O poder da discórdia: por que os altos e baixos dos relacionamentos são o segredo para construir intimidade, resiliência e confiança / Dr. Ed Tronick, Dra. Claudia M. Gold ; traduzido por Carol Suiter. - Rio de Janeiro : Alta Books, 2023.
256 p. ; 16cm x 23cm.

Tradução de: The Power of Discord
Inclui índice.
ISBN: 978-65-5520-436-0

1. Autoajuda. 2. Relacionamentos. 3. Comunicação interpessoal. 4. Confiança. I. Gold, Dra. Claudia M. II. Suiter, Carol. III. Título.

2022-3223
CDD 158.1
CDU 159.947

Elaborado por Odilio Hilario Moreira Junior - CRB-8/9949

Índice para catálogo sistemático:
1. Autoajuda 158.1
2. Autoajuda 159.947

Produção Editorial
Grupo Editorial Alta Books

Diretor Editorial
Anderson Vieira
anderson.vieira@altabooks.com.br

Editor
José Ruggeri
j.ruggeri@altabooks.com.br

Gerência Comercial
Claudio Lima
claudio@altabooks.com.br

Gerência Marketing
Andréa Guatiello
andrea@altabooks.com.br

Coordenação Comercial
Thiago Biaggi

Coordenação de Eventos
Viviane Paiva
comercial@altabooks.com.br

Coordenação ADM/Finc.
Solange Souza

Direitos Autorais
Raquel Porto
rights@altabooks.com.br

Gestão de Pessoas
Jairo Araújo

Coordenação Logística
Waldir Rodrigues

Produtor da Obra
Thiê Alves

Produtores Editoriais
Illysabelle Trajano
Maria de Lourdes Borges
Paulo Gomes
Thales Silva

Equipe Comercial
Adenir Gomes
Andrea Riccelli
Ana Claudia Lima
Daiana Costa
Everson Sete
Kaique Luiz
Luana Santos
Maira Conceição
Natasha Sales
Pablo Frazão

Equipe Editorial
Ana Clara Tambasco
Andreza Moraes
Arthur Candreva
Beatriz de Assis

Beatriz Frohe
Betânia Santos
Brenda Rodrigues
Caroline David
Erick Brandão
Elton Manhães
Fernanda Teixeira
Gabriela Paiva
Henrique Waldez
Karolayne Alves
Kelry Oliveira
Lorrahn Candido
Luana Maura
Marcelli Ferreira
Mariana Portugal
Matheus Mello
Milena Soares
Patricia Silvestre
Viviane Corrêa
Yasmin Sayonara

Marketing Editorial
Amanda Mucci
Guilherme Nunes
Livia Carvalho
Thiago Brito

Atuaram na edição desta obra:

Tradução
Carol Suiter

Copidesque
Thaís Cotts

Revisão Gramatical
Carolina Oliveira
Lyvia Felix

Diagramação
Joyce Matos

Capa
Rita Motta

Editora afiliada à: ASSOCIADO

ALTA BOOKS
GRUPO EDITORIAL

Rua Viúva Cláudio, 291 — Bairro Industrial do Jacaré
CEP: 20.970-031 — Rio de Janeiro (RJ)
Tels.: (21) 3278-8069 / 3278-8419
www.altabooks.com.br — altabooks@altabooks.com.br
Ouvidoria: ouvidoria@altabooks.com.br

SUMÁRIO

	Agradecimentos	ix
	Sobre os Autores	xi
	Introdução: Origens	1
1	Reparação como Alimento para a Alma	29
2	Almejar Ser Bom O Bastante	57
3	Seguro para Fazer Confusão	75
4	Parar o Jogo da Culpa	97
5	Resiliência Reconsiderada	119
6	Nossos Jogos: Aprender a Pertencer	139
7	Tecnologia e o Paradigma do Rosto Imóvel	157
8	Quando os Significados Dão Errado	169
9	Cura em um Mosaico de Momentos ao Longo do Tempo	193
10	Encontrar Esperança na Incerteza	207
11	Da Discórdia à Conexão e ao Pertencimento	217
	Notas	229
	Índice	239

Para o corpo docente e para os membros do Programa de Saúde Mental da Criança e Família da Universidade de Massachusetts, Boston.

AGRADECIMENTOS

Escrever um livro em conjunto, é, em si, um exercício na confusão dos relacionamentos. A nossa agente Lisa Adams, inteligente, gentil e de paciência infinita, nos manteve unidos durante o processo desorganizante de transformar nosso conjunto de obras em um todo coerente. Administrando o projeto por meio de inúmeras revisões, ela nos levou à Little, em Brown Spark, onde nossa editora maravilhosa, que nos deu apoio incessante, Marisa Vigilante, forneceu uma perspectiva inestimável em sua interpretação do nosso trabalho. Nossa editora freelancer, Joan Benham, sempre entendeu exatamente o que tentávamos dizer e, com sua edição magnífica, nos ajudou a traduzir o nosso idioma de forma clara e acessível.

Somos gratos aos líderes da área que nos influenciaram através dos anos. Bob Pyles e Jerry Fromm nos ouviram em inúmeros momentos de incompatibilidade e reparo. T. Berry Brazelton nos ensinou a valorizar a desorganização, e Jerome Bruner nos ensinou a criar significado. Ambos ainda sussurram em nossos ouvidos. Nossos muitos colegas, incluindo Beatrice Beebe, Marjorie Beeghly, Jeff Cohn, Peter Fonagy, Andy Gianino, Bruce Perry, Stephen Porges, Lou Sander, Arietta Slade, Nancy Snidman e Katherine Weinberg, cada um deles fez contribuições significativas ao nosso pensamento. Ao corpo docente do Programa Certificado de Saúde Mental da Criança e Família da Universidade de Massachusetts, Boston, Dorothy Richardson, Marilyn Davillier, Alex

AGRADECIMENTOS

Harrison, Silvia Juarez-Marazzo, Kristie Brandt e todos os colegas de Boston e Napa, que ao longo dos últimos dezesseis anos nos inspiram e nos apoiam com sua coragem, criatividade e amizade. Passar um tempo na presença deles sempre nos anima.

Somos gratos às muitas famílias que conhecemos em nosso trabalho clínico e de pesquisa, que generosamente nos acolheram em suas vidas e se tornaram nossos maiores professores.

E, por último, mas não menos importante, gostaríamos de agradecer aos nossos respectivos parceiros de vida, Marilyn e Joe, que ofereceram sabedoria, orientação e bom humor sem fim através de toda a nossa confusão. Ambos são mestres em reparação.

SOBRE OS AUTORES

Dr. Ed Tronick, neurocientista do desenvolvimento e psicólogo clínico, é um ilustre professor universitário de Ciências do Desenvolvimento e do Cérebro na Universidade de Massachusetts, Boston, e pesquisador associado na Divisão de Medicina de Recém-Nascidos da Harvard Medical School. É reconhecido internacionalmente por sua pesquisa sobre neurocomportamento e desenvolvimento socioemocional infantil. Formulou o paradigma do rosto imóvel, o modelo de autorregulação e a teoria de incompatibilidade e reparo de interações e interações terapêuticas. Fez pesquisa sobre desenvolvimento infantil e parentalidade no Quênia, Zâmbia, Peru, Granada e diversas comunidades nos Estados Unidos. Sua pesquisa atual concentra-se na memória infantil para o estresse e processos epigenéticos que afetam o comportamento dos bebês e dos pais. Publicou mais de quatrocentos artigos científicos, cinco livros e centenas de fotografias, e apareceu em programas norte-americanos de rádio e televisão. Sua pesquisa é financiada pelo Instituto Nacional de Saúde (NIH) e pela Fundação Nacional de Saúde (NFS). Palestrou internacionalmente, incluindo Londres, Roma, Bangcoc, Melbourne, Lisboa, Pretória e várias cidades dos Estados Unidos.

Dra. Claudia M. Gold é mestre, pediatra e escritora. Praticou pediatria geral e comportamental por mais de vinte anos e agora é especializada em saúde mental da primeira infância. Faz parte do corpo docente do

SOBRE OS AUTORES

Programa de Saúde Mental da Criança e Família da Universidade de Massachusetts, Boston, do Instituto Brazelton do Hospital Infantil de Boston e do Instituto Psicanalítico de Berkshire. É clínica do FIRST Steps Together, programa para mulheres grávidas e mães em recuperação de dependência em opioides, e diretora do projeto Hello It's Me, programa comunitário de apoio às relações pais-bebês nas áreas rurais de Massachusetts. A Dra. Gold palestra frequentemente para uma variedade de públicos, incluindo pais e profissionais. É autora de *The Developmental Science of Early Childhood* [A Ciência do Desenvolvimento da Primeira Infância, em tradução livre], *The Silenced Child* [A Criança Silenciada, em tradução livre] e *Keeping Your Child in Mind* [Mantendo Seu Filho em Mente, em tradução livre], e escreve regularmente para seu blog, Child in Mind [Criança em Mente, em tradução livre].

Introdução

ORIGENS

O Poder da Discórdia oferece novas maneiras de pensar sobre nós mesmos e nossos relacionamentos. Ao longo de décadas de pesquisa e experiência clínica, fomos motivados por algumas questões fundamentais: como algumas pessoas desfrutam de uma série de conexões sociais íntimas e satisfatórias enquanto outras sofrem de dolorosos sentimentos de desconexão e solidão? Por que alguns seres humanos estão tristes, retraídos e sem autoestima, enquanto outros estão com raiva, desfocados e fragilmente arrogantes, e, ainda, outros são felizes, curiosos, carinhosos e autoconfiantes? Como a nossa capacidade de sentir pertencimento e apego a outras pessoas está ligada à maneira como desenvolvemos nosso senso individual de nós mesmos? Talvez o mais importante, como as respostas a essas perguntas, que descobrimos no decorrer do nosso trabalho, nos levem a encontrar conexão e intimidade quando nos sentimos perdidos e sozinhos, uma experiência que todos têm em uma hora ou outra? Antes de começarmos a mostrar as nossas descobertas, vamos nos apresentar individualmente e como viemos escrever este livro juntos.

A HISTÓRIA DE CLAUDIA: DA GESTÃO À ESCUTA ATIVA

O ano era 2004. Como especialista comportamental geralmente reconhecida em meu movimentado consultório pediátrico de cidade do interior, senti cada vez mais que nem meu estudo em pediatria nem meus quase vinte anos de prática me deram as ferramentas para enfrentar os amplos desafios que chegavam ao meu escritório. Fazer perguntas e dar orientação, conselhos e gestão de comportamento muitas vezes resultou em um sentimento de frustração e fracasso tanto para mim quanto para as famílias com quem trabalhei. Então, duas consultas — uma com um adolescente "rebelde" e outra com uma bebê de três meses com "cólica" — mudaram tudo.

Depois de conversar sozinha com Alex, de 15 anos, por volta de vinte dos trinta minutos tipicamente alocados para uma "avaliação de TDAH", convidei seus pais, Carmen e Rick, para se juntarem a nós. Alex sentou-se largado em um canto da mesa de exame, envolvendo-se com firmeza em seu casaco e olhando silenciosamente para o chão. Carmen e Rick ficaram de pé, de braços cruzados, o mais distante possível. O pequeno espaço mal podia conter a raiva e a desconexão exibidas.

Para essa primeira consulta com Alex e seus pais, segui o procedimento típico de fazer um histórico em consonância com as avaliações de diagnóstico padronizadas para Transtorno do Deficit de Atenção com Hiperatividade[1]. Suas respostas às minhas perguntas pareciam indicar, de acordo com a escala de classificação do TDAH, que Alex poderia se encaixar nos critérios do diagnóstico para o transtorno. Agendamos uma consulta de acompanhamento para avaliação posterior e para discutir o tratamento.

Contudo, em nossa segunda consulta, algumas semanas depois, minha abordagem foi diferente. Comecei a estudar no recém-inaugurado Instituto Psicanalítico Berkshire naquele ano. Como parte de um programa criado para treinar psicanalistas, o instituto oferecia treinamentos

INTRODUÇÃO

para pessoas que não eram médicas de saúde mental, mas trabalhavam em áreas relacionadas. Encontrei uma série de novas ideias que não foram abordadas no meu curso de pediatria. Surpreendentemente, pediatras recebem pouca educação sobre o papel fundamental e crítico das relações durante o crescimento e o desenvolvimento.

Uma das influências mais importantes no meu pensamento a partir daquele momento foi o trabalho do pediatra D. W. Winnicott, que posteriormente tornou-se psicanalista. Winnicott desenvolveu suas ideias na Inglaterra pós-Segunda Guerra Mundial, onde, como na maioria das sociedades ocidentais da época, a mãe era pensada principalmente como provedora de cuidados básicos — alimentação, banho e colocação de curativos. À relação mãe-filho em si foi concedido pouco valor. As crianças eram rotineiramente removidas de suas famílias para serem mantidas a salvo da ameaça de bombardeios em Londres durante a Segunda Guerra Mundial sem que ninguém desse muita importância para as consequências, e crianças hospitalizadas foram separadas de seus pais por longos períodos. Winnicott foi um dos primeiros a introduzir uma maneira diferente de pensar.

Na época da minha segunda consulta com Alex e seus pais, eu estava lendo um artigo sobre o que Winnicott chamou de *verdadeiro eu*[2]. Ele descreveu como os problemas dos pais podem ofuscar a visão de quem seus filhos realmente são e o que o comportamento de seus filhos comunica. Outra mãe na minha clínica deu um exemplo marcante do conceito. Ela estava muito perturbada com a necessidade do filho mais velho de ser sempre o primeiro. Sair de casa com uma criança de cinco e uma de dois anos se tornou cada vez mais difícil. Depois de várias consultas, contou-me chorando sobre a morte de seu irmão mais velho quando era pequena. Sua família se mudou para o outro lado do país para fugir da perda, e nunca a analisou. A experiência de cuidar de dois filhos de idades próximas trouxe toda a dor de volta. Seu filho, que desenhava silenciosamente no chão enquanto ela compartilhava essa história, subiu em seu colo e entregou à mãe uma imagem de uma pessoa em um campo. Dando um ótimo exemplo do provérbio "pela boca dos bebês", ele disse: "Esta é você, não eu". A origem de seu comportamento teve início na rivalidade típica entre irmãos, mas o luto não processado de sua mãe tinha nublado sua perspectiva, e ela estava aumentando a situação com sua reação desproporcional. Uma vez que tinha contado essa história na segurança do meu consultório, foi capaz de responder ao "verdadeiro eu" de seu filho, calmamente estabelecendo limites em seu comportamento. A intensidade da rivalidade entre irmãos se dissipou.

Embora não me lembre de mudar propositalmente minha abordagem — foi mais por acaso —, meus estudos deram uma nova visão para entender momentos transformadores, como o que se seguiu com Alex e sua família, que começavam a ocorrer. Mais tarde eu poderia deliberadamente duplicar o que tinha descoberto. Esses primeiros passos iniciaram a minha jornada em conseguir ouvir como o principal objetivo do meu trabalho. Comecei a perceber que os problemas de comportamento ocorriam quando, por uma série de razões, um pai e filho não se conectavam — uma situação que mais tarde eu entenderia na língua de Ed como *incompatibilidade*.

Quando reservei tempo para ouvir os pais juntos de seus filhos, eles puderam acessar os sentimentos que estavam no caminho de ver o verdadeiro eu de seus filhos, muitas vezes alguma combinação de vergonha, raiva e tristeza. Eu simplesmente estava aprendendo a ouvir com curiosidade em vez de pular diretamente do diagnóstico para o tratamento. Em vez de procurar "O que é isso?" e "O que faremos?", fiz mais perguntas do tipo "Como foi sua gravidez?", "Como era seu filho quando bebê?" e "Ela lembra alguém da sua família?". Com esse convite para conversar, os pais se abriram e as histórias fluíram. Tendo em mente as lições de Winnicott e de outros, eu ouvia para ajudar a encontrar significado no comportamento problemático. Como poderíamos entender o que a criança estava comunicando? Enquanto as famílias e eu compartilhamos momentos poderosos de reconexão, transformações drásticas ocorreram nos relacionamentos e no comportamento. Foi o que aconteceu no meu trabalho com Alex e sua família.

INTRODUÇÃO

Na segunda consulta, depois de alguns minutos, a mãe de Alex, chateada com um comentário do marido, saiu para a sala de espera. Depois que a porta se fechou atrás dela, Rick não percebeu a interrupção, em vez disso, fez uma lista de reclamações sobre o filho. "Ele é preguiçoso. Nunca ouve. Não se importa com mais ninguém, só com ele mesmo." Querendo validar a experiência de angústia de Rick enquanto eu protegia Alex da intensidade de sua raiva, passei por esse momento difícil redirecionando a conversa e perguntando algumas coisas simples sobre seu dia. "Qual era o seu trabalho e quando ele normalmente chegava em casa?", "Quanto tempo tinha com a família?". Com a oportunidade de contar sua história, Rick se acalmou e se abriu. O espaço tranquilo não se encheu de perguntas de avaliação, mas sim com tempo para ouvir. Observei pai e filho visivelmente relaxados, suas posturas corporais se afastando da tensão e da raiva. Pela primeira vez, eles olharam um para o outro. Como fiquei quieta, eles começaram a conversar entre si, cara a cara. Em vez de atacar Alex, Rick parecia se sentir seguro para compartilhar sua tristeza sobre o crescente distanciamento em sua família e em seus sentimentos de desamparo de se conectar com Alex agora que ele entrava na adolescência. Ansiedade e alívio emanaram de Alex quando ele disse ao pai que se assustava ao ouvir os pais brigando, muitas vezes sobre ele. Preocupado com essas experiências perturbadoras, encontrou dificuldades para se concentrar na escola. Agora reconheci a situação como uma espiral descendente de pistas perdidas e falhas de comunicação. Carmen e Rick viram um menino preguiçoso e rebelde; Alex via pais que estavam constantemente zangados e desapontados com ele. Seu comportamento tornou-se alimento para a briga de seus pais, cavando um buraco cada vez mais profundo de desconexão familiar.

Transformei meus sentimentos críticos, que borbulhavam em resposta à hostilidade de Rick em relação ao filho, em curiosidade ao reconhecer que não importa o quão ruim as coisas parecem estar, os pais amam seus filhos e desejam fazer o certo por eles. Essa postura permitiu me juntar a Rick. A conexão comigo parecia lhe dar uma nova maneira de pensar sobre o comportamento do filho e, ao fazê-lo, reconectar-se com ele.

Quando Carmen voltou da sala de espera, ela parecia surpresa com a significativa mudança de humor. Depois de explicar sobre a confidencialidade de minha consulta com Alex, ofereci-me para encontrar com Carmen e Rick sozinhos em algumas semanas. Na reunião seguinte, eles me disseram que o comportamento problemático, que eles haviam chamado de *opositivo*, mas agora reconhecido como uma reação às tensões em casa e na escola, havia diminuído significativamente. Eles viram seu comportamento como uma forma de comunicação. Reconheceram a tensão em seu casamento, mas sentiram que sua intensidade estava menor. Carmen e Rick sentaram-se lado a lado, voltando-se um para o outro enquanto compartilhavam comigo sua alegria recém-descoberta e alívio com as mudanças em sua relação com o filho. A cura na relação pai-filho abriu uma conexão entre os pais de Alex. Passar pela confusão da desconexão para a reconexão levou a um momento de crescimento e mudança para toda a família. Não foi necessária nenhuma grande explicação. Simplesmente criei um espaço calmo para refletirem, ficarem curiosos sobre o que acontecia.

Nos anos seguintes dos meus estudos no Instituto Psicanalítico de Berkshire, descobri o trabalho de outros grandes pensadores nos campos da psicanálise e do desenvolvimento infantil. Agora, um colega próximo, o psicanalista Peter Fonagy, do Centro Anna Freud, em Londres, ofereceu percepções profundas que mudaram minha compreensão da experiência clínica. Fonagy descreveu como a capacidade de reconhecer que outras pessoas têm diferentes motivações e intenções sobre si mesmas, ou o que ele chamou de *mentalização*, é uma conquista de desenvolvimento com suas raízes nos relacionamentos da primeira infância. Quando soube da pesquisa de Ed Tronick, me ocorreu que ele propôs evidências científicas para as verdades profundas que Winnicott estilou de seu trabalho clínico, ideias que tanto influenciaram meu próprio pensamento.

INTRODUÇÃO

Aprendi que a confiança se desenvolve exatamente pelo processo que observei entre Rick e Alex. Passar do mal-entendido para a compreensão — consertar a desconexão — nos permite formar laços mais profundos em nosso amplo mundo social. Um caminho de confiança se abriu entre mim e Rick durante nossa segunda consulta porque, em vez de julgá-lo por sua raiva ou tentar mudar seu comportamento, validei sua experiência. Por sua vez, ele se abriu para entender o filho. Nós nos mobilizamos da raiva e julgamento para ouvir com interesse.

Essa dinâmica se tornaria típica em meu consultório. Cheguei a reconhecer que, uma vez que os pais e eu descobríssemos o significado no comportamento, os pais geralmente saberiam o que fazer. Problemas de comportamento resolvidos.

O trabalho com Alex e seus pais foi uma espécie de momento eureka! para mim e tive vontade de querer saber mais. Como o campo da pediatria explodiu com diagnósticos de TDAH e o recém-descoberto transtorno bipolar pediátrico, experimentei criar um espaço para as famílias mudarem da desconexão para a reconexão. Em parte, essa mudança foi concreta. Comecei a reservar cinquenta minutos para uma consulta em vez do padrão de trinta e recebia famílias em um escritório maior e mais confortável. E reconheço que a quantidade de tempo para a consulta assim como a segurança do espaço físico desempenharam um papel importante. Quando mudei de fazer perguntas e dar conselhos para simplesmente ouvir, frequentemente sentada no chão com crianças mais novas; vi famílias passarem da raiva e da desconexão, às vezes através de tristeza profunda, para, depois, momentos de reconexão. Uma criança corria espontaneamente para os braços de sua mãe para receber um abraço. Muitas vezes eu sentia um formigamento em meus braços e meus olhos cheios de lágrimas na presença da alegria e do amor redescobertos. Motivada pelo poder desses momentos para compartilhar minhas descobertas com os pais e meus colegas pediatras, comecei a escrever. Essas experiências deram origem ao meu primeiro livro, *Keeping Your Child in Mind*[3] [Mantendo Seu Filho em Mente, em tradução livre], escrito para um público de pais e profissionais.

O segundo encontro que mudou fundamentalmente meu pensamento e abordagem no trabalho ocorreu quando recebi em meu consultório, Aliyah, uma criança de três meses, para tratar de cólicas. Uma pediatra da minha clínica, que sabia que eu estava imersa em novas maneiras de trabalhar com famílias em dificuldades, encaminhou a família para mim. Ela compreendeu que esse caso envolveria mais do que instruções sobre o que fazer com a cólica. Uma preocupação comum para os pais de bebês pequenos, *cólica* não é uma doença ou um distúrbio, mas a descrição de um comportamento, o choro excessivo. *Cólica* é frequentemente definida pela regra de três: chorando mais de três horas por dia, mais de três dias por semana, e por mais de três semanas. Para Aliyah, as técnicas padrão para tratar cólicas, incluindo ser ninada, ouvir sons tranquilos, tomar diferentes remédios e mudança na dieta de sua mãe, falharam.

Jaclyn, mãe de Aliyah, tinha sido diagnosticada recentemente com depressão pós-parto. O obstetra recomendou um aumento na dose de antidepressivos. Jaclyn, porém, já não se sentia inteiramente ela mesma com o remédio; temia que uma dose maior interferisse em sua capacidade de estar totalmente disponível para seu bebê, e por isso estava relutante em tomar esse caminho.

Ela veio à consulta com sua esposa, Kayla, que estava de volta ao trabalho em tempo integral e lutando para descobrir como lidar com a tristeza persistente e intensa de Jaclyn. Kayla deu um exemplo vívido que me fez entender a situação. Na manhã da consulta, uma maçã tinha caído da sacola de compras que Jaclyn estava trazendo do carro, e ela caiu no chão em prantos.

Em vez de fazer uma recomendação padrão sobre o manejo com a cólica, sentei no chão com Jaclyn e Kayla e observei o comportamento do bebê. Aliyah era uma "prematura tardia", pois nasceu com 36 semanas. No hospital, ela estava no berçário normal, não no berçário de cuidados especiais, e nenhum dos médicos ou enfermeiras tinha dito aos pais de Aliyah para esperar algo incomum. No entanto, os pediatras sabem que bebês nascidos mesmo uma ou duas semanas mais cedo podem ter sistemas nervosos relativamente imaturos que tornam seus sinais comportamentais mais difíceis de ler. Enquanto nós três estávamos sentadas no chão observando o bebê, Kayla espirrou. Todo o corpo de Aliyah estremeceu enquanto seus braços voaram sobre sua cabeça. Em um instante, ela passou do sono tranquilo para o choro. Jaclyn imediatamente pegou o bebê que chorava e começou a andar para a frente e para trás por toda a sala, balançando Aliyah com vigor. Kayla olhou para mim implorando. "Viu?"

"Sim", respondi. Vivenciei sua experiência de um bebê que passou da calma ao choro em um instante e percebi o quão cansativo isso poderia ser. Sentamos e esperamos, e em um minuto ou mais Aliyah estava calma novamente. Compartilhei minha observação que, provavelmente em parte relacionada à sua prematuridade, Aliyah era mais sensível à entrada sensorial do que a maioria dos bebês e, portanto, exigia maior apoio de seus pais, especialmente no gerenciamento de interrupções e transições. Ambas as mães acenaram com a cabeça em reconhecimento. Agora que Jaclyn tinha uma nova maneira de entender o comportamento de Aliyah, sua culpa e sentimentos de inadequação, sua certeza de que o choro significava que ela era uma mãe ruim, começaram a diminuir, e ela sentiu uma libertação das garras da preocupação e da insegurança.

Para a minha felicidade e um pouco surpresa, da próxima vez que nos encontramos, Jaclyn disse que se sentia 100% melhor. Embora eu não tivesse adicionado nenhum tratamento para cólica, o tempo e o espaço para ouvir e entender pareciam ter resultado em uma transformação no comportamento de Aliyah, no humor de Jaclyn, e em seu relacionamento. Aliyah ainda tinha crises de choro, mas Jaclyn sentiu que poderia lidar com elas. A depressão de Jaclyn estava sendo tratada apenas com medicação, então lhe indiquei um psicoterapeuta. Ela, contudo, não foi por esse caminho, preferindo passar o tempo fazendo aulas de ioga. Aumentou a dose de medicação por alguns dias, mas depois decidiu que não precisava e voltou à dose anterior.

Jaclyn tinha entrado no meu escritório sorrindo para Aliyah, que olhou para ela com adoração de sua cadeirinha. Pude ver a alegria delas uma na outra. "O que você acha que fez a diferença?", perguntei. Ela explicou que, durante nossa última consulta, sentiu que estava sendo ouvida por Kayla e por mim. Jaclyn sentiu que Kayla entendeu sua experiência e poderia apoiá-la de uma forma que se sentisse real e não forçada. Jaclyn também entendeu que o choro intenso de Aliyah não era tudo culpa dela e não representava seu fracasso. A diminuição dos sentimentos de incerteza junto com a validação de Kayla sobre seus esforços deu a Jaclyn força para ser mais sensível a Aliyah. Por sua vez, ela disse que Aliyah parecia mais calma e o choro intenso tinha diminuído.

"Sinto como se Aliyah tivesse acabado de nascer", disse Jaclyn. Descreveu uma transformação completa em seu relacionamento. Jaclyn pensava em voltar ao trabalho, mas agora repensava seus planos porque sentiu que, pela primeira vez, ela e Aliyah estavam realmente se conectando.

Enquanto eu continuava a trabalhar com crianças da infância até a adolescência com uma gama completa de problemas emocionais e comportamentais, ouvi história após história de relacionamentos que desandaram muito cedo no desenvolvimento. E comecei a constatar que, mesmo que as raízes dos problemas fossem profundas, enquanto eu preservasse o tempo para escuta e reconexão, os relacionamentos podiam ser curados não importando a idade da criança. Reconheci que os problemas de comportamento de cada criança estavam enraizados em relacionamentos com pessoas importantes na vida dela. Quando eu concentrei meu trabalho em relacionamentos de cura em vez de mudar o comportamento, o desenvolvimento poderia ter um caminho diferente.

Infelizmente, identificar o significado dos relacionamentos para dar sentido ao comportamento com frequência é traduzido em culpar os pais. As pessoas podem se perguntar se o comportamento de uma criança é resultado de uma criação ruim. Uma abordagem mais construtiva começa com a aceitação de que, quando as relações se enfraquecem, os indivíduos terão dificuldades. Embora um problema específico possa estar localizado em uma pessoa — por exemplo, a prematuridade relativa e a dificuldade de Aliyah em se estabelecer —, a resposta do cuidador ao problema torna-se parte de seu relacionamento. Em todos os relacionamentos, cada pessoa tem um papel a desempenhar e, através desse papel, influencia o outro. Não só com crianças, mas ao longo da vida das pessoas, ver brigas no contexto das relações, sem julgamento ou culpa, ajuda todos nós a nos conectarmos e nossos relacionamentos a terem sucesso.

Pouco depois da minha consulta com Aliyah, um membro do corpo docente do Instituto Psicanalítico de Berkshire me contou sobre um novo programa de saúde mental infantil, um campo crescente que integra pesquisa e conhecimento na interface da psicologia do desenvolvimento, neurociência e genética para orientar modelos de prevenção, intervenção e tratamento. Quando vi o site do programa[4], soube imediatamente que era algo que eu tinha que fazer. Baseado em um programa semelhante na Costa Oeste liderado por Ed Tronick e pela enfermeira Kristie Brandt, Ed também era membro-chefe do corpo docente para essa nova versão na Costa Leste. Alguns anos antes o ouvi falar, e há pouco tempo havia aprendido sobre o paradigma do rosto imóvel em uma de minhas aulas no Instituto Psicanalítico de Berkshire. Inscrevi-me para a turma que começava no outono de 2010. Durante um ano, participei mensalmente de finais de semana de três dias onde aprendi diretamente com os principais pesquisadores do mundo todo. Em uma discussão íntima e intensa com trinta outros participantes estrangeiros de diversas áreas, incluindo enfermagem, psiquiatria, intervenção precoce, serviço social, terapia ocupacional, fisioterapia e educação infantil, encontrei novas formas de entender minhas observações e experiências clínicas. Imersa no corpo de pesquisa de Ed, que remonta ao início da década de 1970, aprendi sobre um novo modelo de desenvolvimento e iniciei uma colaboração que levaria à criação deste livro.

A HISTÓRIA DE ED: O PARADIGMA DO ROSTO IMÓVEL

Um Minuto, Trinta Segundos

Uma jovem mulher de cabelos escuros entra em uma sala, sua filha de onze meses de idade em seu colo. Ela analisa a sala, vê uma cadeira alta, se aproxima dela, acalma a criança que agora grita no assento e cuidadosamente a prende com as alças azul-celeste. Em seguida, a mulher se senta de frente para a criança, inclina-se para fazer contato visual e acaricia ambos os lados de sua cabeça com as mãos.

"Você é minha menina boazinha?", cantarola.

A bebê, agora calma, levanta as sobrancelhas e faz um som de concordância. Então ela aponta sobre o ombro de sua mãe com um decisivo "Da". A mãe vira a cabeça para ver para onde sua filha aponta, então volta-se para ela sorrindo, confirmando que ela também viu.

Segura os pés da bebê e faz cócegas neles. A menina sorri enquanto a mãe anda com os dedos até as pernas. A mãe pega as mãos da criança, fazendo sons com a boca para manter sua atenção. Mãe e filha estão envolvidas em uma dança graciosa de interação.

A mãe vira a cabeça para o lado o suficiente para que sua filha possa ver apenas seu cabelo ondulado escuro. Quando ela se vira, seu rosto é uma máscara sem expressão, como a de um robô.

A bebê imediatamente parece cautelosa. Ela sorri para a mãe, mas sua mãe não sorri de volta. A bebê tenta interagir com ela apontando novamente. Dessa vez, sua mãe não vira a cabeça para ver o que é de interesse. Seu rosto é inerte. Seu único movimento facial é piscar ocasionalmente.

Dezesseis segundos se passaram desde que a mãe parou de responder.

A bebê se estica para a frente contra as alças da cadeira, estendendo as mãos para sua mãe. A mãe não chega perto nem altera sua expressão. A criança, agora angustiada, tenta sorrir mais uma vez, embora dessa vez seu sorriso seja sem graça. Ela tenta bater palmas. Nada.

Um minuto e dezoito segundos se passaram.

Quando sua mãe permanece com a expressão inalterada, a bebê grita. Coloca as mãos na boca e olha para longe ansiosamente. Volta para sua mãe e a procura novamente em um gesto de súplica. A mãe continua com o rosto sem expressão.

Finalmente, a bebê desiste e começa a chorar. Arqueia as costas e vira-se, desolada.

Nesse ponto, o rosto da mãe volta à vida. Olha para sua bebê com uma expressão sorridente e amorosa novamente. Pega as mãos da bebê e cantarola, "Estou aqui, estou aqui", nos mesmos tons que usou anteriormente.

A bebê, ainda cautelosa, hesita por um momento. Então ela sorri trêmula e estende a mão. Mãe e bebê estão juntas de novo.

Um minuto e trinta segundos se passaram.

Essa cena vem de uma fita de vídeo de um experimento psicológico[5] que ficou conhecido simplesmente como "o rosto imóvel". Não percebi isso na época, mas o experimento viria a ser um marco, o primeiro no estudo do desenvolvimento infantil e, mais tarde, no estudo mais amplo das relações humanas.

Sem se dar conta, em alguns momentos você mostra um rosto imóvel todos os dias para expressar o descontentamento ou desconectar-se de familiares, amigos, inimigos ou até estranhos. E outros mostram para você. Normalmente é menos dramático do que o que acontece no experimento. Em geral, tanto o rosto imóvel que você mostra aos outros quanto os que você recebe são de forma inconsciente. No entanto, o rosto imóvel faz parte do repertório de todos. Está em todos nós.

Quando fiz o experimento do rosto imóvel pela primeira vez, em 1972, foi uma descoberta revolucionária. Antes disso, ao montar meu laboratório na Escola de Medicina de Harvard como novo membro do corpo docente e recorrer às minhas experiências até então, eu amadurecia uma ideia. Tinha uma hipótese de que o bebê era um participante muito mais ativo na relação pai-filho do que era comumente pensado na época. Psiquiatras e psicólogos tinham chegado à ideia de que os bebês eram profundamente ligados aos seus cuidadores primários. Eles sabiam que uma ruptura nessa relação poderia ter repercussões negativas para uma criança. No entanto, toda a ênfase estava no comportamento da mãe[6]. Ela era coerente em suas respostas ou estava preocupada e emocionalmente indisponível? Comportou-se de maneiras confusas e imprevisíveis? Ninguém estava olhando para o papel do bebê na relação. Presumiu-se que a conexão fluiu em uma direção, de mãe para filho; o bebê simplesmente recebeu o que foi negociado. Porém, depois de observar a extraordinária competência social em recém-nascidos no meu trabalho com o pediatra T. Berry Brazelton, comecei a me perguntar se essa perspectiva estava errada.

Como psicólogo experimental, decidi que o próximo passo natural era criar um experimento para testar minha hipótese. Trabalhei com uma série de possibilidades — fazer a mãe desviar o olhar do bebê, franzir a testa, não falar — mas tudo isso parecia muito sutil. Então tive a ideia de que a mãe não reagisse ao bebê de forma alguma. Foi uma grande perturbação. Por fim, eu estava certo, pois o bebê reagiu de uma forma incrivelmente forte. Fiquei espantado ao descobrir o quanto os bebês tinham a contar sobre o que estava acontecendo com eles. (Enquanto nossa pesquisa original foi feita com as mães, os resultados, como você

INTRODUÇÃO

verá ao longo deste livro, têm relevância para os pais e toda a gama de diferentes constelações familiares.)

Com base em tudo o que havia aprendido até aquele ponto da minha carreira, minha expectativa era de que, se as mães "desligassem", como pedi na experiência do rosto imóvel, seus bebês simplesmente seguiriam sua liderança. Eles não implorariam, bajulariam ou expressariam indignação. Não fariam nada.

Junto com meus colegas, configurei o primeiro experimento do rosto imóvel[7]. Estudamos sete mães e seus bebês, que variavam entre um e quatro meses. Em todos os sete pares — ou *díades*, como os chamamos em estudos científicos — o resultado foi o mesmo. Quando as mães "desligaram", os bebês apresentaram diversos truques — sorrir, murmurar, apontar, gritar, chorar — para ativamente tentar com que elas retornassem.

E, dada a idade dos bebês, não poderia ter sido algo que tinham aprendido. Eles não tiveram tempo. A garotinha da introdução desta seção, a versão mais vista no YouTube, tinha onze meses de idade. A pesquisa subsequente ao experimento original capturou uma reação semelhante em bebês de até um mês, e alguns já o viram em recém-nascidos. Esses bebês não aprenderam habilidades sociais. A vontade de se conectar chegou com eles ao nascer, pronta para ação nesses primeiros relacionamentos. Eles foram *ligados para exigir* essa conexão de troca que nós vimos quando a mãe e seu bebê na história de abertura respondiam um ao outro.

No mínimo, a reação dos bebês significava duas coisas: primeiro, a primeira hipótese no campo da psicologia, de que a mãe controlava a interação enquanto o bebê permanecia passivo, estava errada. Em vez disso, o bebê acabou por ser extremamente ativo, fazendo grandes esforços para induzir a mãe a sintonizar de volta com ele. Esse único experimento minou uma das crenças mais amplamente aceitas na psicologia contemporânea; teorias baseadas nessa suposição teriam que ser repensadas por completo. Em segundo lugar, havia um enorme pedaço de desenvolvimento humano que os psicólogos tinham perdido inteiramente — algo que os pesquisadores da área não sabiam *nada*.

E o experimento levantou tantas perguntas. O que estava acontecendo nessa interação? Quais foram as consequências de pouca — ou muita — conexão entre mãe e filho? Quanto de uma conexão interrompida um bebê poderia suportar? Quando um bebê simplesmente desistiria de tentar restabelecer a conexão? Depois de cinco minutos? Dez? O tempo que leva para atender a porta? O que era normal? Nós não sabíamos.

Minha pesquisa sobre o rosto imóvel continuou em Harvard por vários anos. Meus colegas e eu ampliamos o experimento para incluir estudos com crianças mais velhas e até adultos. Em um esforço para entender melhor o processo, pedimos a pares de adultos[8] que interpretassem o bebê e a mãe e realizassem o experimento do rosto imóvel. Nós aprendemos muito. Os adultos que fizeram o papel do bebê descreveram sentir pânico, raiva e desamparo. Os adultos que interpretaram a mãe se sentiram culpados e ansiosos. Vários pediram desculpas ao "bebê".

O experimento com adultos revelou a importância fundamental da conexão social. Nosso desejo de conectar-se habita nosso núcleo emocional. Embora os sujeitos soubessem o que estava acontecendo — não havia engano e os dois adultos receberam as instruções juntos —, eles ainda tiveram fortes reações emocionais. Os adultos que assumiram o papel de criança descreveram sentir-se tão consternados com a experiência de serem emocionalmente bloqueados quanto os bebês reais pareciam estar. Os adultos convidados a desempenhar o papel de mãe também ficaram chateados. "*Ele* me obrigou a fazê-lo", diziam aos participantes que interpretavam o papel da criança, apontando para o pesquisador, ou seja, eu. Enquanto as mães da vida real que recrutamos acharam fascinante observar as reações de seus bebês, muitas vezes dizendo: "Eu não sabia que ele me conhecia", também nunca gostaram do experimento. E, diferentemente dos adultos que interpretam o papel, essas mães não tinham maneira de explicar seu comportamento para seus bebês.

Em 1975, eu ainda não sabia completamente o que tudo isso significava, mas tinha certeza de que estava interessado em algo importante, então decidi publicá-lo. Com certa apreensão, preparei-me para apresentar os resultados do experimento do rosto imóvel na conferência anual da Sociedade de Pesquisa em Desenvolvimento Infantil, uma sociedade profissional para psicólogos clínicos infantis e pesquisadores. Como eles responderiam ao que eu havia descoberto?

Foi uma jogada ousada e com a qual eu não estava inteiramente confortável. Eu tinha 32 anos e uma fantástica carreira no desenvolvimento infantil até o momento.

Aprendendo com os Gigantes

Tive a sorte de começar minha carreira de pesquisa em 1965 como estagiário no laboratório de Harry Harlow, um dos líderes em psicologia do desenvolvimento. Embora Harlow estivesse quase aposentado naquele ponto e o laboratório tivesse um novo diretor, sua influência ainda era forte. Como professor de psicologia na Universidade de Wisconsin, na década de 1950, Harlow, anunciou de maneira ilustre e controversa que planejava estudar o amor[9]. Ele começou com o tópico que preocupava psiquiatria e psicologia desde Sigmund Freud: a relação entre mãe e bebê. O campo estava se abrindo para a ideia da teoria do apego, em grande parte como resultado do trabalho do psicólogo britânico John Bowlby. Bowlby concluiu que um forte vínculo emocional entre bebê e mãe produziria uma criança psicologicamente sólida e bem adaptada. E ele afirmou que o contrário também era verdadeiro — se mãe e bebê não desenvolvessem esse apego profundo, a criança sofreria.

Harlow queria explorar essa ideia de apego, mas, em vez de usar mães e bebês humanos como sujeitos, ele escolheu macacos — do tipo rhesus. Uma vez que ele estabeleceu que humanos e macacos rhesus se comportavam de maneira semelhante em muitos aspectos, realizou o experimento que o tornou famoso. Tirou as mães dos bebês e substituiu-as por avatares feitos de arame ou tecido. Descobriu que bebês com mães falsas[10] não apenas eram consideravelmente mais ansiosos e menos capazes de formar relacionamentos do que aqueles com mães reais, mas, quando cresceram, foram também menos capazes de criar seus próprios filhotes. Seus estudos, agora clássicos, provaram seu argumento de forma intensa e dolorosa: que o amor, no caso da mãe, é vital para o bem-estar emocional e psicológico da criança. Tudo isso tinha a ver com o que as mães agregavam na relação; ninguém estava dando muita atenção ao que os bebês agregavam.

O que aprendi com Harlow e o que vi nos laboratórios, onde o cheiro de macaco estava sempre presente, foi que o amor de uma mãe, ou a falta dele, no início da vida, teve um efeito intergeracional a longo prazo. Os macacos criados com mães substitutas cresceram e tiveram relacionamentos anormais, tanto social como sexual. Se as fêmeas engravidassem e tivessem filhotes, exibiriam comportamento parental desequilibrado. Elas arrastavam, ignoravam, afastavam ou ameaçavam os filhotes.

Em um esforço para entender o impacto das relações entre pais e filhos, comecei a estudar a percepção do bebê. Já estava curioso sobre como as crianças entendem suas experiências. Inspirado no trabalho do renomado psicólogo James Gibson, que sugeria que os bebês nasceram com a capacidade de perceber o perigo, projetei um experimento de baixa tecnologia[11]: uma bola em cima de um carrinho foi puxada por uma corda em direção a uma fonte de luz, e a sombra da bola foi lançada em uma tela translúcida na frente do bebê. Os resultados mostraram que os bebês tiveram uma reação defensiva — colocando as mãos na frente do rosto — quando a bola parecia estar pairando sobre eles. Tiveram uma resposta à experiência, demonstrando que havia perigo embora, claro, não fosse realmente perigoso.

Outro evento de sorte ocorreu no início de 1965, durante meu primeiro ano de pós-graduação em Wisconsin. Assisti a uma palestra de um professor visitante de psicologia de Harvard, Jerome Bruner. Ele estudou a linguagem e estava interessado no processo pelo qual os bebês entendem o mundo ao seu redor. Bruner chamou isso de *criação de significado*[12], um termo que depois adotei em meu próprio trabalho, como você verá. Conversei com ele por horas após a apresentação, provavelmente por muito tempo, mas, no dia seguinte, meu orientador me disse que Bruner queria que eu fosse a Boston para trabalhar em seu laboratório quando estivesse formado. Eu tinha acabado de começar, mas já havia conseguido um emprego em Harvard!

Antes que pudesse conceber meu próprio experimento do rosto imóvel, precisava de mais um professor. Acabou sendo o pediatra T. Berry Brazelton. Nos conhecemos quando éramos membros do Centro de Estudos Cognitivos de Harvard no final dos anos 1960. Bruner era seu diretor e, como mentor de Brazelton e meu, ele apoiaria a criação da nossa unidade de desenvolvimento infantil no Hospital Infantil de Boston em 1972.

Brazelton estava se tornando um dos pediatras mais respeitados e influentes do país. Não muito diferente do colega pediatra D. W. Winnicott, suas ideias cresceram a partir da experiência de estudar psicanálise ao mesmo tempo que imergia na vida de bebês e pais em seu consultório pediátrico. Foi Berry que, em nossas visitas de sábado à maternidade do Hospital Mount Auburn, em Cambridge, Massachusetts, abriu meus olhos para o que os recém-nascidos eram capazes de fazer.

Hoje, os recém-nascidos geralmente ficam com suas mães, mas naquela época eram mantidos em um berçário enquanto suas mães se recuperavam no hospital, normalmente por cinco dias. Nesses sábados, eu encontrava Berry e caminhávamos juntos até o berçário. Muitas vezes Bruner se juntou a nós. Os recém-nascidos, variando em idade de algumas horas a cinco dias de vida, foram envoltos nos cobertores de listras rosa e azul habituais e colocados em berços de plástico que estavam alinhados de frente para a janela do berçário. O cheiro agridoce de talco, sabonete e fraldas sujas tomava todo o ambiente.

Nessas visitas, Berry sempre carregava um kit de higiene masculina debaixo do braço. Era abastecido com suas ferramentas, que incluíam: uma lanterna e uma caixa de plástico, preenchida com determinado número de grãos de pipoca para servir como um chocalho suave, entre outras coisas.

Quando entramos no berçário, eu seguia atrás de Berry e observava enquanto ele escaneava as fileiras de crianças adormecidas e então escolhia uma para se concentrar. Ele falava baixo com os bebês, pegava-os em suas grandes mãos, mudava sua posição corporal, agitava o chocalho perto de suas orelhas e balançava a lanterna acima de seus rostos para provocar suas reações. Tocava em pontos de reflexo — a palma da mão para acionar o reflexo de apreensão, a bochecha para desencadear o reflexo de enraizamento, quando o bebê se vira em direção à fonte de toque para localizar o peito ou a mamadeira.

Muitas das coisas que ele fazia era procedimento padrão de um exame pediátrico. Mas Berry acrescentou seu próprio toque; avaliou as capacidades sociais dos bebês, observando a forma como cada um reagiu a um rosto e voz, e a habilidade de autoconforto. O que também era exclusivamente de Berry era a maneira como se sintonizava e observava. Esses bebês tiveram toda a sua atenção. Enquanto observava, vi que os bebês seguiam visualmente objetos e rostos inanimados, rastreando seus movimentos. As expressões dos bebês mudaram, assim como o movimento de suas extremidades, dependendo se eles estavam olhando para objetos ou pessoas. Com apenas algumas horas de vida, bebês poderiam diferenciar entre pessoas e coisas! Como eles sabiam? Que significado elas faziam em seu mundo? Claramente, havia muito mais nessas pessoinhas do que eu imaginava.

Observando Berry, também vi que os bebês não estavam simplesmente acordados ou dormindo. Suas observações cuidadosas nos revelaram que os bebês tinham seis estados distintos, que iam do sono profundo até a vigília silenciosa ao choro ativo. Notamos que cada bebê tinha uma maneira particular de transição entre esses estados diferentes de consciência. Alguns gradualmente foram do sono para a vigília tranquila para o choro ativo. Outros choraram e choraram e, em seguida, repentina e instantaneamente adormeceram. Outros ainda pareciam não seguir nenhum padrão consistente.

Em suas visitas ao berçário, Berry de alguma forma podia ver o indivíduo dentro do bebê — quem o bebê já era e quem ele poderia se tornar. Embora as variações atuais desses conjuntos de observações, incluindo a Escala de Avaliação Comportamental Neonatal (NBAS), o Sistema de Observação do Comportamento Neonatal (NBO) e a Escala Neurocomportamental da Rede de Unidades de Terapia Intensiva Neonatal (NNNS), geralmente incluem os pais; na época, eles não estavam presentes para o exame. No entanto, embora não fosse padrão examinar bebês na presença dos pais, Berry viu o valor de compartilhar essas observações com eles. Não era incomum ele lidar com um bebê por um tempo e depois conversar com os pais. Contava como ele era, para dar uma ideia do bebê como um indivíduo único. Reconheceu o quanto era importante para os pais terem tempo desde o início para aprender sobre a maneira de se comunicar com ele. Dava aos pais uma noção a que seus bebês eram sensíveis, se eles eram capazes de se acalmar sozinhos e como gostavam de ser segurados. Às vezes, ele lhes dizia coisas difíceis que achava que deveriam saber, por exemplo, que, quando seus bebês estavam chateados, eles tinham problemas para se acalmar.

Seu objetivo era fazer com que os pais vissem seus bebês como as pessoas únicas que eles já eram — não o bebê desejado ou o imaginado, mas o que eles tiveram. Os pais ouviam com admiração quando ele revelava o que havia aprendido sobre seus filhos no breve tempo que passara com eles.

Berry queria sistematizar a maneira como examinava bebês, para que médicos e enfermeiros de outros hospitais pudessem fazê-lo também. Esperava que essas práticas pudessem revelar bebês aos pais como as criaturas complexas e capazes que eram.

Meu papel era observá-lo e ajudá-lo a sistematizar o exame. Fiz isso, mas estava longe de ser apenas um exercício de anotações. Todo sábado, ficava impressionado com o que ele me mostrava. Isso era tanto arte, intuição e empatia quanto ciência. Sempre pensava nele como um encantador de bebês, alguém que de alguma forma podia falar a língua dos bebês através de um olhar, um toque e seu carinho pessoal.

Cheguei em Boston do laboratório de Harlow, depois de ler todos os trabalhos disponíveis sobre crianças. Pensei que sabia tudo o que havia para saber sobre bebês, embora os únicos que tivesse tratado até então fossem os macacos rhesus de Harlow. Logo percebi a verdade, sob a tutela de Berry, que eu não sabia quase nada. O que ele me mostrava nessas visitas de sábado desafiava tudo o que os psicólogos da época acreditavam sobre bebês.

Poucos comportamentos que Berry extraía desses bebês já haviam sido descritos antes. De fato, eles estavam fazendo coisas que os psicólogos "sabiam" que bebês não podiam fazer. Viravam a cabeça a noventa graus para a direita e para a esquerda procurando a voz de suas mães. Bebês que ficavam sobrecarregados por estímulos sensoriais fechavam os olhos e se afastavam para se acalmar. Pareciam vir ao mundo com uma capacidade notável de se envolver em relacionamentos!

Eu queria testar nossa observação de que, em vez de ser um receptor passivo, o bebê era um participante ativo nos relacionamentos. Foi isso que me levou a conceber o experimento do rosto imóvel. Segundo os especialistas da época, a mãe estava no controle total da criança; ela quem domina a interação. O que aconteceria se eu removesse o jogador ativo, a mãe? O que o bebê faria? Com o experimento original, soube quase imediatamente que, como o vídeo do rosto imóvel demonstra, a visão convencional sobre os bebês estava errada. Foi impressionante — e maravilhoso.

Sabia que essa descoberta tinha que ser compartilhada além do meu laboratório; teria que apresentar esse trabalho aos meus colegas. Entretanto, essa perspectiva era aterrorizante. Os cientistas são notórios por críticas cruéis àqueles que introduzem maneiras diferentes de pensar e olhar o mundo. O experimento — e minha visão de por que suas implicações eram tão espetaculares — forçariam os psicólogos a abandonar algumas crenças antigas. Quando apresentei esse trabalho, poderia ser publicamente aplaudido — ou ridicularizado. Coloquei minhas chances de sucesso em 50%.

No dia da minha apresentação na conferência de desenvolvimento infantil, fui o último dos quatro pesquisadores a subir no palco. Assisti nervosamente enquanto três de meus colegas discutiam o trabalho deles, todos completamente alinhados com o que todos presumíamos ser verdade. A sequência de palestrantes foi planejada dessa maneira, talvez defensivamente. Os organizadores eram colaboradores do meu laboratório que apoiavam minha hipótese e sabiam o que eu ia dizer. Finalmente, foi a minha vez de me levantar e enfrentar o público de mais de quatrocentos especialistas em desenvolvimento infantil do mundo todo. Estava prestes a compartilhar com meus colegas algo que eles nunca haviam visto.

Comecei mostrando o vídeo do experimento do rosto imóvel. Em 1975, isso não era fácil. Projetar fita de vídeo não era possível naquela época. Havia desenvolvido uma técnica inovadora, porém grosseira, para gravar minhas experiências em vídeo e desenvolvi uma maneira de transferir as fitas para o filme, para que pudessem ser visualizadas em uma tela grande.

Quando desliguei o projetor na sala, houve um silêncio mortal. Levantei-me, segurando o púlpito, tentando sentir o humor da multidão. Eu não tinha certeza de que poderia sair do palco para o meu lugar sem cair. Obviamente, havia sido um risco muito grande. Vi o que pareciam ser quatrocentos rostos imóveis. Eu não deveria levar esses resultados para fora do laboratório. Minha carreira acabou.

Então aplausos estrondosos ecoaram pelo auditório quando os cientistas da plateia perceberam o que tinham acabado de ver. Minha carreira ainda não havia acabado. Realmente, estava apenas começando.

Décadas depois, à medida que as lições de vida do meu corpo de pesquisa tomavam forma, percebi que queria levar as ideias para o público em geral. Os colegas do meu programa de saúde mental infantil que trouxeram sua rica experiência clínica para o nosso processo de aprendizado me ajudaram a reconhecer as amplas aplicações de minha pesquisa. Uma dessas colegas era Claudia Gold, que também era escritora e pediatra, que lidava com os problemas do mundo real das pessoas todos os dias. Convidei-a para escrever um livro comigo e aqui estamos.

RELACIONAMENTOS COMO ALICERCES

O estudo do rosto imóvel evoluiu para uma teoria abrangente que explica algo criticamente importante sobre o comportamento e os relacionamentos humanos ao longo da vida. Revelou como os primeiros momentos não lembrados das pessoas de aprender a se relacionar com os outros moldam todos os relacionamentos que eles terão. Mostra como a capacidade de reparar as pequenas fissuras nos relacionamentos momento a momento forma a textura e o tecido da experiência, construindo o caráter e a maneira de ser no mundo. Talvez, e mais importante, o estudo original do rosto imóvel e as décadas subsequentes de pesquisa que usam esse paradigma nos dão uma percepção de como cada um de nós pode deixar de ter relacionamentos insatisfatórios ou problemáticos para ter relacionamentos íntimos e próximos.

Você não precisa ser um psicólogo ou médico para entender as ideias do experimento do rosto imóvel. Nem precisa de um entendimento sofisticado das relações humanas. E não precisa se preocupar em se beneficiar das aplicações práticas da pesquisa do rosto imóvel. Simplesmente precisa ser um humano que tenha relacionamentos com outras pessoas. Quando as pessoas entendem o paradigma do rosto imóvel e sua importância, ele muda a natureza de todos os seus relacionamentos — com cônjuges, pais, filhos, colegas de trabalho, amigos e até encontros casuais com estranhos.

À primeira vista, o experimento do rosto imóvel pode gerar preocupação, dor e medo, conforme somos movidos pela experiência de perda do bebê. Podemos reexperimentar nossas próprias perdas e nos sentir culpados ao refletir sobre o modo como falhamos em nos conectar com nossos filhos e outros entes queridos. Algumas pessoas reagem de maneira drástica ao experimento, mesmo chamando-o de cruel e questionando como ele poderia ir além do Conselho de Revisão Institucional (IRB), o órgão administrativo responsável por proteger os direitos dos sujeitos de pesquisa em seres humanos. O experimento original — quando, é claro, não sabíamos o que aconteceria — foi aprovado pelo IRB, e continua a ser usado em países que utilizam a norma IRB em todo o mundo até hoje. O fato é que a experiência não é estranha para o bebê; acontece quando um cuidador está dirigindo, preocupado com outro assunto ou não esteja presente de alguma maneira. E os bebês ficam angustiados o tempo todo. Não é um estresse que excede a vida cotidiana típica.

A principal mensagem do rosto imóvel é de esperança. O bebê comunica em sua rápida recuperação que essa experiência de incompatibilidade, embora ampliada e dramática no experimento, lhe seja familiar. Ele sabe o que fazer para envolver a mãe. Já fez isso muitas vezes antes, mas de maneiras que passaram despercebidas. Quando desaceleramos as coisas no experimento do rosto imóvel, somos capazes de ver a tremenda capacidade da criança de agir em seu mundo para torná-lo melhor. Ela sabe o que está acontecendo e como repará-lo.

Acontece que os bebês reagem ao experimento do rosto imóvel de maneiras diferentes, dependendo da qualidade de suas interações iniciais com seus cuidadores. Nem todos os bebês mostram uma resposta esperançosa. O experimento do rosto imóvel e as décadas de pesquisa que se seguiram oferecem respostas para as perguntas que levantamos no parágrafo inicial desta introdução. Nosso senso de nós mesmos e a qualidade de nossos relacionamentos ao longo de nossas vidas estão incorporados em nossas experiências, em nossas interações momento a momento, começando no nascimento, com nossos primeiros relacionamentos amorosos. Nosso bem-estar emocional deriva de um processo fluido que muda enquanto nos envolvemos em uma rede de relacionamentos.

Conforme elaboraremos em detalhes nos capítulos subsequentes, as falsas dicotomias da biologia *versus* experiência, da natureza *versus* criação, colapsam com o peso das evidências de pesquisas que mostram que nossos genes, cérebros e corpos se desenvolvem em relacionamentos. A expressão de nossos genes e a fiação de nossos cérebros ocorrem em um processo interativo. Costumava-se pensar que a fiação do cérebro era predeterminada, que ele tivesse um plano de fiação fixo. Agora, porém, sabemos que isso não é verdade. Em um processo chamado *neuroplasticidade*, o cérebro pode mudar ao longo da vida de uma pessoa. A formação de novas conexões neurais, os "fios" que compõem o cérebro, é flexível e confusa. Não há dois cérebros conectados da mesma maneira. Pesquisadores de desenvolvimento infantil usam o termo *neuroarquitetos* para descrever cuidadores de bebês. Os primeiros relacionamentos de um bebê determinam a natureza da fiação — eles literalmente constroem o cérebro. Quando os bebês passam pela experiência de desconexão para momentos de reconexão, aceitando e abraçando a confusão inerente à interação humana, seus cérebros crescem e mudam.

NOSSAS HISTÓRIAS COMBINADAS: O OBJETIVO DESTE LIVRO

Em *O Poder da Discórdia*, integramos a pesquisa de Ed ao trabalho clínico de Claudia e adicionamos algumas experiências pessoais à mistura para revelar o significado total do que passou a ser conhecido como o paradigma do rosto imóvel. Enquanto nós dois trabalhamos em trajetórias de carreira separadas em diferentes períodos, com o objetivo de simplicidade, no restante do livro falamos a uma só voz como colaboradores, usando o pronome *nós*, independentemente de um determinado contexto nos envolver ou não. Em todos os estudos de caso, que vão da infância à velhice, os nomes e os detalhes de identificação foram alterados para proteger a privacidade. Ao usar essas histórias para demonstrar as lições centrais do nosso trabalho com bebês e pais, apresentamos uma nova compreensão do desenvolvimento humano.

Este livro não pretende substituir os cuidados prestados por profissionais. Não pretende ser uma forma de aconselhamento médico, parental ou psicológico. De fato, como mostraremos, conselhos gerais dados sem abordar a complexidade da experiência individual podem atrapalhar o crescimento e o desenvolvimento. O principal argumento deste livro é que a discórdia nos relacionamentos é normal; de fato, seu senso de si e sua capacidade de estar próximo dos outros emergem acolhendo-a. Queremos alterar sua visão de seus relacionamentos e de como você se entende no mundo. Não existe uma única maneira, mas muitas maneiras pelas quais você aprenderá a pensar de modo diferente.

No Capítulo 1, introduzimos o conceito de que a discórdia não é apenas saudável, mas essencial para o crescimento e a mudança. Mostramos evidências de pesquisa de como o processo de incompatibilidade e reparação é fundamental para o desenvolvimento humano. No Capítulo 2, expandimos a importância da imperfeição, contrastando-a com a nossa expectativa de perfeição da cultura contemporânea. No Capítulo 3, mostramos o que leva a uma sensação de segurança para se envolver na confusão ou medo de desordem. No Capítulo 4, abordaremos ainda o mito da biologia *versus* ambiente — isto é, natureza *versus* criação. Descrevemos como o seu senso de si e sua capacidade de intimidade emergem nas interações momento a momento nos seus primeiros relacionamentos e continuam a se desenvolver em novos relacionamentos ao longo de toda a sua vida. No Capítulo 5, propomos uma nova visão sobre a resiliência, sugerindo que não é uma característica inata nem uma resposta à adversidade, mas uma qualidade que se desenvolve à medida que cada um de nós lida com incontáveis momentos de incompatibilidade e reparo interativos. No Capítulo 6, mostramos como padrões repetidos de interação — os jogos das pessoas — contribuem para um sentimento de pertencimento às famílias, aos locais de trabalho e à cultura como um todo. No Capítulo 7, mostramos como a tecnologia está mudando esses comportamentos de maneiras que podem ser assustadoras, e recorremos ao paradigma do rosto imóvel para gerenciar e aderir a essas mudanças. O Capítulo 8 apresenta uma maneira diferente de pensar sobre o sofrimento emocional no contexto de relacionamentos desconexos. O Capítulo 9 mostra como as pessoas se curam ao proteger o espaço e o tempo para inúmeras novas interações com oportunidades para novos significados. No Capítulo 10, abordamos o perigo da certeza e do apego a respostas simples; revelamos o valor da incerteza em promoção de crescimento e mudança. Finalmente, no Capítulo 11, ligamos nosso modelo aos males sociais atuais e mostramos como o paradigma do rosto imóvel pode ajudar as comunidades e a sociedade em geral a encontrar um caminho de esperança e resiliência.

1
REPARAÇÃO COMO ALIMENTO PARA A ALMA

Jennifer preparou o jantar para seu namorado, Craig, por horas. As tarefas de bater, cortar, ralar e misturar a estabilizaram, apesar da crescente tensão entre eles. Aproximando-se do aniversário de um ano de namoro, eles foram cuidadosos um com o outro por meses, com medo de romper o que parecia ser uma união instável. Após a felicidade inicial, ao se apaixonarem, parecia que estavam estagnados, incapazes de avançar com o relacionamento.

A calmaria do dia permitiu que um turbilhão de pensamentos conturbados circulasse na mente de Jennifer. Reviveu momentos de meses anteriores, quando Craig parecia distraído e não estava emocionalmente disponível da maneira que ela precisava. Na fase de lua de mel de seu romance, Jennifer tinha aprendido a suprimir a dor que experimentou, mas, como eles se estabeleceram no que parecia ser possivelmente um relacionamento mais sério, sua angústia cresceu. A preparação silenciosa da comida mascarava uma raiva efervescente.

Craig adentrou a casa, parando fortuitamente na cozinha para dar um abraço gentil, por trás, em sua namorada enquanto ela usava o fogão. Para ele, era a cena de uma vida doméstica feliz. Embora ele tivesse notado a distância crescente entre eles, sua abordagem era ignorá-la e simplesmente continuar. Ele tinha crescido em uma grande família, com quatro irmãos, em que sentimentos feridos iam e vinham como o fluxo da maré. Estava acostumado a prestar atenção em várias pessoas ao mesmo tempo. Sem saber das memórias dolorosas que Jennifer trouxera de seus relacionamentos conturbados passados, permaneceu alheio à tempestade.

Como filha única, Jennifer, tinha pouca experiência com discórdia. Em sua família, os confrontos eram evitados a todo custo. Seu resignado pai, um veterano da Guerra do Vietnã, silenciosamente escondia seus sentimentos. Sua mãe tinha muito cuidado para não provocá-lo, já que ele poderia ir de calmo e silencioso para explosivo em um instante. Diante de qualquer tipo de desentendimento, seus pais se afastavam um do outro e dela. Embora fisicamente presentes, desapareciam emocionalmente. Jennifer tinha memórias vívidas da sua infância de sentar sozinha no banco de trás do carro da família no silêncio áspero que seguiu uma das explosões furiosas de seu pai. Sentia-se completamente perdida quando seus pais se afastavam assim, quase como se ela mesma tivesse deixado de existir. Jennifer trouxe um medo reflexivo de discórdia para seu relacionamento adulto com Craig. Ela ansiava pela conexão que encontrou nele, mas temia sua perda. Silêncio e afastamento pareciam mais seguros do que a discórdia evidente.

Na mesa, assim como Jennifer estava calmamente dando os toques finais na refeição, Craig olhou para seu celular para ler uma mensagem de um de seus irmãos. Esse comportamento não era atípico para ele, mas, naquele momento, Jennifer sentiu uma onda de raiva subir dentro dela, e dessa vez ela não escondeu. Embora não tenha conseguido colocar a ideia em palavras, nos meses anteriores, tinha desenvolvido uma sensação de que Craig — que era tão diferente em muitos aspectos dos pais de Jennifer — não desapareceria se confrontado com raiva. De modo impulsivo e sem pensar, ela deu essa impressão a seu primeiro teste: jogou no chão sua refeição elegantemente elaborada.

Inicialmente Craig reagiu com choque, perplexo com essa exibição desconhecida de emoção. Mas seu breve flash de raiva se dissipou com rapidez quando Jennifer explodiu em lágrimas. Correu para ela e se abraçaram. À medida que os soluços de Jennifer diminuíram, ela começou a compartilhar seu medo de que discórdia significasse perda. Sentada no chão ao lado da bagunça do jantar arruinado, disse-lhe que temia que seu relacionamento não pudesse suportar o conflito. Mais precisamente, a memória de seu senso de si vacilando em resposta à abstinência emocional de seus pais levou-a a temer que ela mesma desaparecesse. A confiança que ela havia desenvolvido por Craig nessa nova e muito diferente relação deu-lhe acesso a esses sentimentos complicados e não expressos anteriormente.

Esse momento tornou-se decisivo para eles. Ela viu que tinha interpretado seu comportamento como rejeição quando essa não era de forma alguma sua intenção. Craig viu a tendência de Jennifer em se desconectar sob uma nova perspectiva. Sua abordagem de esperar os distúrbios passarem, que tinha, em sua maior parte, funcionado em sua numerosa família, não funcionaria nesse novo relacionamento. Jennifer confiava, cada vez mais, que Craig não desapareceria diante da discórdia. Aprendeu a se envolver com ele em vez de se retirar em momentos de falha de comunicação. Eles trouxeram suas respectivas intenções e motivações para o relacionamento, cada um dando espaço e tempo ao outro para serem vistos. Seu relacionamento cresceu nos momentos de incompatibilidade e reparação que se seguiram ao longo de dias, meses e anos.

A bagunça de vieiras assadas, purê de batata-baroa e vagens na manteiga poderia servir como uma metáfora para o papel de incompatibilidade e reparação no desenvolvimento humano. Assim como os nutrientes fornecem combustível para o crescimento físico, a energia produzida através da confusão da incompatibilidade para reparar alimenta o crescimento emocional. Incompatibilidade e reparação figurativamente (e às vezes literalmente) nos alimenta.

INCOMPATIBILIDADE COMO NORMA

Uma noção idealizada de amor parental pode ser resumida pelo quadro da *Madona Litta* de Da Vinci, em que Maria e seu bebê olham amorosamente nos olhos um do outro. Em uma das representações de Rafael sobre o mesmo par, mais revelador, o Bebê Jesus olha para um livro na mão de Maria enquanto ela olha distraidamente para o chão. Da mesma forma, uma noção idealizada de amor romântico é transmitida na dança de Fred Astaire e Ginger Rogers; temos a impressão de que, em bons relacionamentos, as pessoas se unem perfeitamente em sincronia. Contudo, a parceria de Jennifer Grey e Patrick Swayze em *Dirty Dancing — Ritmo Quente*, em que em um ponto ela pisa nos dedos do pé dele e ele a cutuca no olho, está mais perto da realidade. A confusão de erros é necessária para a criação da dança graciosa e coordenada da cena final. Para Jennifer e Craig, as risadas que eles compartilharam enquanto limpavam a bagunça e encomendavam pizza capturava a alegria e a intimidade que vêm com o navegar através da incompatibilidade à reparação.

Passar pela confusão acaba por ser a maneira como crescemos e nos desenvolvemos em relacionamentos desde a primeira infância até a idade adulta! Isso pode parecer contraintuitivo, pois você pode pensar que, em relacionamentos saudáveis, não há lugar para discórdia. Duas pessoas em um bom relacionamento não deveriam se dar bem sempre?

As descobertas dramáticas do experimento original do rosto imóvel revelaram uma nova maneira de entender bebês e pais, mas ainda havia muito a aprender sobre essa relação primária. Pesquisas anteriores com crianças refletiram a suposição[13] de que, quanto mais síncrona e sintonizada for a interação, melhor ou clinicamente "normal" será a relação. Para surpresa de muitas pessoas, a pesquisa revelou que a confusão é a chave para relacionamentos fortes!

Começamos filmando interações típicas entre pais e filhos. Na análise subsequente quadro a quadro[14] desses vídeos, diminuímos a velocidade da gravação, obtendo uma janela para as interações momento a momento que não pudemos apreciar em tempo real. Esperávamos ver pares saudáveis mãe-bebê em perfeita sintonia, encontrando o olhar um do outro, afastando-se um do outro ao mesmo tempo, alcançando um ao outro em sincronia, e, em geral, combinando cada movimento um do outro. Com essa noção preconcebida de como as relações funcionam, desenhamos gráficos puros de momentos de conexão, descartando como irrelevantes quaisquer dados que mostrassem desconexão e não se encaixassem nesse padrão organizado. No entanto, após meses de pesquisa, fomos incapazes de negar o teste padrão real. Em pares saudáveis de pais e bebês, em média 70% das interações estavam fora de sincronia! A desconexão era uma parte inevitável da interação.

Em uma sequência, observamos, por exemplo, que uma criança estava olhando para uma alça da cadeira alta e se confortava chupando o dedo. Quando sua mãe tentou chamar sua atenção, a criança se esquivou. A mãe então pegou a mão do bebê da boca e a moveu levemente. Seus olhos se encontraram e ambos sorriram. A mãe então se aproximou, e a criança desviou o olhar. Uma nova dança havia começado.

Parece correto para você que a maioria dos relacionamentos seja incompatível 70% das vezes? Encontramos isso repetidamente. No campo da psicologia do desenvolvimento, essa divisão 70-30 ficou famosa, e alguns profissionais faziam referência a ela sem realmente saber sua origem. Vem de nossas observações detalhadas do relacionamento amoroso primário. Nossa expectativa de sintonia inicialmente nos levou a ver a incompatibilidade como um problema quando, na verdade, era a norma. Ao analisar essas fitas de vídeo, descobrimos que a parte mais importante não era a incompatibilidade, mas a reparação.

REPARAÇÃO É ONDE A AÇÃO ESTÁ

Chegamos a reconhecer que a reparação é o cerne das interações humanas. A reparação leva a uma sensação de prazer, confiança e segurança, o conhecimento implícito de que *eu posso superar problemas*. Além disso, ensina uma lição crítica da vida: o sentimento negativo que surge de uma incompatibilidade pode ser transformado em um sentimento positivo quando duas pessoas subsequentemente chegam a um consenso. Não é preciso ficar preso em um estado de sentimento negativo. E a crença de que alguém pode ou não mudar um estado emocional se desenvolve nas primeiras interações de uma criança.

Utilizamos observações de interações típicas para obter uma imagem clara[15] do que acontecia quando realizamos um conjunto de experimentos usando o paradigma do rosto imóvel. Primeiro, observamos pares de pais e filhos participando naturalmente de algum tipo de brincadeira comum para eles, como bater palmas ou um jogo de contar. Descobrimos que, mais tarde, no cenário experimental do rosto imóvel, esses bebês usaram as estratégias que haviam aprendido durante o processo de reparação de incompatibilidade para sinalizar para suas mães. Quando confrontados com uma situação estressante, eles poderiam aplicar um estilo de interação extraído das trocas diárias com seus cuidadores. Embora ainda não tivessem aptidão para linguagem ou pensamento consciente, foram capazes de recorrer a inúmeras interações momento a momento para lidar com o estresse do comportamento não familiar dos cuidadores.

Entendemos a incompatibilidade e a reparação como uma experiência normal e contínua, fundamental para o desenvolvimento de nossa espécie como seres sociais. Que alívio aprender que, nos relacionamentos amorosos primários, os humanos estão sincronizados apenas 30% das vezes! O fato de o número ser tão baixo deve aliviar a pressão que muitas pessoas sentem para buscar perfeita harmonia em seus relacionamentos quando adultos. Desde que haja uma oportunidade de reparação, a incompatibilidade em 70% das interações não é apenas típica, mas propícia ao desenvolvimento e aos relacionamentos positivos e saudáveis. Precisamos da confusão normal para aprender a confiar uns nos outros.

A maioria das interações que observamos em nossas análises de vídeo foi reparada em um estado correspondente nas trocas imediatamente após a incompatibilidade. Em outras palavras, bebês típicos e seus cuidadores estão constantemente entrando em estados de incompatibilidade e, em seguida, reparando-os. As reparações podem ser pequenas — microscópicas, de fato —, mas existem muitas delas nos incontáveis momentos das interações.

O ensinamento central das décadas de pesquisa que seguiram o experimento do rosto imóvel original é que esse processo de passar da incompatibilidade para a reparação não é apenas inevitável, mas essencial para que os relacionamentos floresçam em vez de estagnar ou desmoronar. Como Jennifer descobriu com Craig, precisamos deixar a confusão acontecer. Precisamos da incompatibilidade porque sem ela não podemos reparar.

INCOMPATIBILIDADE, REPARAÇÃO E CRIAÇÃO DE SIGNIFICADO

Ao longo de sua infância, por meio de inúmeros momentos de incompatibilidade e reparação em sua família de origem, Craig desenvolveu um senso central de esperança — ou, para usar o termo emprestado de Jerome Bruner[16], ele *criou significado* do mundo como um lugar esperançoso. Em contraste, Jennifer tinha uma escassez de experiência com reparações, e isso a levou a construir um significado menos esperançoso para si mesma no mundo. Um senso de cautela caracterizou sua abordagem aos relacionamentos.

Vemos diferenças como essas surgindo nos primeiros meses de vida. Lembre-se de que, no experimento original, vimos a criança empregar estratégias diferentes para envolver sua mãe. Esse comportamento refletia um contexto contínuo de incompatibilidade e reparo. A bebê havia aprendido que poderia agir em seu mundo para torná-lo melhor. Mesmo na tenra idade de onze meses, ela, como Craig, criou significado de seu mundo como um lugar de esperança.

Quando realizamos o experimento com as díades mãe-bebê[17], para as quais o processo de incompatibilidade e reparação havia dado errado, não vimos essa resposta robusta. Mães e bebês criaram significados diferentes. Algumas mães, preocupadas com sua própria angústia, fizeram menos esforço para reparar as inevitáveis incompatibilidades. Outras, oprimidas pela ansiedade, raramente permitiam espaço para incompatibilidade, enquanto outras ainda se comportaram de maneira intrusiva — por exemplo, tocando repetidamente os bebês, mesmo quando eles afastaram as mãos das mães ou deram outros sinais de ficarem sobrecarregados. Quando confrontados com a incompatibilidade, os bebês que tiveram uma escassez de oportunidades de reparação não fizeram os mesmos esforços para se reconectar, para reparar a fissura.

Enquanto crescia, Jennifer, como aquelas crianças, sofreu com a falta de oportunidade de reparação. Não havia desenvolvido estratégias para gerenciar as fissuras inevitáveis que ocorrem nas relações humanas. Em vez disso, aprendeu a se proteger da experiência profundamente angustiante da súbita ausência emocional de seus pais. Ficava sozinha em seu quarto, mergulhada na lição de casa ou nos livros. Destacou-se academicamente, usando seu intelecto para se manter inteira, mas tornou-se emocionalmente protegida e fechada.

Inicialmente, repetiu esse padrão de comportamento com Craig, mas ele era um parceiro interativo muito diferente dos pais dela. Ela observou em suas interações com a família que a discórdia não o afastou. Ele aceitou a tendência dela de se retrair, nunca atacando. Ela desenvolveu confiança suficiente para que, quando a raiva aumentasse além de sua capacidade de tolerá-la, em vez de se fechar completamente, ela pudesse deixar a confusão acontecer.

O jantar arruinado representou um acolhimento consciente de incompatibilidade e reparação em seu relacionamento. Ao sobreviverem a essa perturbação e a muitas outras que caracterizam a confusão normal do amor, Jennifer descobriu uma maneira diferente de estar em um relacionamento. Ela criou novos significados do mundo como um lugar seguro e esperançoso. Poderia ter uma discussão, sabendo que estaria mais perto de Craig do outro lado. Embora os significados de Craig para o relacionamento não fossem tão problemáticos quanto os de Jennifer, ele também tinha espaço para crescer. Ficou mais consciente de seu comportamento distraído, tomando medidas para estar mais presente, uma vez que entendeu as origens na tendência de Jennifer a reagir. Aprendeu com ela que os relacionamentos além do espaço seguro de sua família de origem nem sempre eram tão simples. Ele aprendeu a prestar atenção.

O QUE É CRIAÇÃO DE SIGNIFICADO?

O que significa *criar significado*? Podemos usar termos como *entendimento* ou *dar sentido a* para capturar a ideia, mas essas palavras implicam pensamento consciente na forma de linguagem. Jerome Bruner, quem primeiro descreveu o conceito, era um cientista cognitivo e, portanto, encarava a criação de significado principalmente em termos de símbolos de linguagem e cognição. A pesquisa de rosto imóvel revelou que as pessoas criam significado bem antes de poderem colocar esses significados em palavras. Criam significado em vários níveis de experiência psicológica e biológica, incluindo o sistema sensorial, genes, sistema nervoso autônomo e sistema motor. Dos níveis multicamadas de sentimento — perceber, pensar, alcançar, olhar e até cheirar —, elaboram o senso de si mesmas no mundo. As informações que incorporam em seus relacionamentos com os outros são compostas por múltiplas camadas de sensações, movimentos e experiências emocionais, como somente os humanos podem processar.

Louis Sander, psicanalista e pioneiro da pesquisa infantil[18], descreveu o que chamou de *espaço aberto*[19], um espaço figurativo entre bebê e cuidador, cheio de possibilidades das quais o senso de si do bebê emerge e cresce. Nesse espaço, o eu único de um bebê se desenvolve em interação com os cuidadores primários. A interação momento a momento com as pessoas, conforme os bebês confundem e reavaliam as motivações e as intenções dos outros, é o processo pelo qual criam significado de si mesmos no mundo.

O experimento do rosto imóvel demonstra de forma surpreendente que os bebês nascem com a capacidade de influenciar seu mundo e possuem habilidades inatas para interagir com seu ambiente. Confrontado com a expressão vazia da mãe, um bebê responde com uma série de estratégias para envolvê-la novamente. O paradigma do rosto imóvel representa uma situação experimental em que os bebês são desafiados em sua capacidade de dar sentido à sua experiência. Se pudessem conversar, poderiam dizer sobre o fracasso da mãe em interagir: *isso não faz sentido*. Enquanto a duração do experimento do rosto imóvel de seis minutos varia em diferentes protocolos de pesquisa, a duração média é de dois minutos. Tente olhar sem expressão por dois minutos para um amigo ou membro da família que deseja sua atenção — isso parecerá interminavelmente longo! Para os propósitos de nosso experimento, esse prolongamento amplia a resposta, oferecendo uma janela para o processo de criação de significado da criança.

Um bebê que experimentou uma mudança bem-sucedida da incompatibilidade à reparação, quando confrontado com o estresse do experimento do rosto imóvel, usa várias estratégias para gerenciar esse estresse. Ele aponta, grita e se envolve em uma série de comportamentos para se reconectar. Apresenta o *senso de controle*, definido como uma sensação de que ele tem controle sobre sua vida e o poder de agir efetivamente em seu mundo. Se pudesse colocar palavras em sua experiência, poderia dizer: *Não sei por que a mamãe está me ignorando, mas sei que posso chamar sua atenção se eu continuar tentando*. Em vez de um sentimento de desamparo, uma criança que passou por incontáveis momentos de erro para se reconectar desenvolve uma maneira esperançosa de interagir com seu mundo. Ela criou um significado específico de sua experiência, uma expectativa otimista, que lhe dá uma sensação de resiliência (um conceito que exploraremos mais no Capítulo 5). Por outro lado, uma criança que experimentou a incompatibilidade, mas que possui uma experiência limitada com a reparação, cria significados negativos: *Você não me ama* ou *Não posso confiar em você* ou *Estou indefeso*. (Exploramos isso em profundidade no Capítulo 8.)

Acontece que os padrões de enfrentamento interativo, os padrões que criam significado, são bastante estáveis ao longo do tempo. Realizamos o experimento do rosto imóvel com 52 bebês e suas mães[20] em duas ocasiões em um intervalo de dez dias, e vimos os bebês usarem as mesmas estratégias em ambas as ocasiões para envolver suas mães e consolar-se. Nos pares mãe-bebê que não tiveram a oportunidade de passar da ruptura à reparação, os bebês exibiram um comportamento condizente com tristeza, abstinência ou desinteresse. Pareciam ter problemas para se manter firmes; seus movimentos eram desorganizados ou desmoronavam e ficavam muito quietos. Ambas as respostas sugeriram que se sentiam impotentes e inúteis.

Obtivemos um novo nível de percepção sobre a importância de nossas descobertas originais[21] quando aplicamos o paradigma do rosto imóvel em pesquisas com pais que sofrem de depressão. Demos aos potenciais participantes um questionário de triagem para sintomas depressivos, e aqueles que obtiveram alta pontuação foram entrevistados para determinar se estavam clinicamente deprimidos. Em seguida, analisamos a gravação de pares de mães não deprimidas com seus bebês e mães deprimidas com seus bebês, procurando correspondências (bebê e mãe fazendo a mesma coisa juntos, como sorrir e olhar um para o outro) e incompatibilidades (bebê e mãe fazendo diferentes coisas entre si, como o bebê olhando e sorrindo e a mãe com uma expressão facial triste). Descobrimos o tempo médio que uma díade levou para que uma incompatibilidade fosse reparada em um consenso e descobrimos que, quando as mães estavam deprimidas, não apenas havia mais incompatibilidades, mas levava muito mais tempo para que as incompatibilidades fossem reparadas. Também descobrimos que, quanto maior o tempo para reparação, maior o nível do hormônio do estresse cortisol (medido na saliva) na criança.

Os bebês de mães deprimidas pareciam se virar para dentro, confiando em si mesmos ou olhando para objetos em busca de conforto. Tais padrões de relacionamento são incorporados desde cedo ao modo de ser do bebê no mundo e são levados a novos relacionamentos à medida que o bebê cresce e se desenvolve.

Contudo, como exploraremos em profundidade nos Capítulos 9 e 10, para adultos, o principal significado dessas descobertas é que os padrões iniciais de relacionamento não são fixos ou permanentes. Você pode continuar a mudar e crescer ao longo da vida ao se envolver na confusão da interação com filhos, cônjuges, amigos, professores, terapeutas e a grande variedade de outras pessoas que você tem a oportunidade de trazer para sua vida. Se seus relacionamentos iniciais foram caracterizados por oportunidades insuficientes para reparação, você pode curar-se por se engajar em um novo conjunto de incompatibilidade e reparação com seus cuidadores originais, se eles estiverem disponíveis e abertos à mudança, e com novos parceiros em uma gama de relacionamentos.

Quando você se encontra repetidamente preso em relacionamentos problemáticos, quando carrega significados de ansiedade ou desespero, pode sentir que não tem o poder de mudar suas circunstâncias. Porém, o senso de controle, assim como a esperança, é instigado pelo processo frequente e repetido de passar pela incompatibilidade para reparar o relacionamento com as pessoas próximas a você.

DESDE O NASCIMENTO

A criação de significado começa nos primeiros momentos de uma pessoa. Considere o ritual precoce da amamentação. Analisaremos primeiro a perspectiva da nova mãe, Aditi, depois a de sua filha recém-nascida, Tanisha. Todas essas interações ocorrem, não por horas ou até minutos, mas por segundos que, juntos, criam o senso de si mesmo no mundo.

Aditi aguardou a chegada de Tanisha com animação e medo. Era seu primeiro filho e ela se perguntou como saberia o que fazer. Horas após o parto, tentou amamentar a bebê que gritava, mas os braços de Tanisha atrapalharam e seus movimentos se tornaram cada vez mais desorganizados. Aditi começou a falar baixinho com Tanisha enquanto a envolvia com suavidade, e logo sentiu o corpo de Tanisha passar de tenso a relaxado; o choro incessante diminuiu e finalmente parou. Tanisha dormiu e depois acordou, e agarrou-se vigorosamente para mamar, e Aditi experimentou uma calma pacífica que até então ainda não havia sentido. O significado que ela fez dessa experiência, se a tivesse posto em palavras, poderia ser: *eu posso fazer isso* e *eu conheço minha bebê*.

Agora considere a mesma cena da perspectiva de Tanisha. Seu pequeno corpo se contorcia. Gritou várias vezes enquanto seus braços voavam sobre sua cabeça. Algo estava em sua boca, mas ela não sabia o que fazer com aquilo. Então, ouviu um sussurro suave e gentil e foi enrolada em um cobertor quente. Sua respiração se acalmou. Agora ela podia descansar os braços no peito e parar os movimentos selvagens. Quando seu sistema nervoso imaturo obteve a ajuda de que necessitava, seu corpo relaxou e ela logo adormeceu. Depois de uma breve soneca, seu corpo se sentiu calmo e restaurado. Quando sua mãe a colocou no peito novamente, ela agarrou-se sem problemas. O significado que Tanisha criou pode ser expresso como *estou segura* e *eu estou completa.*

Nesse momento inicial de descobrir as coisas juntas, Tanisha e Aditi começaram a se apaixonar. Aditi reconheceu que Tanisha estava cansada e seu sistema nervoso estava estressado. Precisava da ajuda de sua mãe para se acalmar e uma breve soneca para se recompor antes que ela estivesse pronta para uma refeição. Permitir que o processo funcione alimentou Tanisha literalmente, além de nutrir a crescente identidade de Aditi como mãe, construindo seu senso de confiança e autoeficácia. Passar da incompatibilidade para a reparação forneceu nutrição real a Tanisha e a Aditi, um tipo de alimento para a alma.

Essa experiência compartilhada é bem retratada pela expressão *momento de encontro*[22], cunhada por Louis Sander. Em 1977, ele escreveu: "As pesquisas atuais na primeira infância estão começando a fornecer evidências provocativas de que a existência humana normalmente começa no contexto de um sistema relacional altamente organizado desde o início. Esse sistema relacional faz interface com dois componentes vivos, ativamente autorreguladores, altamente complexos e vivos (e adaptáveis) — o bebê e o cuidador, cada um já em funcionamento, por assim dizer". Sander pintou um retrato do período do recém-nascido como uma época em que dois indivíduos únicos separados — bebê e cuidador — se conheciam. Quando Tanisha e

Aditi trabalharam juntas em seus primeiros momentos de incompatibilidade, o prazer daquele momento de reunião alimentou as duas.

Passar da incompatibilidade para a reparação é mais importante do que qualquer coisa em particular que fazemos ou dizemos diante de qualquer desafio. É o processo que importa.

UMA TEORIA UNIFICADORA

Em nossa análise momento a momento da interação pais-bebê, observamos repetidas vezes que os primeiros relacionamentos amorosos são caracterizados não pela sincronia, mas pelo erro, e nos perguntamos: "A que propósito esse erro poderia servir?". Encontramos a resposta em uma teoria científica com extensa aplicação em uma ampla variedade de disciplinas, da física à psicologia.

A teoria de sistemas dinâmicos abertos descreve como todos os sistemas biológicos[23], incluindo os humanos, funcionam ao incorporar informações em estados cada vez mais coerentes e complexos. Sistemas que falham em ganhar complexidade perdem energia e deixam de crescer — por exemplo, o tio Harry no jantar de Ação de Graças, que mantém rígidas opiniões políticas e elimina as diferentes perspectivas de outros membros da família. Os sistemas que obtêm sucesso em obter informações crescem — por exemplo, a prima Sue e o primo Pete, que dedicam tempo para ouvir as histórias um do outro e ouvir as respectivas motivações e intenções um do outro, e, ao trabalhar com suas diferenças, desenvolvem um novo entendimento e discernimento. A energia produzida adquirindo novas informações promove o crescimento e a mudança.

Essa ideia se aplica não apenas às relações humanas, mas também à origem da própria vida! Em seu livro *Uma Breve História do Tempo*[24], o renomado físico Stephen Hawking explica como a vida na Terra evoluiu a partir de erros. Inicialmente, a atmosfera da Terra não tinha oxigênio e, portanto, era incompatível com a vida. A vida primitiva surgiu nos oceanos por meio de combinações aleatórias de átomos em estruturas complexas chamadas macromoléculas. Hawking conta como os erros na reprodução acabaram levando a novas estruturas:

> Contudo, alguns dos erros teriam produzido novas macromoléculas que se reproduziam ainda melhor. Apresentavam, portanto, vantagens e tinham tendência para substituir as macromoléculas originais. Desse modo, iniciou-se um processo de evolução que levou ao desenvolvimento de organismos autorreprodutores cada vez mais complicados. As primitivas formas de vida consumiam diversos materiais, incluindo ácido sulfídrico, e liberavam oxigênio. Isso modificou gradualmente a atmosfera até a composição que tem hoje e permitiu o desenvolvimento de formas mais perfeitas de vida, como os peixes, os répteis, os mamíferos e, por fim, a raça humana.

As macromoléculas no modelo das origens da vida de Hawking representam um exemplo de sistemas dinâmicos abertos. Essas moléculas, através de um processo de múltiplos erros ao longo do tempo, se organizaram de forma a produzir oxigênio. Os seres humanos colidem uns com os outros de maneira análoga às macromoléculas iniciais, desenvolvendo um sentimento cada vez mais complexo de si mesmos no mundo, a partir dos erros inerentes às suas interações.

Novas informações não são simplesmente absorvidas. Mais uma vez, as macromoléculas fornecem uma imagem útil. Elas não mudam simplesmente — elas se chocam, se desorganizam e se reorganizam em novas configurações. Novas informações também desorganizam os humanos, forçando-os a reorganizar seu antigo senso de si no mundo. Um significado novo e diferente é criado a partir da desorganização.

Quando uma pessoa experimenta esse processo de reorganização junto com outra pessoa — seja um cuidador quando jovem ou com amigos, colegas e parceiros à medida que envelhecem —, elas cocriam uma nova maneira de estar juntas, de se conhecer. Se as pessoas não permitirem desorganização ou incompatibilidade, elas não crescem e mudam e não conhecem os outros profundamente.

O processo de incompatibilidade e reparação na interação humana gera energia — as calorias, por assim dizer — para o desenvolvimento. As informações que obtemos sobre os outros e sobre nós mesmos através desse confuso processo interativo fornecem os nutrientes que permitem que nossa mente cresça.

Quando aplicada à física, a teoria dos sistemas dinâmicos abertos é "fria". A experiência humana, contudo, é "quente", impulsionada pela emoção. Quando a teoria é aplicada aos seres humanos, a experiência de profunda alegria e sensação de plenitude decorrente da reconexão segue a decepção e o sentimento de perda da incompatibilidade. O profundo prazer da reparação se torna o combustível que impulsiona o crescimento e o desenvolvimento.

Padrões disfuncionais de interação nos relacionamentos representam sistemas fechados. Sua rigidez permite que as pessoas se mantenham em um nível familiar de complexidade e coerência que lhes dê uma ilusão de segurança. Mas, se não se sentirem seguras em se envolver na bagunça dos relacionamentos, poderão permanecer em padrões fixos de interação que não promovem crescimento e mudança. No Capítulo 3, exploramos como alcançar essa sensação de segurança. Como Jennifer e Craig descobriram, padrões rígidos nos mantêm fechados, mas, quando nos abrimos à discórdia, obtemos novas fontes de energia.

CRIAR SIGNIFICADO EM NOSSOS GENES

Há bilhões de anos o processo de incompatibilidade e reparação criou vida na Terra. A teoria da evolução de Darwin descreve como mutações, ou erros, ocorrem nos pares de bases do DNA dos organismos vivos, levando a variações individuais. Como as macromoléculas de Hawking, algumas variações se reproduzem e prosperam, levando à variedade notável de espécies diferentes, adaptadas exclusivamente a seu ambiente particular. Esse processo de incompatibilidade e reparação ocorre ao longo de milhões de anos.

E acontece que os genes de um indivíduo mudam de função mesmo dentro da própria vida daquela pessoa! Colocando uma reviravolta no debate sobre a natureza, a pesquisa no novo e explosivo campo de estudo chamado *epigenética* ensina que os genes não são ao acaso. Eles são sequências específicas de nucleotídeos no DNA. Enquanto o próprio DNA não muda, os genes são ligados e desligados em resposta ao meio ambiente. Uma molécula, geralmente um grupo metil, se liga a um nucleotídeo e altera a maneira como um gene é expresso, um processo chamado de *metilação*. Por exemplo, um gene específico pode levar à depressão[25] em um ambiente estressante, mas não em um ambiente adaptativo.

Lembre-se das aulas de biologia em que aprendemos que genes criam proteínas e não significado. Entretanto, essas proteínas determinam como reagimos ao nosso ambiente. As mudanças nas proteínas afetam como metabolizamos nutrientes e como reagimos ao estresse. Por exemplo, quando os genes começam a produzir muito cortisol, nosso corpo e cérebro podem experimentar essa mudança como ansiedade. A história a seguir mostra um exemplo de como criamos significado em nossos genes.

No período chamado de Inverno da Fome Holandesa de 1944[26], os trabalhadores ferroviários holandeses entraram em greve com a esperança de interromper o transporte de tropas nazistas e, como punição, os nazistas cortaram o suprimento de comida para a Holanda. Quando a guerra terminou, em 1945, mais de vinte mil pessoas haviam morrido de fome. No entanto, um estudo com crianças que foram concebidas durante a fome e cujas mães sobreviveram à gravidez conta uma história genética interessante.

Um grande corpo de pesquisa examinou de perto essas crianças ao longo dos anos. Quando atingiram a idade adulta, estavam alguns quilos acima da média. Na meia-idade, apresentavam níveis mais altos de triglicerídeos e colesterol, taxas mais altas de obesidade e níveis mais altos de doenças metabólicas, como diabetes. Um estudo de longo prazo com homens[27] entre 18 e 63 anos mostrou que aqueles que estavam no útero durante a fome tiveram uma taxa de mortalidade 10% maior do que aqueles que não estavam.

Como o período de inanição teve um começo e um fim definidos, na verdade, constituiu um experimento genético inesperado. Nesse processo *epigenético* — literalmente, "acima do gene" — a expressão de um determinado gene foi alterada no útero para se adaptar a um ambiente de escassez. Em vez de uma alteração na sequência do gene, como ocorre em desordens genéticas como fibrose cística e distrofia muscular, ocorreram alterações na expressão ou programação do gene.

Um gene em particular, o *PIM3*, envolvido na queima de combustível corporal; produz proteínas que desempenham um papel no metabolismo. O gene *PIM3* provavelmente foi desativado no útero em um processo adaptativo, retardando o metabolismo do feto em resposta à grave escassez de nutrientes. O feto, de certa forma, "previu" um futuro ambiente de escassez. Contudo, após a guerra, quando a comida era mais abundante, o processo metabólico lento desses bebês significava que eles ganhavam mais peso do que seus irmãos criados na mesma casa. Seus corpos ainda esperavam fome mesmo diante da abundância, mas as crianças que não estavam no útero durante a fome não apresentava essa alteração genética e não desenvolvia problemas metabólicos ou obesidade.

Na Fome Holandesa, a incompatibilidade ocorreu entre o ambiente uterino e o mundo em que os bebês nasceram. A pesquisa epigenética também mostra que os efeitos ambientais na expressão gênica podem ser passados através dos genes para as gerações subsequentes.

ENCONTRAR ESPERANÇA NA EPIGENÉTICA

A ideia de que sua experiência de vida está incorporada em seus genes e que você assume as experiências de seus antepassados faz com que se sinta preocupado? Encontramos pessoas que acham essa ideia desanimadora, especialmente se as gerações passadas sofreram traumas. Todavia, considerando cuidadosamente, vemos que a lição da epigenética é de esperança, pois, assim como a expressão gênica pode mudar para se adaptar a um ambiente, ela pode mudar ao longo do tempo para se adaptar a um ambiente diferente.

Muitos pais nos expressaram medo de que uma criança que faça birras frequentes ou que cause problemas de outras maneiras continuará sendo difícil, que ela "se pareça com o tio Billy", por exemplo, que sofria de uma série de problemas mentais. Você herda metade de seu material genético de cada pai, e os genes passam de geração em geração. Mas a pesquisa epigenética nos ensina que, embora uma criança possa portar os mesmos genes que o tio Billy, o efeito desses genes em seu comportamento e desenvolvimento variará de acordo com o ambiente em que cresce. Rachel Yehuda, da Escola de Medicina de Icahn, do Monte Sinai[28], estudou uma população de filhos e netos de sobreviventes do Holocausto para determinar como funciona a transmissão intergeracional da influência ambiental nos genes. A história a seguir de um filho adulto de sobreviventes do Holocausto dá um exemplo.

Hilda e Karl foram presos em Auschwitz quando crianças (embora não se conhecessem na época); após a guerra, cada um imigrou com familiares sobreviventes para Nova York, onde se conheceram e criaram sua própria família. Durante a guerra, uma das maneiras pelas quais os corpos de Hilda e Karl deram sentido à constante ameaça real à sua existência era através de processos epigenéticos, alterando suas reações ao estresse. A expressão de genes produtores de cortisol foi ampliada em resposta ao meio ambiente. Nesse cenário, a hipervigilância e o alto estado de tensão constante produzido pelo excesso de cortisol no corpo eram adaptáveis, e até salvavam vidas. Essas alterações epigenéticas — a hiperativação dos genes produtores de cortisol — foram passadas, para o filho Eric.

Eric, no entanto, que morava na relativa segurança da cidade de Nova York, não exigia essa resposta aumentada ao estresse. O excesso de cortisol não era mais necessário. O significado epigenético produzido em resposta a traumas de guerra, originado em genes transmitidos a ele por seus pais, não corresponde ao ambiente seguro no qual ele nasceu. Eric levaria tempo e várias novas oportunidades momento a momento para um novo significado — inúmeras oportunidades de incompatibilidade e reparação —, para mudar o significado incorporado em seus genes. Esses momentos foram necessários para reparar a incompatibilidade entre seus genes e seu ambiente pós-guerra relativamente seguro na América.

Aos trinta e poucos anos, Eric tinha uma vida aparentemente perfeita: um casamento estável com sua esposa, Devorah, uma carreira satisfatória em finanças e dois filhos saudáveis. No entanto, ele foi atormentado por sentimentos de ansiedade e sobrecarregado por insegurança constante. Era extremamente autocrítico e, apesar das medidas externas de sucesso, não tinha senso de si mesmo como uma pessoa eficaz. Não tinha orgulho de suas realizações.

Passava a maior parte do tempo livre exercitando-se na academia, pensando que, se pudesse se sentir mais confortável com seu corpo, essa insegurança persistente afrouxaria seu controle. Porém, quando seu quadragésimo aniversário se aproximava, o aperto aumentou. Tornou-se obsessivo com sua dieta, consumindo apenas shakes de proteína no café da manhã e almoço, arruinando o prazer de comer em família com os preceitos da alimentação saudável.

Os problemas de Eric tinham raízes tanto em sua herança genética quanto em suas experiências durante o seu crescimento. Em tenra idade, Eric aprendeu que, para seus pais, sentimentos de angústia geravam ansiedade e foram recebidos com esforços imediatos para evitá-los. Quando chegou à faculdade, sabia que, quando sua mãe perguntava como as coisas estavam indo, a resposta tinha que ser "Tudo bem". Se não fosse, ela iria distorcer a conversa nessa direção, então concluía com: "Mas você está bem, certo?". Ele cedia e dizia: "Sim, mãe, está tudo bem". Seu pai sempre se sentiu distante. Ao aprender mais sobre as perdas que seu pai havia sofrido durante a guerra, Eric reconheceu sua ética profissional como um esforço para afastar sentimentos de tristeza. Os pais de Eric fizeram um grande esforço para tornar seu mundo organizado e seguro. Sempre que surgia o assunto sobre o Holocausto, seu pai mostrava como sua vida acabou melhorando, recusando-se firmemente a associar a palavra *trauma* à experiência.

O comportamento rígido de Eric em relação ao exercício e à alimentação estava atrapalhando sua vida familiar de forma insuportável. Devorah recomendou que Eric procurasse a ajuda de um terapeuta. Ela não queria recriar para os dois meninos o ambiente de tensão e medo que ela sabia ter caracterizado a infância de Eric. Eric viu que Devorah estava certa, que ele precisava fazer alguma coisa, mas nada que ele ouvira sobre psicoterapia o preparou para seu primeiro encontro com o Dr. Olds.

FAMINTO POR SIGNIFICADO

Após a primeira sessão de Eric com o Dr. Olds, sentiu uma conexão poderosa que, refletindo muitos anos depois, devido a uma sensação de segurança que ele nunca tivera antes. No meio da consulta, ele sentiu que o Dr. Olds aceitaria e ajudaria a conter a confusão de sentimentos dolorosos que se agitavam dentro dele. O medo da discórdia mantinha Eric relativamente fechado. Enquanto ele e Devorah eram devotados aos filhos, o relacionamento entre eles era distante e tenso. Sentia-se à vontade com os meninos, mas a expectativa de intimidade emocional com a esposa o deixava ansioso.

Após a primeira visita, experimentou um fenômeno comum na psicoterapia psicanalítica. Um paciente regride para o que Winnicott denominou *posição de dependência*[29]. Nesse relacionamento terapêutico, muitas dinâmicas se assemelham às do relacionamento pais-bebê. Esse novo relacionamento permite que os pacientes acessem e depois alterem padrões de relacionamentos prejudiciais.

Era como se, por quarenta anos, Eric trabalhasse duro para se manter inteiro — negar quaisquer grandes sentimentos confusos — e agora toda a intensidade de sua experiência emocional subiu à superfície. Nas sessões de terapia duas vezes por semana, ele fazia o papel de seu eu adulto. Mas o Dr. Olds saiu de férias pela primeira vez após o início do tratamento e a tensão foi demais para Eric. Ele misteriosamente perdeu a capacidade de comer. Literalmente lutava para colocar comida na boca. O sintoma melhorou no momento em que o Dr. Olds voltou de férias, mas reapareceu em outra ocasião em que ele se ausentou. Como esse problema desapareceu ao longo dos anos em que trabalharam juntos, Eric passou a reconhecer que havia se sentido "faminto" por significado. Quando ele encontrou uma pessoa para se envolver na confusão de um relacionamento íntimo, ele se sentiu "alimentado" pela primeira vez. A retirada abrupta desse alimento antes que ele tivesse a oportunidade de entender seus sentimentos levou à sua incapacidade de comer comida de verdade na ausência do Dr. Olds.

Dada a história dos pais de Eric, não surpreende que eles tenham lhe oferecido uma escassez de oportunidades de reparação. Sua mãe hesitava e seu pai nunca se envolvia. Ambos evitaram a confusão cotidiana de interação. O mundo de seus pais era inflexível e quebradiço. O Dr. Olds, entretanto, era diferente. Embora, na primeira consulta, Eric não pudesse articular totalmente, sabia que poderia trazer todos os seus sentimentos de raiva, amor e medo, e o Dr. Olds ficaria com ele. Ele ouvia sem insistir que estava tudo bem.

Talvez o mais importante seja que Eric pudesse passar por incompatibilidade e reparação com o Dr. Olds, que não tinha medo e estava disposto a reconhecer seus próprios erros. Uma vez, no início da terapia de Eric, houve um mal-entendido sobre o horário de uma consulta. Eric ficou arrasado quando chegou e deu de cara com a porta trancada. Inundado com uma sensação quase insuportável de pavor, temia que algo terrível tivesse acontecido com o Dr. Olds. Como o bebê confrontado com o rosto imóvel, ele se esforçava para entender sua experiência. A falta de exposição de Eric às tensões de sobrevivência nos relacionamentos o levou a desmoronar diante dessa grande incompatibilidade. Mais tarde, porém, quando Eric e o Dr. Olds trabalharam com essa perturbação, o relacionamento deles se aprofundou, e isso provou ser um momento crítico no seu caminho para a cura.

Nos relacionamentos de Eric com os outros, não apenas com Devorah e seus pais, seu padrão era se afastar em momentos de discórdia. Contudo, esse padrão teve seu preço. Embora estivesse fora da consciência de Eric, calar sentimentos desagradáveis e negativos era um trabalho árduo. Os sintomas de uma alimentação rígida representaram uma adaptação, uma maneira de se manter inteiro. Mas, se ele quisesse intimidade, teria que baixar a guarda. O Dr. Olds forneceu um espaço seguro onde, juntos, eles poderiam colocar suas reações em palavras, pois até aquele momento viviam apenas em seu corpo, sem pensamentos conscientes.

A história de Eric sobre a cura é confirmada por pesquisas em psicoterapia[30] que mostram uma associação entre o que é chamado *reparo de ruptura de aliança* e cura. O psicanalista Leston Havens[31] observa a importância da "sobrevivência da colisão" entre paciente e terapeuta, uma ideia que ecoa os primeiros sistemas dinâmicos abertos descritos pelo físico Stephen Hawking. O conceito de sobrevivência da ruptura das relações humanas ecoa a dinâmica da formação do universo como um big bang!

Durante cinco anos de terapia com o Dr. Olds, Eric sobreviveu a muitos momentos de disrupção, grandes e pequenos. No processo, seu senso de si mesmo como uma pessoa completa cresceu. Sua necessidade obsessiva em controlar o que ele comia se dissipou. Agora que as confusões não o assustavam mais, essas regras não eram mais necessárias. Da mesma forma, ele podia tolerar momentos de ruptura com Devorah, em vez de resistir a qualquer discórdia ou explodir de raiva. À medida que sua intimidade crescia, toda a família se sentia cada vez mais como um todo coerente, em vez de partes fragmentadas. Quando Eric terminou sua terapia com o Dr. Olds, tinha amigos e colegas com quem podia confortavelmente passar da incompatibilidade para a reparação. A confiança que ele desenvolveu em suas interações com o Dr. Olds abriu um caminho que lhe permitiu confiar nos outros, dando-lhe acesso a um mundo social mais amplo.

Ele também foi capaz de fazer as pazes com as limitações de seus pais e redescobrir a alegria em seu relacionamento com eles. Sua rigidez não o assustava mais, e ele podia ter prazer no relacionamento intelectualmente satisfatório, embora ainda emocionalmente distante, que mantinha com o pai. Poderia satisfazer a necessidade de sua mãe de que tudo ficasse "bem" sem se perder no processo.

Muitas pessoas vivem há décadas em relacionamentos que parecem mais ou menos bem, mas precisam de um certo nível de intimidade. Da mesma forma, conforme exploramos em profundidade no Capítulo 8, as pessoas podem sentir que não são totalmente elas mesmas. Conscientizam-se dessa diferença quando, como Eric fez em seu relacionamento muitas vezes tumultuado com o Dr. Olds, encontram relacionamentos nos quais se sentem seguros o suficiente para se envolverem na confusão, sem medo de se perderem no processo.

VÁRIAS MANEIRAS DE CRIAR SIGNIFICADOS

O paradigma de criação de significado oferecido pelo experimento do rosto imóvel indica que os bebês têm a capacidade de criar significado bem antes que as partes do cérebro responsáveis pelo pensamento simbólico e pela linguagem se desenvolvam. Como vimos na história sobre a Fome Holandesa, mesmo um feto sem cérebro totalmente formado pode criar significado.

A criação de significado ocorre em um continuum[32] de fisiologia, comportamento e pensamento consciente, como exemplificado pela expressão "Confie em seu instinto". Os sistemas sensorial, motor, nervoso autônomo (o sistema de controle que regula as funções corporais), endócrino e imunológico, a genética e até o microbioma, os trilhões de microrganismos que vivem no intestino, todos têm um papel a desempenhar no processo de compreender a experiência. Todos esses significados existem lado a lado, junto com significados explícitos transmitidos em palavras.

Em palavras, a incapacidade de Eric de comer na ausência do Dr. Olds não fazia sentido. Embora, quando criança, tivesse sido alimentado, seu corpo guardava uma lembrança da falta de nutrientes emocionais. Seu rígido padrão alimentar antes do início da terapia teve as mesmas origens da sua reação extrema às férias do Dr. Olds. Criar uma história em palavras não foi suficiente para mudar a maneira de estar de Eric no mundo. A discussão do trauma de guerra de seus pais ocupava apenas uma fração do tempo de Eric com o Dr. Olds, por mais que, se não mais do que as palavras trocadas, foi a experiência de incompatibilidade e reparação em interações momento a momento que alimentaram a mudança em Eric. Ele precisava aprender, em seu corpo e em sua mente, uma nova maneira de estar em um relacionamento, uma vez que isso não era caracterizado por rigidez e medo de confusão.

Quando um avião passa por turbulência, seu cérebro racional normalmente diz para você não se preocupar. Entretanto, seu estômago revirando, suas mãos úmidas e o aperto instintivo do apoio de braço dizem o contrário. Enquanto você pode dizer a si mesmo *ninguém morre de turbulência*, seu corpo reage como se a morte fosse iminente. Da mesma forma, um encontro casual com um ex-chefe que o tratou mal anos atrás pode produzir uma surpreendente palpitação, tremor nas mãos e dificuldade em pensar com clareza, mesmo que, em sua mente consciente, a experiência perturbadora tenha sido deixada de lado. Crianças pequenas com criatividade natural e altos níveis de energia, que são solicitadas a se adaptarem a uma estrutura escolar rígida, provavelmente não pensam em palavras: *isso está além da minha capacidade de lidar*. Em vez disso, elas podem desenvolver surtos de eczema à medida que seu sistema imunológico luta para processar a experiência.

Medos e fobias que parecem irracionais, que não fazem sentido em palavras, podem ter origem na experiência emocional pré-linguagem. Eric mal conseguia se lembrar dos passeios em família a Rockaway Beach em sua infância, mas tinha um medo constante do oceano, de ser derrubado por uma onda ou pisar em uma água-viva. Esses medos concretos eram a expressão da tensão e da ansiedade que fervia abaixo da superfície de sua primeira infância. Após seu trabalho com o Dr. Olds, ele descobriu um novo amor pelo oceano. Podia deliciar-se com o bater das ondas, rindo alegremente com seus meninos enquanto juntos pulavam as ondas. O significado de medo e pavor que ele havia feito do oceano, ao longo do tempo e no contexto de uma série de novos relacionamentos, se transformou em um significado de alegria.

COMETA ERROS

No próximo capítulo exploraremos como a ênfase da cultura moderna na perfeição vai de encontro com a lição central do paradigma do rosto imóvel. Na verdade, os erros oferecem oportunidades para curar e crescer. Em uma entrevista recente para um artigo de revista, Claudia foi questionada: "Qual é o segredo do sucesso?". Ela respondeu sem hesitação: "Não tenha medo de cometer erros". O erro é necessário para o crescimento. Trabalhar com as inevitáveis pequenas e grandes perturbações fortalece e enriquece sua vida. Algo novo e imprevisto surge.

Sigmund Freud disse: "Amor e trabalho são os pilares da nossa humanidade[33]". O que permite que algumas pessoas amem livremente e se envolvam em um trabalho satisfatório e significativo, enquanto outras ficam presas em relacionamentos prejudiciais e lutam para encontrar um objetivo na vida? A pesquisa feita após o experimento do rosto imóvel original dá uma resposta surpreendente. Como pais, parceiros de um casal, irmãos, professores, terapeutas ou colegas de trabalho em uma sessão de brainstorming, a maioria das pessoas tem a ideia de que as coisas devem correr bem para que tudo corra bem. Mas esperar que a vida corra bem, seja no campo do trabalho, seja no do amor, inevitavelmente leva a problemas. Com base na observação cuidadosa dos primeiros relacionamentos amorosos, nossa pesquisa demonstra que o crescimento e a criatividade emergem dos inúmeros erros inevitáveis que ocorrem nas interações humanas. Através da reparação da incompatibilidade momento a momento, as pessoas constroem confiança e intimidade. Juntas, dão sentido à sua experiência. Por outro lado, a falta de oportunidade de incompatibilidade e reparação leva à ansiedade e à desconfiança. As pessoas não conseguem crescer e correm o risco de cair na desesperança.

Com esse entendimento podemos criar uma definição de *sucesso* aplicável a todas as culturas, uma que inclua toda a gama de maneiras pelas quais as pessoas escolhem viver suas vidas. O sucesso, amplamente concebido como a capacidade de formar relacionamentos íntimos e encontrar sentido na vida, baseia-se em passar através e além de inevitáveis desencontros em nossos relacionamentos mais apaixonados, a partir do nascimento.

2

ALMEJAR SER BOM O BASTANTE

Seja criando um filho, entrando de cabeça em um romance, abrindo caminho para relacionamentos em um novo emprego ou enfrentando qualquer um dos infinitos momentos desafiadores no caminho da vida, todos nós inevitavelmente fazemos julgamentos errados. Enganamos a nós mesmos, ao fazer escolhas e tomar atitudes que, em retrospectiva, estavam equivocadas. E, desde a infância até a velhice, extraímos energia das relações humanas, com todas as suas imperfeições inerentes, para ter força para passar pelo desconforto e angústia à coerência, complexidade e criatividade. É o prazer da reconexão que produz a energia necessária para o crescimento. Essa ideia pode surpreendê-lo, pois muitas pessoas têm uma expectativa de perfeição para si e para seus relacionamentos. O conceito de estar em sincronia com as pessoas que são importantes para elas tem um tipo de qualidade mítica. Elas almejam uma sintonia perfeita e podem sentir profunda decepção quando não a alcançam.

Um vídeo de um experimento usando o paradigma do rosto imóvel[34] demonstra como o perfeccionismo nos atrapalha. A cena de abertura mostra uma mãe e sua filha de dois anos em perfeita sintonia. Completam as frases uma da outra enquanto brincam com bichinhos de pelúcia. É como se cada uma soubesse o que está na mente da outra.

Estão em perfeita sincronia, sem falhas de comunicação. É um prazer assistir. No entanto, assim que começa o segmento do rosto imóvel, a garota se dissocia completamente. Seus movimentos se tornam cada vez mais frenéticos. Os pesquisadores, que observaram um amplo espectro de reações nessa situação, acham a cena tão perturbadora que encurtam o segmento do rosto imóvel. Quando a mãe retorna como parceira interativa, diferentemente da criança no estudo original ou de outras crianças, a menina não consegue se recompor. Ela respira fundo e é incapaz de processar os esforços de sua mãe para acalmá-la. A criança bate nela com raiva, dizendo: "Por que você fez isso?". Dado o experimento, é uma pergunta difícil para a qual não há resposta fácil, mas, em vez de reconhecer o sofrimento da filha, sua mãe fala: "Não me bata". Ela não reconhece a raiva da filha, mas diz: "Você ficou triste, não ficou?". A emoção transmitida pelo comportamento da filha obviamente não é tristeza, então talvez a mãe esteja inserindo sua própria expectativa do que sua filha pode ou deve estar sentindo. Em vez de ouvir a comunicação e abordá-la, ela injeta seus próprios pensamentos. Nem mãe nem filha podem reparar a incompatibilidade.

Temos a sensação de que, por toda a perfeição inicial de sua interação, a falta de experiência com incompatibilidade e reparação deixou a criança incapaz de lidar com a breve perda de sua mãe. É como se estivéssemos vendo o sentimento emergente de si mesma no mundo se dissolver na ausência temporária de seu cuidador.

Um bebê que experimenta uma incompatibilidade e reparação típicos se transforma em uma pessoa com uma voz interna que diz: "*Eu posso mudar as coisas*". Quando as pessoas passam da incompatibilidade para a reparação repetidamente nos relacionamentos, sejam crianças ou adultos, desenvolvem o senso de controle, definido anteriormente como um sentimento de que se tem controle sobre a vida e o poder de agir efetivamente no mundo. Chegam a novas situações com um sentimento de esperança, armadas com um núcleo afetivo positivo. Mas, quando carregam uma expectativa de perfeição, perdem o sucesso de passar de um momento ruim para um bom, de ultrapassar os limites de seus próprios eus contra os limites do outro.

Em uma legenda sob a foto de Jeremiah, de seis meses, quando ele é abraçado por sua irmã de três anos, Ayana, podemos ler: *O que está acontecendo?* Embora Ayana claramente já tenha compreendido a convenção social de sorrir para a câmera, os olhos arregalados de Jeremiah transmitem uma combinação de admiração e perplexidade, não apenas sobre tirar sua foto, mas sobre o mundo inteiro ao seu redor. Avançamos rapidamente vinte anos, e uma pose semelhante mostra os dois irmãos sorrindo enquanto se abraçam, a expressão facial de cada um comunicando ao mundo uma identidade emergente de jovens adultos. Como esse processo de desenvolvimento ocorre? Como um bebê aprende sobre o mundo e, ao fazê-lo, torna-se exclusivamente "Jeremiah"?

A incompatibilidade e a reparação momento a momento é o processo pelo qual o bebê Jeremiah se transforma em adulto jovem Jeremiah e depois continua a se tornar o velho Jeremiah. Trabalhar através da incompatibilidade para a reparação é fundamental para o processo de desenvolvimento de limites que diferenciam "eu" de "você" e de todos os outros. Podemos recorrer a Winnicott para obter mais informações sobre o assunto. Ele captura a maneira pela qual esse sentimento do eu surge, esbarrando nos limites estabelecidos pelos cuidadores de uma criança. Longe de oferecer a perfeição da sintonização, uma criança normal produz perturbação e desordem em seu caminho para crescer. Em um ensaio para pais, Winnicott escreve:

> Como é a criança normal?[35] Apenas se alimenta, cresce e sorri docemente? Não, não é assim que ela é. Uma criança normal, se tiver confiança no pai e na mãe, faz todos os esforços. No decorrer do tempo, experimenta seu poder de perturbar, destruir, assustar, desgastar, desperdiçar, estremecer e apropriar-se. No início, ela precisa absolutamente viver em um círculo de amor e força (com a consequente tolerância) para não ter muito medo de seus pró-

prios pensamentos e de sua imaginação para progredir em seu desenvolvimento emocional.

Em um ambiente que abre espaço para sentimentos grandes e confusos, o desenvolvimento de uma criança progride em uma direção saudável; ela tem um senso robusto e positivo de "eu sou". Ao estabelecer limites no comportamento, mas tomando cuidado para não esmagar a alma de uma criança, o cuidador comunica uma sensação de segurança, essencialmente dizendo: *Eu estou bem com os seus sentimentos. Eu vou ficar com você. Você não estará sozinho.* No cenário que abriu este capítulo, a aparente intolerância da mãe à incompatibilidade, sua necessidade de estar perfeitamente disponível, pode afetar o emergente senso de si da filha. O senso de controle e o senso de si estão intimamente ligados.

IMPERFEIÇÃO NECESSÁRIA

Mai, de 27 anos, poderia provocar inveja em suas amigas. Seguiu os planos estabelecidos por seus pais, obteve excelentes notas e participou de uma série de atividades extracurriculares, as quais a levaram a uma boa faculdade. Seus pais, ambos acadêmicos de sucesso, a incentivaram a seguir uma carreira no ensino, o que ela obedientemente fez. Tomou o previsível caminho para a pós-graduação. Começou a namorar um professor de ensino médio cujo comportamento agradável se encaixava bem com a cultura de sua família. Seus pais o receberam de braços abertos, e logo ela sentiu uma pressão sutil para se casar e começar uma família. Não desafiou nenhuma das suposições que os outros tinham para seu futuro — até o relacionamento terminar. Acabou que ele era perfeito para eles, mas não para ela.

Pela primeira vez em sua vida, com o incentivo de uma amiga de infância, em vez de continuar mostrando que estava tudo bem, Mai se deu tempo para viver precariamente em um doloroso estado de incerteza. Triste e solitária, mas ainda com uma dose de esperança suficiente para tirá-la da cama, se inscreveu na academia. Nos fins de semana, agora livres, retomou a natação, atividade que desfrutara quando criança. Um dia, por acaso, se encontrou com membros da equipe principal de natação, que a convidaram para se juntar a eles. Nas manhãs de sábado, ao se esforçar fisicamente junto de seus companheiros de equipe, cortando a água braçada a braçada, experimentou um tipo de inserção total em seu corpo com uma sensação calmante e organizadora de seus próprios movimentos. Mesmo quando não tinha boa performance, continuava nadando. Como descreve o psiquiatra Bruce Perry (ver o Capítulo 5), movimentos alternados rápidos, como caminhar, correr e nadar, desempenham um papel na organização do cérebro, comportamento e emoções. A sensação emergente de Mai sobre si mesma também foi aprimorada pelo companheirismo alimentado pela adrenalina no vestiário após o treino.

A energia que ganhou com a atividade em si e com esses novos relacionamentos lhe deu coragem para mudar seus planos profissionais. Um anseio por conexões mais profundas e mais complexas surgiu. Decidiu seguir carreira como assistente social. Durante seu curso, conheceu Chasten. Em contraste com as relações tranquilas e sem intercorrências de seu passado, com Chasten ela passou por, mais precisamente, momentos de discórdia. Isso resultou em um profundo senso de intimidade e conexão.

Quem sou eu? Onde eu me encaixo? O que tudo isso significa? São perguntas que nos controlam desde a infância e que permanecem relevantes ao longo de nossas vidas à medida que crescemos e mudamos. Em um artigo intitulado "An Elegant Mess: Reflections on the Research of Edward Z. Tronick" ["Uma Confusão Elegante: Reflexões Sobre a Pesquisa de Edward Z. Tronick", em tradução livre], o psicanalista Steven Cooper[36] pergunta sabiamente: "Como duas pessoas podem realmente estar em sincronia quando, na verdade, adultos como indivíduos não entendem o que pretendem na maioria das vezes?". Em nossos esforços para nos conectarmos, nos encontramos esbarrando contra os limites de outras pessoas.

Mai refletiu sobre sua vida, desde a infância caracterizada por um verniz de perfeição até o rompimento precipitado pela separação com o namorado, e descobriu que dificilmente reconhecia seu eu passado. Com o tempo, as novas experiências e relacionamentos de Mai a levaram a começar a construir um senso de si mais complexo e genuíno.

Para Mai, a mudança em sua vida ocorreu principalmente através da natação, ao encontrar novos amigos, ajudar clientes em sua nova profissão e estar em um relacionamento com Chasten. Sua compreensão cognitiva do impacto de sua infância nos problemas que teve após a separação tiveram um papel mínimo.

As próprias experiências relacionais tornam-se parte do seu corpo e mudam o significado que você faz de si mesmo no mundo. Por exemplo, como exploraremos em profundidade no capítulo seguinte, muitas pessoas encontram uma cura profunda cantando com outras pessoas. Enquanto um coral ensaia, existem incontáveis ciclos de incompatibilidade e reparação em seções individuais, no coro como um todo, e entre o coro e o maestro. Os erros inevitáveis à medida que os membros lidam com as complexidades da música juntos são essenciais para a criação de uma performance de qualidade, e o trabalho duro de percorrer a bagunça para criar um coro complexo e coerente leva ao prazer dos membros do coral, uma alegria que é então comunicada ao público junto com as notas musicais.

IMPERFEITO DESDE O INÍCIO

Com base em suas observações e ideias sobre o cosmos, o físico Stephen Hawking reconheceu que "uma das regras básicas do universo[37] é que nada é perfeito. Sem imperfeição, nem você nem eu existiríamos". Hawking compreendeu que os erros de reprodução ocorridos quando as macromoléculas colidiram foram necessários para criar vida na Terra. Enquanto Hawking observou a necessidade de imperfeições no mundo da física, Winnicott observou exatamente esse processo no desenvolvimento humano, a partir do nascimento.

Ao contrário de outros mamíferos, os seres humanos são excepcionalmente impotentes nas primeiras semanas de vida. Seus braços voam sobre suas cabeças em momentos aleatórios em um reflexo de sobressalto primitivo. Os padrões de sono são inexplicáveis. Comem e sujam as fraldas o tempo todo. Esse comportamento é o resultado de um cérebro imaturo[38] que, a fim de permitir que a cabeça passe pelo canal de parto, realiza 70% de seu crescimento fora do útero. Um bebê recém-nascido depende totalmente de cuidadores para organizar seu mundo.

Por esse motivo, como qualquer pai ou mãe pode contar, cuidar de um recém-nascido é um trabalho de 24 horas por dia, 7 dias por semana. Winnicott observou que, quando uma mãe é cuidada e apoiada (uma experiência que muitas vezes falta em nossa cultura), ela fica mais afinada com o bebê. Ele se referia à "mãe devotada comum[39]" como alguém que, de uma maneira normal e saudável, se preocupa com todas as necessidades de seu bebê. Nas primeiras semanas em que o bebê está completamente desamparado, em circunstâncias em que a mãe se sente segura e apoiada, dá a pais e filhos uma sensação de unidade.

Contudo, essa sintonia, em situações de saúde, é temporária, durante cerca de dez semanas, até que o bebê comece a adquirir a capacidade de se controlar. À medida que seu cérebro se desenvolve e seu corpo cresce, os reflexos primitivos diminuem. Seus movimentos se tornam mais organizados. Winnicott observa que, nesse ponto, a mãe deve, para usar sua palavra, "falhar" em atender a todas as necessidades da criança para que seu desenvolvimento progrida. Ela fracassará, inevitavelmente, mas tem uma nova tarefa, resumida pelo termo que ele cunhou, *mãe suficientemente boa*[40]. Winnicott reconheceu que, assim como a maioria das mães estão naturalmente preocupadas com seus bebês quando estão completamente desamparadas, a maioria delas também é natural e "suficientemente boa". Essas qualidades não são coisas que aprendemos nos livros.

O conceito de mãe suficientemente boa é traduzido em garantias simplistas e rápidas de que os cuidadores concordam com seus erros, mas isso reflete uma verdade mais profunda: as imperfeições são necessárias para o desenvolvimento saudável. A verdade que Winnicott sabiamente identificou é que o fracasso — ou, na linguagem de Hawking, o erro —

não é apenas inevitável, mas essencial. Uma mãe não deve procurar ser perfeita, mas boa o suficiente. Ao aceitar os fracassos de suas mães, os bebês começam a se separar e aprendem a lidar com as inevitáveis frustrações da vida. Os limites entre o eu e os outros começam a se formar.

É aqui que os fundamentos da autorregulação, tão críticos para a aprendizagem e a competência social, se desenvolvem. Como exploraremos em profundidade no Capítulo 4, a autorregulação surge do processo de trabalhar com erros ou falhas com outra pessoa. Em seu livro *O Brincar e a Realidade*, Winnicott escreveu:

> Despreza-se aqui[41] o ambiente facilitador suficientemente bom, que no início do processo de crescimento e desenvolvimento de cada indivíduo é a condição *sine qua non*. Existem genes que determinam padrões e uma tendência herdada de crescer e atingir a maturidade, e, no entanto, nada ocorre no crescimento emocional, exceto em relação à provisão ambiental, que deve ser boa o suficiente. Note-se que a palavra "perfeito" não entra nessa afirmação — a perfeição pertence às máquinas, e as imperfeições características da adaptação humana à necessidade são uma qualidade essencial no ambiente facilitador.

Além de sua redação acadêmica, Winnicott se comunicava regularmente com os pais, agindo como uma espécie de Dr. Spock britânico. Em um desses ensaios, ele escreveu:

> Prefiro ser filho de uma mãe[42] que tem todos os conflitos internos do ser humano do que ser cuidado por alguém para quem tudo é fácil e tranquilo, que sabe todas as respostas, e não conhece dúvidas.

Winnicott combinou suas observações como pediatra, em que estava imerso em relacionamentos entre pais e filhos em tempo real, com seu trabalho como psicanalista. Seus pacientes adultos, deitados no sofá hora após hora, em suas palavras "regrediram à dependência", como Eric fez no início de seu tratamento com o Dr. Olds. Muitos experimentaram profunda ansiedade em torno de breves separações. Reagiram intensamente a leves violações de sintonia, como uma pausa prolongada que precedeu uma resposta dele. Mas, em vez de (ou além de) chorar de angústia, eles poderiam explicar o que estava acontecendo. Trouxeram emoções desde os primeiros cuidados recebidos até o relacionamento com Winnicott em um processo originalmente descrito por Sigmund Freud como *transferência*. Essas interações apresentaram percepções sobre o impacto de suas vidas emocionais como crianças pré-verbais.

A partir dessas experiências, Winnicott desenvolveu o conceito do *verdadeiro eu* e do *falso eu*. Ouviu adultos que, como Mai, pareciam não ter um senso sólido de si mesmos. Sua experiência com adultos e crianças levou-o a reconhecer que, se uma mãe falha em atender às necessidades de seu bebê, nem sempre ela sabe o que seu filho está comunicando, mas, tendo tempo para descobrir as coisas, ela abre o caminho para a criança se adaptar à incerteza inerente a todas as interações sociais. O bebê desenvolve, assim, um emergente senso de si.

Por outro lado, ele observou que um falso eu pode se desenvolver em "conformidade" com um cuidador que, por diversas razões, é incapaz de tolerar imperfeições nos relacionamentos. No vídeo da criança que está com raiva, mas cuja mãe insiste que está triste, podemos imaginar que, em repetidas interações, em que os sentimentos da criança não são tolerados, ela pode obedecer, negando seu verdadeiro sentimento de raiva e, em vez disso, ficar triste em um esforço para se juntar à mãe. Na história de Mai, sentimos esse tipo de conformidade. Seguir o caminho tranquilo que sua família esperava distorcera o caminho de desenvolvimento para seu verdadeiro eu.

A MÃE BOA DEMAIS

A mãe suficientemente boa permite o desenvolvimento saudável de um bebê ao não atender às suas necessidades na proporção de sua crescente capacidade de lidar com essa falha. A mãe boa demais, no entanto, em seu esforço ansioso pela perfeição, pode impedir o crescimento através da incompatibilidade e da reparação.

Quando Sarah ligou para o terapeuta e deixou uma mensagem para marcar uma consulta para ajudar com o comportamento difícil do filho de três anos, disse que só podia falar ao telefone entre as 14h e 14h30, quando tinha certeza de que Ben estaria cochilando. Explicou que das 8h às 9h Ben tomava o café da manhã e brincava um pouco antes da soneca matinal. O almoço tinha que ser às 12h, e sua caminhada era às 12h45. Ele se prepara para o cochilo às 13h45 e finalmente, às 14h, ele estaria dormindo. "Eu poderia falar nesse horário então", disse ela. Ela transmitiu uma ansiedade profunda enquanto descreveu seu dia organizado em torno de todas as necessidades dele.

O relacionamento de Ben e Sarah teve um começo difícil quando Sarah teve complicações na cesariana e teve que ficar na UTI por alguns dias. Embora ela tenha lembrado dessa vez como emocionalmente dolorosa, depois disso, a infância de Ben foi, em suas palavras, "felicidade perfeita". Uma vez que ele entrou na primeira infância, no entanto, algumas coisas começaram a se manifestar. Agora seus dias e noites estavam cheios de batalhas, enquanto ela tentava em vão estar perfeitamente disponível para ele da maneira que tinha estado quando ele era bebê. Ele lutava para não dormir, desabava facilmente na pré-escola, e começou a ter acessos de raiva pela menor violação de suas expectativas, como comer frango para o jantar quando queria macarrão. Quando Sarah falou sobre suas experiências na terapia, no começo parecia que as origens desse padrão poderiam estar na ruptura inicial em seu relacionamento e a culpa de Sarah por tê-lo "abandonado" durante suas primeiras semanas, quando estava muito doente para cuidar dele. Contudo, em reflexão mais aprofundada, Sarah reconheceu que sua própria mãe tinha sentido uma pressão semelhante para ser perfeita com ela e seu irmão. Descreveu sua mãe como tendo sacrificado suas próprias necessidades, seu próprio eu, para dar tudo aos seus filhos. Sarah se sentiu sufocada e lembrou de sua ansiosa mãe como distante e emocionalmente indisponível.

O padrão de relacionamento em que Sarah e Ben estavam presos era provavelmente em parte devido ao seu desejo de não desapontá-lo do jeito que ela sentia que tinha feito naqueles primeiros dias. Era algo, porém, mais profundo, enquanto repetia o tipo de maternidade que ela mesma tinha recebido. Conforme Sarah tomava conhecimento desse padrão intergeracional da mãe perfeita, não só viu que a perfeição que buscava era inatingível, mas também que isso a deixava nervosa e preocupada. Ela se perguntou se o comportamento de Ben poderia ser um reflexo de sua ansiedade. Quando compreendeu o efeito de seu perfeccionismo por se esforçar com suas emoções e com as de Ben, experimentou um alívio profundo, uma espécie de liberdade para relaxar.

À medida que se permitia tolerar a confusão da infância e via que isso realmente poderia ajudar Ben a superar, a ansiedade mútua diminuiu. Ela não tinha que ter sempre a mamadeira perfeita que ele queria naquele momento. Poderia sair para uma noite com amigos, apesar de seus protestos fervorosos. Como ambos sobreviveram a essas perturbações, seu sono melhorou, e ele começou a desfrutar da pré-escola e a fazer amigos. O processo de incompatibilidade e reparação permitiu-lhes formar limites mais saudáveis, enquanto a confiança um no outro e em si mesmos cresceu.

Podemos pegar as lições aprendidas com essa história e aplicá-las a todos os nossos relacionamentos ao longo de nossas vidas. Como os esforços ansiosos de Sarah para atender a todas as necessidades de Ben, lutar pela perfeição em nossos relacionamentos adultos pode criar ansiedade e impedir o crescimento.

ABRIR ESPAÇO PARA A IMPERFEIÇÃO

Os membros do conselho da empresa de Brian trabalhavam há meses em um problema desagradável. Em reunião após a reunião, sentaram-se em torno da mesa na sala de conferência, discutindo diferentes soluções. Vários membros tinham ideias fortes do que precisava ser feito e pareciam não querer ceder. O processo estava emperrado. Muitos começaram a temer os encontros. Após uma das reuniões, a amiga de Brian, Clarissa, que fazia parte do conselho como membro da comunidade e gerenciava uma escola de dança local, o chamou de lado e perguntou: "Por que você não faz a reunião no meu estúdio?". Ela sugeriu que, em vez de entrar direto na discussão sobre o que fazer, deveriam ter algum tempo no início para cada membro se apresentar e falar sobre o seu dia. "Estabelecer algumas regras básicas sobre simplesmente ouvir sem interrupções apenas para isso." Brian aceitou o conselho dela. Quando o grupo chegou, foram oferecidas diversas opções de assentos, incluindo pufes, bolas de yoga e cadeiras dobráveis. Alguns escolheram sentar no chão. O arranjo desordenado por si só aliviou a pressão para articular soluções totalmente formadas. Para o exercício de escuta, Clarissa pediu a todos para se levantar, andar ao redor da sala e escolher parceiros. Cada indivíduo do par, então, levou três minutos para compartilhar algo positivo e negativo sobre a semana passada com seu parceiro. O parceiro de escuta foi instruído a não interromper ou dar qualquer conselho. Todos descobriram que esse comportamento exigia muita disciplina. Quando começaram a discutir o problema da empresa, Clarissa provou ser uma administradora de tarefas difíceis, pois estabeleceu limites em sua inclinação para interromper um ao outro com soluções. Ao levar em conta sua experiência a partir do exercício de escuta, os membros do conselho começaram a fazer uma pausa e ter tempo para refletir sobre o que seu colega havia dito antes de expressarem suas próprias perspectivas. Sentar em um círculo em vez de em frente a uma mesa e se reunir em um espaço tão diferente de seu local de trabalho normal aliviaram a pressão sobre cada indivíduo para chegar à resposta correta, a solução perfeita. Cada um poderia reconhecer que os outros membros do grupo também podiam estar certos. Eles foram energizados pelo processo em si, e novas ideias começaram a fluir. Logo vieram com um plano coeso e coerente para prosseguir. Abrir espaço e tempo para o processo confuso de trabalhar através de um problema levou a soluções significativas.

Uma história de duas amigas dá outro exemplo. Sofia e Isabel se conheceram na segunda série. Embora cada uma tivesse tido experiências muito diferentes enquanto cresciam, compartilharam uma boa amizade por muitos anos e continuaram amigas mesmo quando Sofia se mudou para o outro lado do país. Gostavam do mesmo tipo de música, viajavam juntas e em geral encontravam conforto na companhia uma da outra. Então elas tiveram filhos. Abordagens profundamente diferentes no modo de criar os filhos geraram a primeira fissura em uma relação saudável. A divisão cresceu junto com o desenvolvimento de seus filhos, e, na época que seus filhos entraram no ensino fundamental, Sofia veio da Costa Oeste fazer uma visita, e as duas tiveram uma discussão explosiva que levou a um colapso completo em sua amizade. Nenhuma delas se lembrava exatamente o que aconteceu, mas pararam de se falar. Como viviam em lados opostos do país, era relativamente fácil seguir seu dia a dia como se não se importassem. No entanto, com o passar dos anos, a perda teve seu preço. Cada uma delas fez tentativas de reconciliação, mas suas conversas telefônicas pareciam tensas e estranhas. O avanço veio quando Sofia voltou para sua casa de infância na Costa Leste para uma reunião familiar que coincidiu com uma pausa no trabalho de Isabel. Elas decidiram se encontrar em um fim de semana e fazer caminhadas. A grande quantidade de tempo permitiu-lhes finalmente discutir sobre a confusão do que havia acontecido. O ato de caminhar juntas acalmou seus corpos o suficiente para permitir que elas se envolvessem em conversas emocionalmente carregadas. O movimento regular e rítmico as ajudou a ouvir, e cada uma finalmente tomou a perspectiva da outra. Repararam a incompatibilidade, ganhando novos níveis de compreensão de si mesmas e uma da outra. Nos anos seguintes, enquanto seus próprios filhos se tornavam jovens adultos, fizeram questão de compartilhar um dia de caminhada e conversas quando Sofia ia para o leste para visitas anuais. Foram capazes de estar presentes na vida uma da outra de maneiras mais profundas e significativas.

Trabalhar através da incompatibilidade para a reparação, no momento e ao longo dos anos, nos permite crescer e mudar. Como essas duas histórias mostram, novos significados surgem quando criamos um espaço para ouvir as perspectivas dos outros. E, conforme exploraremos mais no Capítulo 9, não é simplesmente uma questão de encontrar as palavras certas. Para criar significado em todos os níveis de experiência, incluindo movimento e sensação, precisamos trazer nossos corpos para o processo.

UMA VISÃO DE DESENVOLVIMENTO

Ao mesmo tempo em que D. W. Winnicott estava consolidando suas observações em uma teoria clínica em Londres, T. Berry Brazelton, então um jovem pediatra em Cambridge, Massachusetts, estava formando suas próprias teorias sobre a imperfeição. Notou que as crianças pequenas tendiam a retroceder pouco antes de fazer um salto de desenvolvimento. Na introdução de seu livro *Touchpoints* [*Pontos de Contato*, em tradução livre][43], um modelo de cuidado para crianças e famílias fundado em décadas de observações clínicas, escreveu: "Pouco antes de um aumento no crescimento em qualquer linha de desenvolvimento, o comportamento da criança parece regredir. Os pais não podem mais contar com realizações passadas. A criança muitas vezes regride em várias áreas e se torna difícil de entender. Os pais perdem o equilíbrio e ficam alarmados". Contudo, quando tal desorganização era vista como um precursor esperado e necessário para um novo nível de crescimento e realização do desenvolvimento, ele viu que os pais poderiam aproveitar a oportunidade para obter maior compreensão de seus filhos em vez de ficarem "presos em uma guerra".

Ellen sentiu que estava falhando como mãe. Depois de um breve período de alguns meses quando parecia que seu filho, Noah, tinha se estabelecido em um padrão de sono regular, tudo desmoronou. Ele acordava várias vezes por noite em um padrão incompreensível e imprevisível. Olhava as fotos de seus amigos no Facebook com bebês e não via nenhum sinal de profunda fadiga e desvantagem que ela estava experimentando, o que exacerbava seus sentimentos de inadequação. Tentou muitas abordagens diferentes: segurava e embalava Noah toda vez que ele acordava.

Deixou-o chorar até dormir. Limitou a amamentação para apenas ao começo da noite, deixando o marido dar mamadeira quando Noah acordava às duas e às quatro da manhã. Porém, quando a privação do sono nublou seu pensamento, sentiu mergulhar em sentimentos de desesperança.

Então Noah deu seus primeiros passos. Quase em paralelo com o seu recém-adquirido domínio da mobilidade vertical, seu sono começou a melhorar. O tempo entre os despertares da noite aumentou. Os métodos que Ellen usou para ajudar seu sono nos primeiros meses começaram a funcionar novamente. Como Ellen, por sua vez, estava mais descansada, o nevoeiro de depressão que começara a aparecer diminuiu.

T. Berry Brazelton mostrou uma profunda empatia por pais e filhos. Ele não apenas apreciava a experiência de desordem da criança, mas também viu como os pais lutavam com muitos sentimentos complexos enquanto se adaptavam a sua nova identidade. Pais que têm expectativas irreais, que lutam para entender o comportamento e a comunicação de seus filhos, não são maus pais. Eles estão confusos. Um sentimento de inadequação e culpa pode obscurecer sua visão. A ansiedade pode levá-los a tentar controlar o comportamento de seus filhos, como refletido pelos pedidos frequentes dos pais a um pediatra para "me dizer o que fazer *agora* para gerenciar [X]".

Enquanto o modelo de Brazelton, no livro *Touchpoints*, é usado principalmente no trabalho com crianças e famílias, o quadro que oferece para pensar em momentos de desordem na infância é válido para momentos de desordem ao longo da vida de todos. Ele incorpora o princípio fundamental da teoria de sistemas dinâmicos abertos que discutimos no Capítulo 1 — esse distúrbio em si fornece a energia que alimenta o crescimento e o desenvolvimento.

CULTURA DO PERFECCIONISMO

A expectativa de perfeição, para si e para os relacionamentos, permeia a cultura moderna como um todo. Vemos uma crescente intolerância à desordem. Uma pesquisa no Google pelo termo *perfeccionismo*[44] revela uma série de artigos com títulos como "Jovens se afogando em uma maré crescente de perfeccionismo" que fazem referência a estudos que documentam evidências desse fenômeno. Uma medida de perfeccionismo denominada Escala Multidimensional de Perfeccionismo[45] foi desenvolvida e padronizada pelos psicólogos Paul Hewitt e Gordon Flett no início dos anos 1990 e é amplamente usada na pesquisa em ciências sociais. Um estudo demonstrou um aumento de 33%[46] no perfeccionismo em estudantes universitários britânicos, canadenses e norte-americanos entre 1986 e 2016. O principal autor do estudo disse ao jornal *The New York Times*[47]: "Os millennials sentem pressão para se aperfeiçoar sob certo aspecto no uso de mídias sociais que leva a se compararem aos outros". (Veja o capítulo 7 para obter mais informações sobre esse assunto.) A especialista em parentalidade Katie Hurley[48] descreveu a "síndrome da Mulher-Maravilha", exemplificada por uma garota de nove anos, Gracie, que "planejou toda a sua vida e não estava disposta a lidar com erros pelo caminho".

Essa busca pela perfeição parece alimentar os conflitos de uma geração de adultos diagnosticados com doenças mentais. Desenvolvedores da escala do perfeccionismo[49] descobriram ao longo de décadas de pesquisa que o perfeccionismo se correlaciona com depressão, ansiedade, distúrbios alimentares e outros problemas emocionais. O excesso de livros de instruções, revistas e blogues cheios de conselhos e soluções rápidas reforça a sensação de que as coisas seriam perfeitas se tivéssemos a resposta certa; as postagens de blogues que recebem mais visualizações oferecem "Seis Passos para o Casamento Perfeito" e "Dez Dicas para Criar um Filho Resiliente". No entanto, a expectativa de que haja uma maneira correta de obter sucesso, um especialista que pode nos dizer o que fazer em inúmeras situações, incentiva a ilusão de que podemos contornar a confusão nas interações com os outros. Livros e artigos que oferecem "dicas práticas e úteis" podem realmente reforçar a expectativa de perfeição que cria ansiedade e prejudica o crescimento. Existem inúmeras maneiras certas de resolver qualquer problema, mas elas são únicas e específicas para cada relacionamento. A resposta está dentro do próprio relacionamento.

A discussão após uma palestra que fizemos a uma plateia de profissionais que trabalhava com famílias e crianças pequenas deu continuidade a essa perspectiva. Pediatras, enfermeiros, consultores em lactação, visitantes domiciliares e especialistas em intervenções precoces revelaram a pressão que sentiam para dizer a seus pacientes ou clientes "o que fazer". Muitos reconheceram que o fornecimento de conhecimentos aos pais pode minar a autoridade natural deles e impedi-los de desenvolver confiança *junto a seu filho* na capacidade de cuidar dele.

Em larga escala, essa cultura de aconselhamento interrompe o processo de reparo. Isso não quer dizer que alguém precise fazer isso sozinho. Trabalhar em momentos difíceis no cenário de relacionamentos em que você se sente ouvido e apoiado promove a saúde e o bem-estar de maneira mais eficaz do que uma anotação de dicas ou instruções.

Durante o período de perguntas e respostas após outra apresentação, dessa vez, para um grupo de mães de crianças pequenas, Claudia experimentou toda a força da expectativa dos pais para dar "a resposta certa" a qualquer tipo de desafios dos pais. Em vez de fazer isso, ela continuou ouvindo as histórias e incentivou essas mães a confiarem em si mesmas para saber o que fazer em um determinado momento. Ela enfatizou que elas cometeriam erros, mas que esses mesmos erros as levariam na direção de crescimento e de mudança saudáveis.

Uma mãe queria saber o que fazer quando a filha de três anos jogou seus sapatos do outro lado da sala. "Devo estabelecer um limite? Devo perguntar a ela sobre seus sentimentos?" Claudia ajudou essa mãe a considerar o que poderia acontecer se ela aceitasse a incerteza da situação. E se ela decidisse naquele momento estabelecer firmemente um limite e sua filha se fragmentasse completamente? Estaria julgando mal a capacidade da filha de se manter inteira. Reconhecer que sua filha estava cansada e oprimida por sentimentos que não conseguia lidar pode ter que mudar de rumo e, em vez disso, oferecer conforto e controle. Ou, se tentasse falar sobre os sentimentos de sua filha, mas a pequena menina continuasse a perder o controle? Então veria que o que sua filha realmente precisava naquele momento era um limite firme. Quando elas descobrissem juntas, compartilhando a experiência de reparar a incompatibilidade, seu relacionamento poderia crescer e elas teriam um profundo senso de confiança por terem conseguido passar por um momento difícil juntas.

Winnicott usou o termo *ambiente de acolhimento*[50] para descrever um ambiente seguro de relacionamentos seguros, em que toda a gama de experiências é aceita, contida e compreendida. O conceito original refere-se à maneira como uma mãe oferece sua presença física e emocional total ao filho em desenvolvimento. No entanto, a frase é amplamente usada por Winnicott e outros para descrever uma variedade de ambientes compostos por indivíduos e comunidades. O conceito de ambiente de acolhimento oferece uma alternativa à confiança das pessoas em conselhos de especialistas. Quando se sentem realizadas em relacionamentos, elas podem superar em vez de evitar perturbações e discordâncias.

O que faz alguém se sentir realizado ou não em um relacionamento? Se a incompatibilidade e a reparação alimentam a alma e se a confusão é necessária para o crescimento e a intimidade, o que impede as pessoas de se deixarem confundir? Nas histórias apresentadas até agora neste livro, o desenvolvimento descarrilou e os relacionamentos ficaram presos em um ambiente em que a incerteza não parecia segura. Em contraste, em cada história, uma sensação de segurança para convidar a discórdia levou a oportunidades de crescimento e cura. No próximo capítulo, exploraremos como você sabe, em seu corpo e em sua mente, que está seguro para fazer uma confusão.

3
SEGURO PARA FAZER CONFUSÃO

O mundo de Elena parecia desmoronar na época em que sua filha, Flora, nasceu. Primeiro, o amado gato da família morreu. Em seguida, sua sogra foi diagnosticada com câncer. Embora o prognóstico fosse bom, o tratamento exigiria que seu marido, Sam, viajasse. Ele já trabalhava longas horas administrando seu próprio negócio e agora estaria estressado e menos disponível. Ela ficou angustiada sobre como discutir tudo isso com seu filho de três anos de idade, Matteo. Sua vida acabara de ser perturbada pela chegada de sua irmã mais nova; como alguém poderia lidar com a dor da perda, a incerteza da doença e a confusão que acompanha as duas? Melhor suavizar isso tudo. Contudo, quando o comportamento difícil de Matteo se intensificou e os episódios repetidos de ser mandado para seu quarto apenas fizeram com que os problemas piorassem, Elena podia ver que essa suavização do caos, o figurativo de fechar a porta da confusão, não estava funcionando. Somente quando sua mãe ficou com eles por algumas semanas ela se sentiu segura o suficiente para começar a reconhecer e depois tomar medidas para reparar as perturbações em suas vidas. Decidiu adiar o início de uma graduação em assistência social para outros seis meses, para que pudesse estar mais presente com sua família. Matriculou-se em aulas de dança de mãe e filho com Matteo, que já havia demonstrado uma paixão pelo movimento e pela música. A presença calmante de sua mãe se mostrou crucial para Elena se sentir segura para lidar com a desordem de sentimentos difíceis que toda a família experimentou durante aquela transição complicada.

O que nos leva a tentar amenizar as inevitáveis desconexões da vida? Podemos temer que uma fissura no sistema leve tudo a ruir. Precisamos nos sentir seguros e confiantes de que, quando as coisas desmoronarem, seremos capazes de juntar as peças novamente.

Vimos no Capítulo 1 que para os pais de Eric, que haviam passado pelo Holocausto, uma rígida anulação de sentimentos difíceis parecia necessária para sua própria sobrevivência. Eles precisavam de tudo para ficar "bem". Seus corpos haviam desenvolvido uma sensibilidade aumentada em resposta a uma ameaça real. Quando as pessoas se sentem ameaçadas, seus corpos podem, de uma maneira que pode estar além de seu controle consciente, impedi-las de se conectar. Seu cérebro pensante pode lhe dizer que uma situação é segura enquanto seu corpo sofre ameaças.

COMO SENTIMOS SEGURANÇA

Vamos olhar mais de perto o processo pelo qual nossos corpos criam o significado de nosso ambiente como seguro ou não seguro. Pesquisas usando o paradigma do rosto imóvel revelam que os bebês consideram a experiência uma ameaça muito antes do desenvolvimento das partes do cérebro responsáveis pelo pensamento consciente na forma de palavras. Vimos isso acontecer quando estudamos um vídeo de uma criança de seis meses[51] com a mãe. Não tínhamos percebido isso assistindo a eles juntos em tempo real, mas, quando reproduzimos o vídeo em câmera lenta e analisamos quadro a quadro, a natureza da interação era inconfundível.

A mãe se inclina para acariciar o bebê. O bebê agarra o cabelo dela e não solta. A mãe grita "Ai!" e recua com uma careta de raiva. Ele comunica em sua resposta que a expressão de sua mãe é mais do que surpreendente ou desconhecida — ela tem um significado específico. A criança apreende perigo. Sua reação automática, embora dure menos de um segundo, o assusta. Ele se abaixa e coloca as mãos na frente do rosto, se vira parcialmente na cadeira e depois olha para a mãe por baixo das mãos.

Enquanto ele ainda não é capaz de pensar em palavras, esse bebê já tem a capacidade de atribuir intenção ao comportamento de outra pessoa. Ele acredita que algo perigoso está prestes a ocorrer e organiza uma reação defensiva para se proteger. Sua mãe quase imediatamente percebe isso também, e rapidamente tenta superar a ruptura e mudar sua experiência. No começo, ele fica escondido atrás das mãos, mas começa a sorrir. À medida que eles se reencontram, a experiência da ameaça e seu reparo agora faz parte de seu senso um do outro e de si mesmos. Ambos sabem que podem superar uma grande incompatibilidade, até uma assustadora.

Essa interação entre mãe e bebê representa um dos inúmeros momentos de incompatibilidade e reparação entre pais e filhos que, como você viu nos capítulos anteriores, apoiam o crescimento e o desenvolvimento saudáveis. A criança usa as partes do cérebro à sua disposição para dar sentido à situação. O sistema nervoso autônomo, funcionando bem no nascimento, é o primeiro sistema a responder à criação de significado para avaliar a segurança do meio ambiente.

ALÉM DO LUTAR OU FUGIR

O sistema nervoso autônomo (SNA), com ramificações para todas as partes do corpo, capta informações sobre o ambiente externo e ajusta o ambiente interno, tudo de uma maneira que está fora da consciência. Quando pensamos em reações a uma situação perigosa, a conhecida resposta de luta ou fuga, controlada pelo ramo simpático do SNA, geralmente vem à mente. Sob a influência do eixo HPA (hipotálamo-pituitária-adrenal), os hormônios do estresse são liberados, envolvendo automaticamente o sistema motor do corpo — seu coração acelera; você respira mais rápido e pesado. Essa simples explicação, no entanto, deixa de fora uma parte importante de como as pessoas sentem e reagem ao perigo.

Em contraste com o sistema simpático, o sistema parassimpático, que funciona através do altamente ramificado nervo vago, o mantém imóvel. Desacelera a respiração e diminui a frequência cardíaca e a pressão sanguínea. Essa quietude pode servir para conectar pessoas, mas, diante de ameaças avassaladoras, também pode desconectá-las.

A pesquisa de um parceiro importante em nosso trabalho, Stephen Porges[52], neurocientista da Universidade de Indiana, revela como seu estado fisiológico serve como uma espécie de portão, abrindo ou fechando a porta para a confiança e o envolvimento. Dá sentido à experiência e influencia suas respostas.

Porges refere-se à maneira como avaliamos a segurança de uma situação como *neurocepção*. Antes de suas descobertas, os cientistas pensavam que havia apenas duas maneiras pelas quais o sistema nervoso funcionava durante a interação com o ambiente: se você se sentiu seguro, o sistema parassimpático estava ativado e você estava calmo e engajado. Se você acreditava estar em perigo, o sistema simpático, que controla a resposta de lutar ou fugir, ficava ativo.

Entretanto, Porges identificou uma terceira maneira pela qual o sistema nervoso reage, esta também sob controle do sistema parassimpático. O sistema parassimpático, via nervo vago, envia dois conjuntos de fibras para cada músculo e órgão. Um conjunto de fibras, que ele chama de *vago inteligente* (também conhecido como *vago mielinizado*, uma referência à bainha de mielina ao redor das fibras do nervo), fica ativo quando você está aberto para receber um abraço, quando olha nos olhos de uma pessoa, quando ouve e se conecta. O engajamento social é o primeiro nível de resposta. Quando sente o perigo, a resposta do simpático de luta ou fuga do segundo nível entra em ação. Mas existe um terceiro nível controlado por um conjunto diferente de fibras do sistema parassimpático, o que Porges chama de *vago primitivo* (também conhecido como *vago não mielinizado* porque não possui a bainha de mielina). Essas fibras assumem o controle diante de uma ameaça esmagadora inevitável. O exemplo clássico é quando o rato, preso nas mandíbulas de um gato, se finge de morto. O vago primitivo deixa as pessoas imóveis, mas não de um modo que convide a conexão. Essas três maneiras diferentes pelas quais seu corpo cria significado da segurança relativa do meio ambiente, o que chama de teoria polivagal, mostram que as duas partes do sistema nervoso parassimpático desempenham um papel importante na sua avaliação e resposta à segurança do seu ambiente. O funcionamento desse sistema é fundamental para a capacidade de acessar a conexão social.

SEGURANÇA NO ROSTO E NA VOZ

Com as fibras indo para os músculos da face, ouvido médio, laringe e coração, os inteligentes e primitivos nervos vagos são os principais condutores do seu senso de segurança e da sua capacidade ou incapacidade de envolvimento social. Porges escreve: "Funcionalmente, o sistema de envolvimento social emerge de uma conexão coração-face[53] que coordena o coração com os músculos do rosto e da cabeça".

Você provavelmente conhece o conceito de quem vê cara não vê coração. Mas uma descrição biologicamente mais precisa, descreveu Porges, seria que você usasse seu coração no rosto. Sua disponibilidade para conexão social é sinalizada em seu rosto e em sua voz. A troca no vídeo descrito mostra a criança criando significado de perigo pela expressão facial de sua mãe e pelo tom de sua voz.

Em A *Expressão das Emoções no Homem e nos Animais*, que talvez seja tão significativo quanto A *Origem das Espécies*, mas menos conhecido, Charles Darwin descreve o sistema altamente complexo de músculos faciais e os sistemas igualmente complexos de músculos usados para modular o tom e o ritmo, ou prosódia, da voz que existe apenas em humanos. Por que temos todos esses músculos? Sabemos se uma interação é segura, se as pessoas estão disponíveis para conexão, analisando o estado do sistema nervoso autônomo em seus rostos e em suas vozes. Estamos praticamente olhando dentro delas.

O nervo vago regula os músculos ao redor dos olhos — músculo orbicular — que funciona para transmitir uma expressão convidativa que geralmente é chamada de *olhos sorridentes*. As fibras inteligentes permitem que esses músculos se movam, mas, quando você se sente ameaçado, sob a influência do vago primitivo, esses músculos podem ficar imóveis. Tente sorrir sem usar os olhos — parece falso, desconectado. E, mesmo que não esteja ciente disso, quando se envolve com pessoas que sorriem sem usar os músculos oculares, sente que os sorrisos são falsos.

Da mesma forma, o vago regula os pequenos músculos do ouvido médio. Quando o vago inteligente está ativo, você ouve toda a gama de sons na música, na natureza e na voz humana. Quando sente ameaça, quando o seu vago primitivo toma as rédeas, esses músculos ficam menos ativos, resultando em sons distorcidos. O tique-taque de um relógio, quase imperceptível quando se sente calmo, assume uma qualidade incessante e disruptiva, como unhas riscando uma lousa.

A neurocepção explica o comportamento do bebê no vídeo que descrevemos. Ele não "pensa" conscientemente que sua mãe está "zangada". Ainda não tem esses conceitos disponíveis. Mas ele sabe, pelo significado que seu SNA faz da situação, que seu rosto e sua voz transmitem perigo.

POR QUE PRECISAMOS DE ENGAJAMENTO SOCIAL

Quando você sente o perigo em todos os lugares, a subsequente inundação incessante de hormônios do estresse causa danos ao cérebro e ao corpo. No entanto, o sistema nervoso simpático não é a única maneira de você ser prejudicado pela experiência. O desligamento do sistema de envolvimento social pode deixá-lo "triste", levando a doenças e até a morte. O nervo vago influencia seu sistema imunológico, sua frequência cardíaca, sua pressão arterial e seus órgãos internos. A solidão pode matar pessoas jogando esse sistema bem regulado no caos. Pesquisas demonstram que a solidão aumenta[54] o risco de doenças cardíacas, artrite e diabetes, além de sofrimento emocional e risco de suicídio.

Isolamento social e solidão não são equivalentes. O primeiro é uma medida objetiva das conexões e interações sociais; o segundo é uma percepção subjetiva de isolamento. Você pode se sentir sozinho, mesmo cercado por pessoas. Você já participou de um evento social em que as pessoas ao seu redor riam e se divertiam com assuntos bobos enquanto você era um estranho desconectado? A solidão na companhia de outras pessoas é de uma dor extraordinária, comparável à experiência do bebê no experimento do rosto imóvel, cuja mãe está presente e ausente.

Por que você pode se sentir sozinho na companhia de pessoas? Algo nesse ambiente específico, por várias razões, não parece seguro. Você cria significado da situação como sendo ameaçadora. Você luta para entender a relação entre aqueles que observa se divertindo. Sente-se desconectado e sozinho. Um histórico de repetida falta de reparação em relacionamentos importantes pode estar por trás dessa reação. Para pessoas com histórias relacionais ricas em incompatibilidade e reparação, interações sociais casuais podem parecer descomplicadas e inofensivas. Entretanto, as pessoas que carregam significados problemáticos sobre a interação social, seja devido a cuidadores emocionalmente indisponíveis, cuidadores intrusivos que não permitiram qualquer incompatibilidade, ou, na pior das hipóteses, cuidadores abusivos, podem ter uma resposta completamente diferente. Se você está em uma sala cheia de pessoas, a convenção social impede que fuja ou ataque. Se seu corpo sente ameaça através da neurocepção, seu nervo vago primitivo assume uma espécie de mecanismo de proteção. Essa resposta, que ocorre de forma não consciente, pode criar um tipo de círculo vicioso, como uma história de incompatibilidade não reparada impede que você acesse o poder curativo da conexão social.

A TRANSFORMAÇÃO DO PRÍNCIPE HARRY

Quando inúmeras interações levaram alguém a criar um significado do mundo como ameaçador, a imersão em novas interações ao longo do tempo com pistas de segurança são necessárias para mudar esses significados. A mudança pode ser lenta, mas profunda.

Quando vemos o príncipe Harry hoje, com seu sorriso caloroso, envolvente e voz suave, cheia de compaixão, podemos entender como Meghan Markle teria se apaixonado por ele em um instante. A expressividade nos olhares que eles trocaram ao longo de sua cerimônia de casamento oferece um estudo na função do vago mielinizado, ou inteligente — podemos ver o amor e a conexão em seus rostos. Contudo, quando assistimos a qualquer um dos inúmeros especiais da mídia sobre o casal real que precederam seu casamento, e especialmente os vídeos e fotos da juventude de Harry, podemos ver que, por um longo período, o mundo não parecia seguro para ele. Podemos ver o sentimento de ameaça em seu rosto.

O casamento dos pais de Harry foi infeliz desde o momento em que começou. Ele foi chamado como "o sobressalente" em comparação com o herdeiro, seu irmão mais velho, William, que está à sua frente na linha de sucessão ao trono. Em fotos de Harry com sua mãe, Diana, vemos a partir dos sorrisos alegres abertos em seus rostos que ela claramente ofereceu a ele amor incondicional. Porém, tragicamente, ela morreu um ano depois que ela e Charles haviam se divorciado, quando Harry tinha apenas doze anos. Nos vinte anos seguintes, vemos uma espécie de rosto ainda congelado nas fotos de Harry. Ele estava com problemas, bebia excessivamente e se envolvia em comportamento imprudente.

Se olharmos de perto para as fotos tiradas ao longo do crescimento de Harry, podemos ver o estado de seu sistema nervoso autônomo exibido em seu rosto. Em uma linda foto de sua infância, na qual ele está no colo de sua mãe em um passeio no parque de diversões, uma abertura para o engajamento social brilha em ambos os rostos. Em contraste, fotos de sua adolescência e de jovem adulto não mostram o enrugamento ao redor de seus olhos que caracterizam fotos dele com Diana ou fotos atuais. Há uma quietude em sua expressão facial. Mesmo em fotos em que ele está sorrindo, não encontramos o calor do engajamento, toda a gama de expressividade emocional que vemos agora. Parece que estava sob a influência do vago primitivo em resposta a um mundo que parecia ameaçador, enquanto agora seu vago inteligente está totalmente funcional. Nas entrevistas atuais, ouvimos uma entonação cadenciada em sua voz que nos convida a ouvir.

Como essa transformação ocorreu? A exibição pública da vida de Harry oferece um vislumbre de como ele mergulhou em uma série de relacionamentos que provavelmente lhe permitiu mover-se através da confusão para abraçar a complexidade e alcançar um maior senso de coerência. O que é mais complexo e coerente do que um casamento real? Vemos Harry jogando futebol na África com crianças que perderam seus pais para a AIDS. Reconheceu neles o mesmo tipo de vazio que sentiu pela perda de sua mãe. Seu serviço militar teve um papel crítico em seu desenvolvimento. Foi capaz de se juntar a uma unidade no Iraque, para ser "apenas um dos caras", o que lhe deu a oportunidade de ser ele mesmo ou, usando as palavras de Winnicott, para descobrir seu verdadeiro eu. Pode ser que essas experiências acumuladas deram-lhe senso de coerência o suficiente para se envolver no trabalho difícil de luto pela perda de sua mãe, que reconhece publicamente que não tinha sentido permissão para fazer. Embora, é claro, não sabemos ao certo, podemos nos perguntar se o apoio psicológico que Harry buscou para processar a morte de sua mãe lhe ofereceu uma relação para se mover com segurança através de incompatibilidade e reparo.

Um artigo de abril de 2017 no *Daily Telegraph*[55] descreve a entrevista do príncipe Harry com o jornalista britânico Bryony Gordon sobre suas lutas para lidar com a morte de sua mãe e sua decisão de buscar apoio psicológico. "Posso dizer com segurança que perder minha mãe aos doze anos e, portanto, desligar todas as minhas emoções nos últimos vinte anos, teve um efeito muito sério não só na minha vida pessoal, mas no meu trabalho também."

Junto com seu irmão e cunhada, ele começou a organização Heads Together[56] para mudar a discussão sobre saúde mental e desestigmatizar a luta pela saúde mental. Como descrito em seu site, "Heads Together quer ajudar as pessoas a se sentirem muito mais confortáveis com seu bem-estar mental cotidiano e ter as ferramentas práticas para apoiar amigos e familiares".

Parte da cobertura da mídia do novo casal real descreve um vínculo que compartilham sobre seu trabalho com crianças na África e seu desejo de usar sua fama para fazer o bem no mundo. Essa explicação sugere que o amor deles se baseia em ideias que podem ser capturadas na linguagem. Entretanto, vários relatos revelam que, no meio do seu primeiro encontro com Meghan Markle, Harry perguntou "O que você fará amanhã?", e podemos nos perguntar se a conexão deles é, de certo modo, não verbal. A neurocepção da segurança, que precede as palavras e os pensamentos conscientes, pode ter desempenhado um papel significativo.

QUANDO O MUNDO ESTÁ MUITO BARULHENTO

Perceber o mundo como ameaçador pode ser o resultado de coisas que acontecem quando somos jovens, como na história do príncipe Harry. Todavia, as qualidades com as quais nascemos também podem desempenhar um papel significativo. Os bebês têm uma ampla gama de reações ao som, ao toque e a experiências sensoriais. Algumas crianças gostam de ser embaladas; outras não são fofinhas e preferem observar o mundo de sua própria maneira. Algumas se assustam ao menor som, enquanto outras dormem tranquilamente em qualquer situação. Algumas apresentam alerta com olhos arregalados para qualquer estímulo visual; outras mantêm a atenção concentrada no rosto humano. Nenhuma dessas variações é por si só "anormal". Contudo, uma criança com sensibilidade sensorial aumentada pode, em alguns contextos, experimentar que o mundo é mais ameaçador ou menos seguro do que as outras crianças. Enquanto algumas crianças podem achar uma reunião social divertida, uma criança com um sistema sensorial sensível pode interpretar a situação de uma maneira diferente: *Há muita coisa acontecendo. Estou confuso. Preciso me retirar.*

Muitas pessoas experimentam sons de baixa frequência como ameaçadores, o que, segundo Porges, tem origem em uma resposta adaptativa de nossos ancestrais aos rugidos de predadores. Uma criança com uma variação específica no sistema parassimpático que faz com que perceba sons de baixa frequência com maior intensidade pode agir de maneira a se proteger e ajudar a acalmar seu sistema nervoso. O alinhamento clássico de brinquedos ou o conhecimento profundo de todas as espécies de dinossauros podem ser uma atividade reconfortante em um mundo que parece opressor. Embora esses comportamentos tenham uma função adaptativa para algumas crianças, eles podem ser interpretados por adultos que interagem com elas como sinais de um distúrbio e podem ser rotuladas como tendo, por exemplo, autismo.

Para descrever as qualidades que uma criança traz ao mundo, as pessoas podem dizer "ele tem um temperamento difícil" ou "ela está devagar para quebrar o gelo". Na pesquisa de referência de Nancy Snidman e Jerome Kagan[57] em Harvard, iniciada nos anos 1980, bebês de quatro meses de idade foram identificados como altamente reativos ou pouco reativos, com base em suas respostas a uma série de experiências sensoriais — olfativas, visuais e auditivas — em níveis variados de intensidade. Em uma série de observações, os bebês ouviram uma voz feminina falar três sílabas sem sentido em três níveis de volume. Foram, depois, categorizados pelo choro e pela atividade motora, incluindo arqueamento e movimentos de braços e pernas. Aqueles considerados altamente reativos apresentaram maior probabilidade de apresentar expressões faciais indicativas de sofrimento. Snidman e Kagan acompanharam essas crianças por anos, obtendo uma série de medidas comportamentais e fisiológicas, e constataram que as categorias de alta e baixa reatividade eram mapeadas em variações de temperamento desde a infância até a adolescência. Os bebês com alta reatividade tornaram-se crianças com maior probabilidade de evitar situações novas. Em idade escolar, tendiam a ser emocionalmente moderadas e cautelosas. Na adolescência, as crianças desse grupo relataram um humor mais negativo do que seus pares, com ansiedade em relação ao futuro. Por outro lado, aqueles no grupo de baixa reatividade foram menos esquivos quando crianças e mais emocionalmente espontâneos e sociáveis em idades avançadas. O que é chamado de *temperamento* pode ter origem no significado que fazemos de nossa experiência sensorial.

Quando os pais se esforçam para entender o comportamento de uma criança, o processo típico de reparação de incompatibilidade pode ser inviabilizado. Alice e Bruce notaram a delicada sensibilidade de Henry ao som desde o momento em que ele nasceu. Ao levá-lo para passear de carro, Alice colocava para tocar as mesmas músicas infantis populares ritmadas repetidamente, a fim de fazerem um passeio em paz. Mesmo uma breve pausa na música levava a gritos frenéticos que paravam igualmente rápido quando a música recomeçava. Quando ele entrou na primeira infância, esse problema diminuiu, mas novos surgiram. Durante uma celebração no feriado da Independência, enquanto a irmã de Henry, Emma, apreciava os fogos de artifício com Bruce, Alice correu com o filho de dois anos, aos gritos, para a segurança de seu carro no estacionamento. Depois que as janelas foram fechadas e o som de fogos de artifício foi abafado, a histeria de Henry diminuiu.

Aos três anos, em vez de brincar com as outras crianças na pré-escola, Henry preferia correr em círculos, às vezes apresentando os enormes colapsos que Bruce e Alice viviam diariamente. Um professor, observando esse comportamento, sugeriu que ele fosse avaliado quanto ao Transtorno do Espectro Autista.

Da perspectiva do paradigma do rosto imóvel, podemos reformular a situação como uma incompatibilidade entre a biologia de Henry e seu ambiente. A hipersensibilidade de Henry o levou a lutar para dar sentido ao seu mundo através do envolvimento social. A incompatibilidade de sua experiência cotidiana, mais intensa e dramática do que a de uma criança temperamentalmente "fácil", exigiu muito esforço por parte de seus pais, professores e outras pessoas de seu convívio para ajudá-lo a se recuperar.

Henry passou a estudar música e se tornou um oboísta profissional. Com a ajuda de seus pais, encontrou maneiras de lidar e gerenciar sua extrema sensibilidade ao som. De fato, o talento musical de Henry pode representar um outro lado da sua hipersensibilidade auditiva. Uma capacidade de discernir notas individuais e seu tom perfeito levou-o a uma solução natural para o seu problema. Antes que ele pudesse expressar com palavras que estava impressionado com certos sons, os colapsos eram a única maneira de conseguir transmitir seus sentimentos. Sua neurocepção de sons como ameaçadores tornou-se uma espécie de porta fechada, impedindo-o de acessar a criação de significado por meio da interação social. Somente quando mergulhou na expressão musical pôde entrar em contato completo consigo mesmo.

Porges explica como cantar e tocar um instrumento de sopro[58] alteram a estrutura e a função do ouvido médio. A natureza ameaçadora de sons de baixa frequência é alterada pelo envolvimento dos músculos do ouvido médio durante o ato de soprar o instrumento. Um processo semelhante está em andamento no que Porges chama de "exercício neural" de respirar consciente, lenta e profundamente para se acalmar. Ambas as atividades servem para colocar o vago inteligente conectado e abrir as portas para o engajamento social.

Felizmente, a criatividade natural de Henry ofereceu a ele uma oportunidade de criar novos significados no mundo. Até a faculdade, Henry tinha poucos amigos. Sentiu-se à vontade para se envolver em relacionamentos sociais pela primeira vez durante as muitas horas da semana que passava com os outros membros de sua orquestra universitária, uma época em que seu sistema nervoso autônomo foi transformado pelo próprio ato de tocar seu oboé. Com a porta aberta para o envolvimento social, desenvolveu amizades ricas e gratificantes, primeiro com seus colegas músicos e depois com uma rede social mais ampla.

QUANDO OS PAIS TRAZEM SIGNIFICADOS DE PERIGO

O sistema nervoso de Henry criou significados de perigo em resposta a certos tipos de sons. Outras variações no processamento sensorial, reações a observações, ao toque e até mesmo à posição do corpo no espaço, podem dar origem a significados distorcidos através de uma espécie de incompatibilidade crônica com o ambiente social. Para as pessoas nessas situações, o trabalho de reparação é maior do que para as pessoas sem sensibilidades extremas. Para complicar a história, o fato de que, na vida de todas as crianças, os adultos também trazem significados para a interação, geralmente carregados de seus próprios relacionamentos iniciais. Se você é um pai ou mãe que teve relativamente pouca experiência com reparação em sua própria infância, pode dar sentido a uma situação, como uma criança gritando descontroladamente, como ameaçadora.

Os pais de Henry precisavam estar especialmente presentes para ajudar o filho a criar novos significados a sua experiência. Bruce e Alice se basearam em modelos amorosos de parentalidade de suas próprias famílias de origem. Uma vez por semana, Alice tomava café com um grupo de mães que conheceu desde que Henry nascera. Bruce tocava piano todo fim de semana com amigos em um quarteto de jazz. Ambos os pais tiveram várias experiências de serem ouvidos e apoiados, o que serviu de fonte de força para alimentar seus esforços para ajudar o filho a se sentir seguro com suas próprias emoções.

No Circle of Security[59], uma intervenção baseada em evidências, desenvolvida para apoiar os relacionamentos pais-filhos, os pais aprendem a reconhecer como suas interações cotidianas com os filhos podem dar significado a relacionamentos passados. Para demonstrar a noção de que memórias dolorosas do passado podem nos levar a sentir-nos ameaçados, o programa emprega o que os pais, terapeutas e treinadores agora chamam de "música tubarão". Os participantes assistem a um filme de um oceano ao pôr do sol com uma melodia suave como uma trilha sonora que o acompanha. Então eles assistem à cena novamente, dessa vez com uma música semelhante ao brilhante tema de John Williams do filme *Tubarão*.

Provavelmente, Williams escolheu deliberadamente notas que criam uma sensação de pavor na cena de abertura, mesmo quando o espectador está simplesmente olhando para uma extensão de água azul. A reação não vem de pensamentos conscientes, produzidos na camada externa do cérebro conhecida como córtex, mas nos sistemas sensoriais pré-corticais e no sistema nervoso autônomo. Reagimos ao tema de *Tubarão*, não por pensar *essa música é de um filme de terror*. A ameaça está contida nos próprios sons. Você cria significado de uma situação ameaçadora sem palavras ou pensamentos. No Circle of Security, a música tubarão passa a representar a maneira como os pais podem se sentir ameaçados em suas interações com os filhos, dando sentido à experiência de uma maneira que está fora da consciência e que eles não conseguem expressar em palavras.

A música viral infantil "Baby Shark"[60] acrescenta um toque interessante à relação entre música e criação de significado. Nas notas de abertura, a música imita o tema de *Tubarão*, mas muda rapidamente para a leve e cativante melodia da música. As letras refletem essa progressão para a segurança, listando todos os membros da família que caçam (talvez simbolizando os perigos inerentes ao grande mundo exterior) e, em seguida, concluindo com "são e salvos, doo-doo-doo-doo-doo-doo". Por mais intrigante que seja o apelo da música para os pais, os filhos podem ser cativados por seu reflexo da experiência universal de passar da ameaça à segurança.

Quando a própria paternidade/maternidade parece ameaçadora, seu corpo pode anular inconscientemente a resposta simpática, pois nem lutar nem fugir é uma opção. O instinto de proteger seus filhos impede que você os machuque ou os abandone. Nessas circunstâncias, o vago primitivo pode assumir o controle. Você pode inconscientemente apresentar o rosto imóvel ao seu filho, e esse congelamento do sistema de engajamento social, por sua vez, pode ser percebido pelo seu filho como ameaçador.

Richard e Naema esperavam que limites claros caracterizassem sua parentalidade. Não queriam ser pais mimados e excessivamente indulgentes, como os de Naema, nem estritamente autoritários, como os de Richard. Tratavam Owen de dois anos com respeito, nunca usavam linguagem de bebê. Na opinião deles, tudo estava indo bem com essa abordagem até o dia em que Owen foi absorvido por um novo conjunto de Lego que ele havia ganhado em seu aniversário, e Richard disse que era hora de passear ao ar livre. Owen se jogou no chão e começou a espernear e gritar. Richard imediatamente o levantou do chão e o segurou com firmeza enquanto se agitava, dizendo em tom firme e gentil que não poderia fazer isso, que ele poderia se machucar ou machucar alguém.

A partir de então, Owen começou a ter episódios de seis ou mais birras por dia. "Não brinque com sua comida." Birra. "Está na hora de ir para a cama." Birra. Parecia que qualquer coisa que eles dissessem o provocava. Cada vez que o pegavam, seguravam-no e lhe diziam, em termos inequívocos, que ele precisava parar de se comportar dessa maneira. A gota d'água chegou um dia quando Naema disse que ele não poderia comer um biscoito até terminar o jantar, e ele jogou o prato inteiro no chão, fazendo uma enorme bagunça. O que havia acontecido com seu menino doce e tranquilo?

Richard disse a princípio que estava perplexo com a súbita transformação do filho, mas, quando ele e Naema consultaram um terapeuta, Richard revelou que se reconhecia em Owen. Identificado desde tenra idade por pais e professores como um "filho problemático", Richard frequentemente tinha problemas. Foi enviado para casa no jardim de infância várias vezes por bater em outras crianças. Seu pai o castigara com palmadas humilhantes, muitas vezes públicas, com as nádegas descobertas. Isso durou alguns anos.

As birras são um fenômeno normal e saudável. Ocorrem quando as crianças pequenas passam do sentimento de onipotência no primeiro ano de vida para o reconhecimento de que são relativamente impotentes. No entanto, para Richard, dada a estrutura de suas próprias experiências de infância, uma criança descontrolada representava terror e humilhação. Seu sistema nervoso autônomo fez com que o comportamento típico e apropriado ao desenvolvimento de Owen fosse ameaçador. Esses significados tinham raízes na primeira infância de Richard. Em vez de entender por que uma criança faria birra e deixá-la seguir seu curso, ele simplesmente a proibiu. Não ofereceu a Owen nenhuma saída para a frustração normal que uma birra representa. O sistema de engajamento social de Richard foi desligado quando foi confrontado pelas birras de seu bebê. A história de Naema era diferente, mas, sendo uma de quatro irmãs com poucos limites em seu comportamento, tinha um sentimento generalizado de caos emocional que também a deixava mal preparada para lidar com as explosões de Owen. Ela não tinha ideia de como definir limites de uma maneira efetiva. Essencialmente, Owen estava sozinho, sem adultos para ajudá-lo a gerenciar suas emoções. Richard e Naema precisavam deixar Owen ser uma típica criança de dois anos. Ambos resistiram a se envolver na confusão normal que caracteriza esse estágio de desenvolvimento.

As percepções da teoria polivagal e do paradigma do rosto imóvel podem nos ajudar a imaginar como essa situação surgiu. A resposta dissociativa de Richard, desencadeada pela memória corporal de vergonha, medo e dor, provavelmente foi transmitida não apenas por seu comportamento, mas também nos músculos de seu rosto. Sob estresse, o vago inteligente que regula esses músculos ficou incapacitado, dando lugar a um funcionamento mais primitivo. Richard estava apresentando um rosto imóvel no momento em que Owen se sentia mais desamparado e fora de controle. Embora Richard estivesse fisicamente presente com Owen, seu rosto e voz estavam sob a influência da resposta neurológica primitiva. Essa reação foi automática e não estava sob seu controle consciente, mas Owen precisava que Richard reconhecesse seus sentimentos de frustração e também estabelecesse limites apropriados em seu comportamento. Às vezes, as birras precisam seguir seu curso. Proibindo acessos de raiva sem apreciar os sentimentos legítimos de Owen, Richard limitou a maneira de Owen se comunicar, uma vez que ainda não havia desenvolvido habilidades de linguagem para explicar esses sentimentos. O comportamento cada vez mais agressivo de Owen pode ter sido a maneira de uma criança de dois anos de tentar se comunicar com seu pai.

Essa falta crônica de ajuda do pai pode ter levado Owen a não se sentir seguro com suas próprias emoções. Richard precisava criar novos significados menos ameaçadores para o comportamento de seu filho, a fim de ajudá-lo a se sentir seguro. Em parte, esses novos significados podem assumir a forma de palavras e pensamentos. Em psicoterapia, Richard poderia falar sobre sua infância e ganhar percepções na conexão entre suas experiências de infância e os problemas que estava tendo com Owen.

Entretanto, para mudar os significados embutidos no corpo de Richard — nas reações de seu SNA —, palavras e pensamentos não eram suficientes. E Owen, aos dois anos de idade, também começou a criar significado em seu SNA de que sua confusão de sentimentos não era boa.

Quando os dois tiveram uma aula pai e filho de artes marciais juntos, eles aprenderam uma nova "linguagem" na qual ambos podiam se sentir seguros com seus sentimentos. Mover seus corpos juntos através da incompatibilidade e da reparação, coreografados, permitiu-lhes encontrar uma nova forma de representar para si mesmos e para o outro as inevitáveis falhas de comunicação e mal-entendidos. Richard aprendeu a deixar os acessos de raiva acontecerem em vez de oprimir, acalmando Owen. E, com essa nova abordagem, a frequência e a intensidade dos acessos de raiva diminuíram.

Com a oportunidade de colocar palavras em sua própria experiência e a chance de se envolver em uma luta em um ambiente seguro e contido, Richard poderia responder ao comportamento de seu filho sem ativar seu vago primitivo. Quando Owen expressou seu relativo desamparo de uma forma normal através de um acesso de raiva, a disponibilidade de Richard como um porto seguro foi comunicada no rosto expressivo que ele mostrou ao seu filho.

Até que pudessem deixar entrar alguma confusão em sua interação, Owen e seu pai repetidamente tiveram desencontros sem oportunidade de reparação. No entanto, através da psicoterapia e da aula de artes marciais e, em seguida, do novo conforto de Richard com a tendência natural de Owen de dois anos de idade em fazer uma bagunça, eles poderiam reparar as incompatibilidades, as grandes e as pequenas. Ao ver a mudança no relacionamento de Owen e Richard e assistir à resposta positiva de Owen, Naema aprendeu que os limites poderiam ser úteis, mas eram muito mais eficazes com a presença reconfortante e amorosa dela e de Richard. Como todas as relações familiares floresceram, com uma crescente sensação de confiança, Owen, por sua vez, desenvolveu a capacidade de gerenciar seus sentimentos sem desmoronar.

UMA DANÇA DE NATUREZA E NUTRIÇÃO

A palavra *temperamento* pode sugerir um traço inato definitivo, como a cor dos olhos. Da mesma forma, um diagnóstico psiquiátrico, como o autismo, transmite a impressão de um problema estático intrínseco ao indivíduo. Porém, como exploraremos em profundidade no capítulo seguinte, o sentido do mundo como seguro ou ameaçador não é fixo. A percepção pode ser transformada no processo contínuo de criar sentido nas relações com outras pessoas.

A variação no processamento sensorial é um exemplo da contribuição da criança para o processo de reparação de incompatibilidades. Essas características representam o lado da natureza do sistema de engajamento social. A experiência de vida, o lado da nutrição, contribui igualmente para a interpretação de situações e relacionamentos como seguros ou não seguros. Nem a natureza nem a criação sozinhas são decisivas; ambas interagem de maneiras complexas para moldar o significado que fazemos de nós mesmos no mundo.

Enquanto as crianças nascem com certas características, e os pais têm experiências que trazem para esse novo papel, uma vez que pais e filhos se conheceram, a contribuição da criança não pode ser separada da dos pais. O desenvolvimento de cada indivíduo está intimamente entrelaçado com suas interações em relação com o outro. Por exemplo, variações no sistema nervoso autônomo podem levar uma criança a experimentar muitas formas de entrada sensorial como angustiantes. De maneira protetora, seu vago primitivo assume. Crianças que carregam o diagnóstico de autismo são conhecidas por terem uma gama mais estreita de expressões faciais. Por sua vez, os adultos que cuidam delas ficam angustiados enquanto lutam para alcançar a criança, levando a uma espiral descendente de erros e desconexões.

NÃO SE FAZ NADA SOZINHO

Em uma apresentação recente do nosso trabalho, uma mãe compartilhou sua técnica para se regular quando seus dois filhos não a ouviam. Depois de pedir-lhes pela segunda ou terceira vez para colocarem seus sapatos, começaria a cantar seu pedido em uma voz de ópera. Ela não só desarmou a situação fazendo algo engraçado como também realmente descobriu seu próprio exercício neural para acalmar o sistema nervoso autônomo. Porges escreve: "Cantar requer expiração lenta[61], enquanto controla os músculos da face e da cabeça para produzir as vocalizações moduladas que reconhecemos como música vocal. As exalações lentas acalmam o estado autônomo pelo aumento no impacto das vias vagais ventrais [inteligentes] no coração". Seus filhos ficaram assustados com o contraste, e em vez de cair em um colapso, conectaram-se a ela em torno do humor da situação. Essa mãe engenhosa tinha descoberto uma maneira de acalmar suas próprias emoções, permitindo que estivesse presente para ajudar seus filhos a gerenciar as deles.

Quando olhamos novamente para o vídeo da mãe cujo filho puxou o cabelo, vemos como tanto os pais quanto o bebê tiveram um papel significativo na forma como a interação aconteceu. Ele inicialmente desengajou-se em resposta à experiência de ameaça, e ela, reconhecendo como o tinha assustado, fez um grande esforço para enfrentá-lo. Era como se ele estivesse apresentando um minirrosto imóvel para ela. Depois de microssegundos de incompatibilidade, eles se encontraram e se reconectaram em alegria.

Tanto esse vídeo quanto a interação entre a mãe cantora de ópera e seus filhos são exemplos de como a capacidade de gerenciar emoções e comportamentos, comumente denominada *autorregulação*, cresce em relacionamentos. Estar perto dos outros e ser capaz de lidar com si mesmo emerge do mesmo processo: inúmeras interações momentâneas através das quais os parceiros mudam e crescem. Como vamos explorar no capítulo seguinte, a troca de significados, objetivos e intenções individuais que compõem o processo de regulação mútua é como criamos novos significados juntos. Criar significados compartilhados é o exercício neural mais poderoso de todos. Uma compreensão de como esse processo funciona entre crianças e seus cuidadores pode nos ajudar a direcionar todos os tipos de relacionamentos em nossas vidas adultas.

4

PARAR O JOGO DA CULPA

Em seu musical *Company*, Stephen Sondheim retrata lindamente a confusão das relações humanas. Os diferentes casais da peça expressam profunda discórdia junto com afeição e proximidade, mas o personagem principal, Bobby, permanece em segurança, fora do combate. Perto do final da peça, Bobby finalmente entende o que está perdendo e, quando canta "Being Alive", comemora como estar na confusão é estar totalmente vivo. Quando você aceita que nunca estará em completa sincronia com outra pessoa, você se abre para a intimidade. Abraçar a natureza inevitavelmente confusa e desordenada das interações de momento a momento, criando espaço para ficar sozinho com os outros, oferece um caminho para um envolvimento significativo no mundo.

Você precisa ter um sólido senso de si mesmo — para se autorregular — para estar aberto à intimidade com os outros. Autorregulação é diferente de autocontrole, um termo relativamente frio que implica uma necessidade de controlar sentimentos intensos. A autorregulação refere-se à capacidade de se envolver no mundo e experimentar uma gama completa de emoções sem desmoronar. Quando perde alguém próximo, você precisa chorar, ter sentimentos profundos de tristeza, mas sem perder sua capacidade de funcionar. Da mesma forma, a raiva, uma parte saudável dos relacionamentos íntimos, torna-se um problema se, na fúria, você perde completamente o senso de si mesmo e de seu parceiro. E você quer sentir um prazer intenso sem se perder. Embora o sexo seja um exemplo óbvio, as pessoas também podem sentir um profundo prazer quando estão sozinhas. Uma criança totalmente absorta em uma brincadeira imaginária ou um adulto sentado em um teatro escuro assistindo a uma performance que fala com ele de uma forma profunda podem, cada um, experimentar uma poderosa sensação de alegria que vem de ser totalmente você mesmo.

O senso de identidade nasce das interações nos primeiros relacionamentos íntimos entre pais e filhos. No entanto, mesmo que seus primeiros relacionamentos não tenham lhe proporcionado a experiência de incompatibilidade e reparação que aumentam a capacidade de intimidade e autoconfiança, você sempre pode aprender novas maneiras de estar nos relacionamentos. Novas oportunidades para interações momento a momento podem mudar sua percepção de si mesmo no mundo. No filme *Alive and Kicking*, conhecemos várias pessoas que parecem perdidas e sozinhas, mas que se encontram através de dançarem o swing. Pisam nos pés uma da outra, discutem sobre passos de dança e lidam com a decepção de perder uma competição. Caminhando juntas, encontram alegria em pertencer a essa nova comunidade, um belo exemplo de combinar a regulação mútua e a autorregulação. O próprio ato de dançar em conjunto com a música pode ajudá-lo a se sentir calmo em seu corpo. E a regulação que você experimenta nessa atividade vem tanto de suas interações com seu parceiro quanto de seu próprio movimento.

Quando os pais estão calmamente presentes durante as brincadeiras, eles ajudam os filhos a alcançar autossuficiência e intimidade, mas, em muitas circunstâncias, esse "tempo de qualidade" é ilusório. Os pais que trabalham muitas horas e chegam em casa exaustos no final do dia se perguntam por que os colapsos sempre ocorrem exatamente quando estão tentando preparar o jantar. Considere a história de Lola e sua mãe, Simone.

Depois de um longo e difícil dia, lidando com a dinâmica disfuncional do escritório, Simone voltava para casa, para sua filha de três anos, Lola, que insistia em brincadeiras imaginárias, sobrecarregando o cérebro já cansado de Simone. A incapacidade de Simone em atender às demandas de sua filha levou a colapsos explosivos que roubavam suas noites enquanto Simone lutava para atender às suas próprias necessidades e às de sua filha.

No início, Simone interpretou as birras do final do dia, como sua filha intencionalmente "tornando sua vida difícil". Quando sua mãe não entendia o que Lola queria de imediato, ela fazia, literalmente, uma bagunça de brinquedos na sala de estar enquanto tentava cada vez mais, em vão, fazer com que sua mãe se envolvesse nas brincadeiras. Simone então gritava com ela por não ter conseguido colocar em ordem uma atividade antes de passar para outra. Sua raiva e frustração mútuas prepararam o terreno para uma incompatibilidade não reparada, uma vez que cada uma entendia a outra de uma forma que impedia a conexão.

Contudo, quando Simone fez uma pausa e levou algum tempo para entender o comportamento de Lola, entendeu que sua filha sentira sua falta. Percebeu que os colapsos de Lola eram, talvez, uma consequência do esforço de mantê-la sob controle o dia todo. A decepção de sua mãe estar fisicamente presente, mas ainda indisponível para brincar, era demais para Lola aguentar.

Simone fez uma bela adaptação a esse dilema diário. Descobriu que colorir juntas, com Lola sentada em seu colo, oferecia a elas uma chance de se conectar e, ao mesmo tempo, de se envolverem em uma atividade calmante para ambas. Elas poderiam estar confortavelmente juntas e sozinhas.

A CAPACIDADE DE ESTAR SOZINHO

No verão em que seus dois filhos adultos saíram de férias com seus namorados, Claire sentiu uma mudança dentro de si, diferente do que experimentou em outras ocasiões. Ela se lembrou de uma manhã há muito tempo. Levantou-se ao amanhecer, sentou-se no sofá tomando café e observou seu filho pequeno, Ezra, dormindo em seu berço enquanto sua filha de três anos, Rachel, fazia uma elaborada festa do chá com suas bonecas. Todos os três estavam pacificamente sozinhos.

Entre a cena pacífica da infância e aquele verão, havia anos de lutas comuns. Ela e o marido, Jared, haviam passado por muitos momentos difíceis com os filhos, desde a decepção em torno do cancelamento de um encontro para brincar à rejeição de uma faculdade tão desejada e até a morte do avô. Claire sabia que havia mais pela frente, mas ela se permitiu sentir plenamente a alegria desse momento. Ela viu como essas lutas — a confusão — deram a seus filhos um senso sólido de si mesmos no mundo e, por sua vez, os abriram para oportunidades de intimidade.

Essas duas capacidades, conforto consigo mesmo e abertura à intimidade, estão diretamente ligadas. A capacidade de estar sozinho nasce dos relacionamentos com outras pessoas, enquanto a capacidade de ter intimidade com os outros está enraizada na capacidade de estar só.

Muitos de nós sentimos pressão não apenas para alcançar a sintonia perfeita em nossos relacionamentos, mas também para estarmos disponíveis para interação a todo momento. Precisamos estar sempre brincando com nossos filhos ou prontos para dar conselhos a um amigo ou parceiro em dificuldades. A expressão *saque e retorno*, usada no mundo do desenvolvimento infantil, reflete a ideia de que o crescimento emocional está enraizado na interação. Porém, no jogo de tênis da vida, nem todo saque é devolvido. Para se sentir confortável em sua própria pele, você precisa de algum espaço para descobrir as coisas, para lidar com um problema.

Essa habilidade, ao que parece, é um processo de desenvolvimento que começa na infância. Claire segurou seus bebês recém-nascidos em seus braços e passou os primeiros dias e semanas totalmente preocupada em cuidar deles; nos anos que se seguiram, "falhou" em atender a todas as suas necessidades, permitindo que seus filhos desenvolvessem a capacidade de ficarem confortavelmente sozinhos. Não precisava se envolver com eles constantemente para que soubessem que ela estava ali. E, eventualmente, não precisava estar lá para que eles tivessem confiança de estar no mundo

No Capítulo 2, discutimos o conceito de mãe suficientemente boa desenvolvido por D. W. Winnicott. Menos conhecido, mas talvez igualmente significativo, é o texto de Winnicott sobre a capacidade de estar sozinho[62] como uma conquista de desenvolvimento. Ele descreveu como, no início da terapia de pacientes adultos, os momentos de silêncio pareciam repletos de medo ou raiva. No entanto, depois de algum tempo de análise, à medida que seus pacientes desenvolveram um novo senso de si robusto, puderam sentar-se confortavelmente em silêncio, e esses momentos pareciam calmos e pacíficos. O paciente e o terapeuta podem ficar sozinhos, juntos.

Ao ouvir as histórias de seus pacientes, Winnicott reconheceu que a capacidade de se sentir confortável sozinho emergia do primeiro relacionamento pais-filho. Descreveu o paradoxo de que "a capacidade de estar só se baseia na experiência de estar sozinho com alguém, e que, sem uma suficiência dessa experiência, a capacidade de estar sozinho não pode se desenvolver". Acrescentou: "A maturidade e a capacidade de ficar sozinho implicam que o indivíduo teve uma maternidade suficientemente boa para desenvolver uma crença em um ambiente benigno". Como vimos no Capítulo 2, esse "ambiente benigno" inclui a experiência repetida das crianças de trabalhar com sucesso através das falhas dos pais em atender a todas as suas necessidades, permitindo o desenvolvimento de um senso de confiança em si mesmas e nos outros. Essas interações tornam-se embutidas em suas personalidades e modos de estar no mundo, mantendo-as inteiras quando estão por conta própria.

O PARADIGMA DO ROSTO IMÓVEL: SOZINHO E ACOMPANHADO

A capacidade de gerenciar seu comportamento e emoções em seu mundo social é essencial para sua saúde e bem-estar. O paradigma do rosto imóvel revela como a capacidade de autorregulação está embutida nas interações nos relacionamentos. Intimidade e autossuficiência são dois lados da mesma moeda. Assim como nossa pesquisa oferece evidências do conceito clínico da mãe suficientemente boa, nossas observações de pares pais-bebê em um ambiente experimental oferece evidências que apoiam as observações clínicas de Winnicott sobre o desenvolvimento da capacidade de ficar sozinho.

Observamos variação quando analisamos os vídeos[63] de pares pais-bebê em episódios de brincadeira e, em seguida, no experimento do rosto imóvel. Naqueles pares pais-bebê que apresentavam o padrão típico de incompatibilidade e reparação, os bebês geralmente eram capazes de se autorregular quando confrontados com a situação do rosto imóvel. Deixados para lidar com o sofrimento por conta própria, sem o amparo de suas mães, esses bebês conseguiam se manter inteiros o suficiente. Eles poderiam organizar seus movimentos e comportamento para sinalizar para a mãe: *Responda-me!*

Algumas interações entre pais e bebês foram atípicas, caracterizadas por uma falta de incompatibilidade e reparação que promovessem o crescimento devido ao tempo prolongado de reparação ou, como acontece com cuidadores ansiosos e intrusivos, pouca oportunidade de reparação. Quando essas crianças eram confrontadas com o estresse do rosto imóvel, elas se voltaram para o conforto arqueando-se, com uma característica caótica em seus movimentos. Embora o autoconforto possa ser adaptativo, para esses bebês a autorregulação pareça consumir toda a sua energia, tornando-os indisponíveis para conexão. Mantêm-se fora do mundo para se autorregularem. Voltaram-se para dentro, usando todos os seus recursos para se manterem inteiros. Não possuíam energia para se reconectar.

O processo de incompatibilidade e reparo dá à criança uma noção de si mesma e uma sensação de confiança em seu relacionamento com seu cuidador. Por aquele breve período em que perde seu parceiro interativo, quando está, de certa forma, "sozinha", ainda consegue se segurar por inteiro. Ela confia que a mãe retornará. Confia que vai conseguir, que vai ficar bem. No entanto, os bebês que não tiveram a experiência típica de incompatibilidade e reparação tinham um senso de si mais tênue. Sem o amparo do parceiro interativo, lutaram para manter um senso de coerência. Eles "sabiam" em seus corpos que não poderiam fazer isso sozinhos. Muitos desses bebês desmoronaram por completo ou continuaram a confiar no autoconforto e na retração, mesmo quando as mães se tornaram novamente disponíveis para interação.

Essas variações ocorrem em todas as idades. A terapeuta de casais e autora Sue Johnson achou o paradigma do rosto imóvel tão profundamente relevante para seu trabalho clínico com casais adultos que nos pediu para ajudar a criar uma demonstração do rosto imóvel[64]. Ao contrário do experimento que descrevemos na introdução, no qual os adultos desempenham os papéis de bebês e pais, esse vídeo apresenta uma dramatização de um casal adulto. Enquanto os voluntários eram treinados em seus respectivos papéis, à medida que iam entrando na dramatização, agiam por conta própria, improvisando de forma natural.

No vídeo, um homem e uma mulher sentam-se frente a frente, tendo uma discussão acalorada. O homem diz: "Não quero visitar seus parentes. Eles não gostam de mim. Eles nem sabem que eu existo". No meio da conversa, o homem se fecha, apresentando um rosto sem expressividade e conexão. Então, ele vira o corpo e olha para o chão, piscando várias vezes quase fechando os olhos. Como o bebê no vídeo original, sua parceira desmorona. A agitação em sua voz aumenta e todo seu corpo se estica em direção a ele, seus movimentos são tensos e frenéticos. Depois de tentar urgentemente, sem sucesso, conectar-se usando palavras, ela começa a chorar, o que parece sacudi-lo de volta. Seu rosto recupera uma qualidade expressiva quando ele se vira em direção a ela, e sua voz é mais gentil. Ele diz a ela: "Vejo que você está chateada e não é você". Explica como a família dela o intimida fazendo perguntas sobre sua carreira. Diz a ela que é importante para ele que continuem conversando. Ela olha para ele e ele encontra seu olhar. Suas expressões se suavizam enquanto eles se reconectam.

Johnson escreveu em seu blog:

> A dança entre o bebê e a mãe e dois amantes adultos é feita das mesmas emoções — as mesmas necessidades e movimentos. Qualquer relacionamento amoroso é uma dança de conexão e desconexão — de alcançar e, se não houver resposta, de protestar, afastar-se, colapso emocional e, se conseguirmos — reparação e reconexão.

Johnson observa que, na vida cotidiana, os parceiros geralmente não estão cientes dos efeitos de seu comportamento de rosto imóvel. Ela escreveu:

> Descobrimos em todos os nossos estudos sobre como ajudar casais a consertar seu relacionamento que os amantes adultos simplesmente NÃO têm ideia do abalo e da dor que transmitem quando simplesmente excluem seu amante e se tornam inacessíveis. Essas pessoas muitas vezes estão tentando evitar uma briga, mas na verdade essa desconexão aumenta o calor

e desencadeia tentativas frenéticas, muitas vezes negativas, do outro parceiro para fazer com que ele reaja.

Trazer esse processo à consciência, perceber o comportamento do rosto imóvel em você e em seu parceiro, bem como as reações que o comportamento precipita, pode ajudar a estabelecer um relacionamento conturbado em um caminho de cura. Quando você é pego em sua própria aflição, torna-se indisponível para conexão e pode inadvertidamente dar ao seu parceiro um "rosto imóvel", desencadeando uma espiral descendente de pistas perdidas e falta de comunicação. Nesses momentos, você precisa fazer uma pausa, respirar e encontrar uma maneira de se acalmar o suficiente para pensar com clareza. Quando você pode compreender a perspectiva da outra pessoa, você pode encontrar uma maneira de reparar e se reconectar.

ENCONTRAR EQUILÍBRIO PARA A CRIANÇA INTERIOR

Quando Amir estava no ensino fundamental, o casamento de seus pais começou a se desfazer. Um comentário aparentemente inofensivo de sua mãe podia fazer seu pai explodir. Depois de falar em um tom severo depreciativo, saía da sala tempestivamente. Apesar da mãe de Amir estar fisicamente presente com ele durante essas explosões, ela desaparecia emocionalmente. Com os pais de súbito ausentes, Amir sentia-se perdido; o mundo já não fazia sentido. A incompatibilidade e a reparação momento a momento com os pais foram substituídas por um período prolongado de incompatibilidade sem reparações. Essas discussões em geral ocorriam no final do dia, e na manhã seguinte enquanto Amir se preparava para a escola, seus pais pareciam estar bem e tudo parecia perto do normal novamente. Amir sentiria uma sensação provisória e temporária de calma.

Por fim, os pais de Amir se divorciaram e a exposição a confrontos imprevisíveis e assustadores terminou. No dia a dia, ele se sentia um pouco melhor. Foi para a faculdade, conseguiu um bom emprego e se casou. Certa noite, após um dia estressante no trabalho, enquanto Amir compartilhava uma história importante, seu marido, Leon, olhou distraidamente para a correspondência. Cheio de uma raiva inexplicável, Amir voou em direção à saída e saiu correndo, batendo a porta atrás de si. Outras incompatibilidades não intencionais produziram reações imprevisíveis semelhantes e fora de proporção.

Quando criança, Amir tinha experimentado uma perda recorrente de criação de significado momento a momento, o que levou a uma perda intermitente de seu senso de si. Os repetidos períodos prolongados de incompatibilidade não reparada que ocorreram enquanto ele ficava acordado na cama ouvindo seus pais brigando, seu cérebro e corpo banhados pelo hormônio do estresse cortisol, alteraram a resposta de seu corpo ao estresse. A desatenção do marido evocou o mesmo sentimento perdido que tivera quando os pais, preocupados com a própria angústia, se desligaram dele. A resposta a Leon não ocorreu em seu pensamento consciente, mas em seu corpo.

Embora sua saída abrupta não tenha ajudado a situação naquela noite, Amir soube, por anos em que alcançou a calma por meio da atividade física, que precisava se mover para se reconectar com o marido. Previsivelmente, ao chegar ao fim do quarteirão, sentiu sua frequência cardíaca diminuir e sua respiração se tornar regular. Ele pôde ver a conversa pelo que era, e não como uma catástrofe de amor perdido. Quando se sentisse novamente em seu corpo, poderia ir para casa e conversar com Leon sobre a explosão.

Ao contrário dos pais de Amir, Leon respondeu à incompatibilidade e não a deixou sem reparação, mas também sabia que não deveria resolver o problema imediatamente. Podia esperar, dando ao marido tempo e espaço para se acalmar. Entendeu que a raiva não era dele. Não que Leon não se aborrecesse com a reação exagerada do marido. Controlou seus sentimentos colocando seu disco favorito e se envolvendo na música. Quando Amir voltou para casa, Leon o ouviu e aceitou suas desculpas. Reconheceu que poderia ter sido mais cuidadoso com os sentimentos de Amir enquanto ele estava compartilhando um evento significativo do seu dia. Juntos, eles foram capazes de reparar o problema.

O ato físico de andar pelo quarteirão deu a Amir a oportunidade de se sentir literalmente em seu próprio corpo. Nesse relacionamento diferente, ele poderia superar e deixar essas interrupções inevitáveis no passado. À medida que seu senso de si mesmo no mundo cresceu e se fortaleceu, seu relacionamento com Leon se aprofundou. Leon podia confiar em Amir para retornar e se reconectar; ele poderia esperar. E Amir poderia se livrar do terror.

Essa cena entre Amir e Leon poderia ter se desenrolado de várias maneiras diferentes. Por exemplo, Leon, tendo um histórico de incidentes semelhantes com seu marido, poderia ter compartilhado no momento em que Amir ficou chateado, por ter entendido que a reação tinha raízes na infância de Amir. Essa resposta poderia ter ajudado Amir a se acalmar, evitando sua necessidade de sair de casa como um furacão. Tão plausível quanto, Leon oferecendo uma interpretação naquele momento, quando Amir já estava agitado com os acontecimentos do dia, poderia ter piorado a situação. Os dois teriam então que reiniciar e encontrar uma maneira diferente de se reconectar. Na verdade, qualquer uma das formas poderiam ter sido tão boas quanto a que realmente aconteceu. O fator crítico foi que eles pararam e deram espaço um ao outro para encontrar sua própria maneira de se acalmar, e então acalmaram um ao outro. Essa é a experiência momento a momento de construir relacionamentos fortes que começa em nossas primeiras interações como bebês.

Não há um roteiro específico para navegar de uma incompatibilidade até um reparo. Às vezes, simplesmente respirar fundo algumas vezes cria espaço e tempo suficientes para ouvir o ponto de vista do outro. Caminhar e ouvir música são duas das muitas estratégias calmantes que você pode utilizar. Depois que você se sentir ajustado, poderá ouvir melhor.

CRIAR SIGNIFICADO JUNTO E SOZINHO

O educador e pesquisador do desenvolvimento infantil J. Ronald Lally[65] usa o termo *ventre social* para descrever a maneira como o recém-nascido continua a crescer e se desenvolver no contexto da interação social após o nascimento. Embora excepcionalmente desamparado e dependente por completo de cuidadores, um bebê recém-nascido tem uma capacidade de interação social complexa não encontrada em qualquer outra espécie. Com apenas algumas horas de vida, os bebês se voltam para uma voz, seguem um rosto e sinalizam por meio de movimentos corporais se estão prontos para brincar ou se estão sobrecarregados e preferem ser embalados e descansar.

E, desde o início, sua sobrevivência depende das respostas dos cuidadores não apenas às suas necessidades físicas, mas também aos seus sinais emocionais. A expressão de Winnicott *ambiente de acolhimento* captura essa ideia. A capacidade dos cuidadores de tolerar e conter o sofrimento dos bebês os ajuda a compreender e aprender a gerenciar suas experiências. *Conter* não significa controlar ou eliminar o sentimento; em vez disso, refere-se à capacidade do cuidador de permitir que o bebê tenha grandes emoções sem desmoronar. Mesmo que segurar um bebê possa parecer simplesmente um ato físico, é a presença emocional do cuidador que é importante para o bebê. Uma cena à beira de um lago em uma tarde quente e ensolarada[66] descrita em *Keeping Your Child in Mind* [*Mantendo Seu Filho em Mente*, em tradução livre] captura a qualidade ativa dos aspectos físicos e emocionais de conter:

Uma mãe tentava amarrar um chapéu na cabeça de seu filho. Ele claramente não estava feliz com isso. Enquanto ela segurava o chapéu e prendia os cordões sob seu queixo, sua agitação se transformou em uma gritaria total. Ela cantarolou e falou, refletindo sua angústia, mas com uma inflexão suave em sua voz. Com seu jeito calmo, ela comunicou a ele que reconhecia que ele estava chateado, mas estava confiante de que ele poderia sobreviver a essa pequena perturbação em seu dia.

Essa interação simples exemplifica o conceito de ambiente de acolhimento no qual os bebês aprendem a regular seus sentimentos. Ao cuidar fisicamente de seu bebê enquanto também reconhece sua experiência emocional, essa mãe o ajudou a modular sentimentos que pareciam incontroláveis. Em um de nossos experimentos com rosto imóvel, descobrimos que, se a mãe simplesmente colocar as mãos no quadril de seu bebê enquanto ele estava na cadeirinha do carro reduzia seu estresse e suas emoções negativas.

Cada um de nós precisa de um parceiro interativo para nos ajudar a entender e a nos administrar no mundo. Quando você não consegue criar significado a uma situação, seu senso de si é ameaçado. Sua sobrevivência depende da cocriação de significado[67]. Ao longo de sua vida, sua capacidade de abordar situações novas com uma sensação geral de bem-estar e um senso de controle reflete uma história de incontáveis incompatibilidades reparadas em seus primeiros relacionamentos.

Observamos um exemplo muito precoce de cocriação de significado em uma de nossas interações mãe-bebê gravadas em vídeo. Um bebê de seis meses está se esforçando para pegar um brinquedo fora de alcance. Quando não consegue alcançar, ele fica com raiva e chateado. Ele desvia o olhar, chupando o polegar. Acalmado por um momento, novamente tenta pegar o brinquedo mas falha novamente e mais uma vez fica chateado. Sua mãe observa brevemente, uma expressão neutra, mas focada em seu rosto, antes de falar com ele em uma voz suave. O bebê se acalma, fica quieto e, mostrando uma expressão facial totalmente concentrada no objeto, mais uma vez tenta alcançar o brinquedo. A mãe traz o brinquedo ao alcance do bebê. O bebê pega o brinquedo com sucesso, explora-o e sorri: *Eu consegui*!

A mãe não deu simplesmente o brinquedo ao bebê. Ela percebe, apoia e sustenta sua experiência emocional, ajudando a transformar um sentimento negativo em positivo. Um aspecto importante dessa interação é que o bebê tem seu próprio repertório de comportamentos para se acalmar. Ele não é totalmente dependente de sua mãe. Essa capacidade essencial de autorregulação emerge da regulação mútua, momento a momento, nessa relação inicial. Juntos, esse bebê e sua mãe aprenderam não apenas que ele pode ficar chateado sem desmoronar, mas também que, se se recompor, poderá contar com a ajuda de outras pessoas para atingir seus objetivos

As crianças que criaram o significado de que o mundo é seguro e administrável são gradualmente capazes de descobrir novos significados por conta própria e em relacionamentos com novas pessoas. Esses significados lhes dão energia para explorar mais experiências novas com uma curiosidade esperançosa. Nessa situação, autorregulação e regulação interativa estão em equilíbrio. Você pode modular seu comportamento e suas emoções em sua interação com outra pessoa cujo comportamento e emoções exercem influência sobre você de forma contínua. Chamamos esse processo de *regulação mútua*. Quando a autorregulação torna-se a meta predominante, uma situação que exploramos em profundidade no capítulo 8, prepara o terreno para as dificuldades. A autorregulação excessiva em detrimento da regulação na interação com outra pessoa é um padrão que observamos em bebês de mães deprimidas. Esses bebês estão preocupados com o autoconforto e comportamentos regulatórios autodirigidos. Eles se viram para o lado oposto, balançam o corpo todo ou sugam os dedos. Voltam-se para si mesmos quando não recebem apoio suficiente de seus cuidadores. Da mesma forma, suas mães se regulam curvando-se e desviando o olhar, parecendo se fechar em si mesmas. Elas estão menos disponíveis para regulação interativa com seus bebês. Em vez de regularem um ao outro, o bebê e os pais afetam um ao outro em um padrão de desregulação mútua. Ambos desistem de trabalhar através da discórdia. Eles simplesmente se desconectam.

POR QUE A REGULAÇÃO É IMPORTANTE

A autorregulação começa no nascimento e continua ao longo do desenvolvimento, à medida que as crianças aprendem a traduzir os sentimentos em palavras. Em crianças na fase pré-escolar e em idade escolar, além da regulação emocional e corporal, a autorregulação abrange *funções executivas*, uma expressão genérica usada para descrever as habilidades de atenção, pensamento flexível e controle de impulso que são fundamentais para a aprendizagem e interação social. A autorregulação não é uma característica que uma pessoa possui ou não. Ela surge em um processo de desenvolvimento.

E, como vimos, a autorregulação não se desenvolve exclusivamente de dentro. A capacidade de autorregulação surge por meio de interações com os outros. A pesquisa atual em nosso laboratório oferece uma visão mais detalhada do processo de corregulação. Essa pesquisa está em andamento, e temos planos para um desenho experimental semelhante com pais de bebês prematuros e pais com depressão. Muitas pesquisas sobre estresse envolvem múltiplos fatores de risco, então é difícil identificar o impacto específico do estresse no relacionamento. Para esse experimento, a hipótese era que o estresse, independentemente de outros fatores, perturba a mãe e, por sua vez, a interação com seu filho.

No experimento, dividimos mães e bebês em dois grupos[68]. Em cada caso, a mãe brinca primeiro com seu filho pessoalmente. Depois disso, a mãe ouve a gravação de vários bebês chorando (nenhum deles é seu filho) ou a gravação de um bebê balbuciando (também não o dela) por dois minutos enquanto a assistente de pesquisa brinca com o bebê dela. O bebê não ouve a gravação e não vê a mãe ouvindo. A mãe então brinca com seu próprio bebê novamente.

Analisamos as fitas desse segundo episódio de brincadeira em busca de emoções negativas e descobrimos que os bebês cujas mães ouviram os choros gravados eram muito mais propensos a se comportar de maneira angustiada do que os bebês cujas mães ouviram os balbucios. Surpreendentemente, quando analisamos as expressões faciais, vocalizações, toques e distância dos bebês das mães, não encontramos diferenças nos comportamentos dos dois grupos. Parecia que os bebês estavam detectando que suas mães estavam chateadas, o que atrapalhava seu comportamento, mas, como pesquisadores, não podíamos ver ou ouvir os sinais das mães. Os bebês foram mais sensíveis do que nosso sistema de codificação!

Em outras palavras, o comportamento do bebê e o comportamento da mãe estão intimamente ligados. Nesse processo de corregulação, o humor do bebê afeta a mãe, e o humor da mãe afeta o bebê. No experimento, o choro que a mãe ouviu não era o de seu próprio bebê, mas podemos imaginar que ouvir o choro de seu próprio bebê seria significativamente mais estressante. Quando há padrões problemáticos de interação que buscamos mudar, precisamos olhar para o relacionamento. Quando a interação muda de regulação mútua para desregulação mútua, o problema não é mais culpa dos pais do que culpa do filho.

Luke, de três anos, tinha habilidades verbais avançadas e notava tudo. Se um aspirador de pó fosse ligado no final do corredor, ele parava a brincadeira e questionava: "O que é isso?". Se um caminhão passasse, ele corria para a janela para olhar e, então, distraído do que quer que estivesse fazendo, fazia comentários sobre as características do caminhão. Quando ele brincava em casa com seus pais, Don e Kahli, esse comportamento era divertido e interessante para todos. Porém, quando eles o matricularam na pré-escola, Luke começou a ter dificuldades. Ele tinha colapsos frequentes. Um dia, enquanto as crianças estavam mudando de uma atividade para outra, um momento particularmente barulhento e confuso da manhã, Luke conseguiu correr porta afora. Quando a professora, apavorada, o pegou, ela o repreendeu ruidosamente como resultado de seus próprios medos, e sua angústia com a intensidade da entrada sensorial o oprimiu. Ele caiu no chão gritando e conseguiu chutá-la no peito. Kahli teve que buscá-lo na escola. No começo, chocada e envergonhada, ela falou de modo áspero com ele. "Por que você fez isso?", ela perguntou a ele quando eles chegaram em casa, sua voz estridente comunicando uma sensação de indignação. Claro, ele não sabia por que tinha feito isso. Seu pai o mandou para o quarto sozinho, sem fazer perguntas.

Para Kahli, o episódio evocou memórias do comportamento verbalmente abusivo de seu pai durante sua própria infância. Dadas as experiências do passado de sua mãe, Luke era um mestre da manipulação. Quando sua raiva e limites rígidos apenas agravaram o problema, Don e Kahli começaram a brigar, em um horrível jogo de culpar ao outro. Na escola, Luke tornou-se cada vez mais impulsivo, recusando-se a ficar sentado em círculos e, em vez disso, corria pela sala. Luke e seus pais estavam presos em interações caracterizadas por incompatibilidades não reparadas.

Seis meses após o início do ano letivo, um professor levantou a possibilidade de que Luke pudesse ter transtorno de deficit de atenção e hiperatividade (TDAH). Don e Kahli foram mobilizados para a ação. Um amigo que se especializou em problemas de comportamento em crianças pequenas recomendou que consultassem um terapeuta ocupacional. Com o terapeuta, o casal levou um tempo para examinar de perto o que precipitou o comportamento de Luke e reconheceu sua sensibilidade sensorial como a causa raiz de sua impulsividade e desatenção. No entanto, o ambiente de duras reprimendas e conflitos conjugais também desempenhou um papel significativo. A pesquisa oferece evidências de que os genes associados a comportamentos de impulsividade[69] e desatenção podem ser expressos apenas em um ambiente caracterizado por estresse e conflitos não resolvidos. Em situações relativamente livres de estresse e conflito, eles não são ativados.

Don e Kahli estavam preocupados com o filho. Assim que eles começaram a falar sobre ele, sua ansiedade aumentou e, antes que percebessem, estavam gritando um com o outro. Armados com novas percepções sobre o significado do comportamento de Luke, desenvolveram maneiras de conter sua agitação e assegurar um ao outro que Luke ficaria bem. Kahli, em particular, precisava estar ciente de como Luke a provocava. Vendo o marido mais como um aliado do que como um oponente, aceitou sua ajuda quando ele sugeriu que ele lidasse com uma situação em especial que a tenha aborrecido. Kahli e Don pararam com o jogo da culpa, de encontrar falhas um no outro. Eles pararam, respiraram fundo e se ouviram. Apreciar a experiência única de Luke no mundo ajudou Don e Kahli a serem mais tolerantes. Com seus pais menos reativos, Luke não era mais tão impulsivo. Essas mudanças criaram um ambiente mais adequado à intensidade de Luke em casa.

Além de apoiar o crescimento positivo da família, eles passaram a reconhecer o valor de sua sensibilidade, incluindo sua criatividade artística e sua capacidade de apreciar o estado emocional de outras pessoas. Reconheceram nele uma capacidade emergente de empatia. Don e Kahli trabalharam com seus professores para lidar com situações na sala de aula que poderiam levá-lo a ficar sobrecarregado. A terapeuta ocupacional ofereceu estratégias, como pausas para uma caminhada pelo corredor, para ajudar Luke a se sentir calmo diante de uma estimulação sensorial intensa. A percepção de Luke sobre si mesmo no mundo mudou quando ele aprendeu a controlar suas fortes reações.

O comportamento perturbador de Luke não era culpa dele nem de seus pais. Em vez disso, todos estavam afetando uns aos outros de maneiras que exacerbaram a dificuldade de Luke em regular sua atenção e sobrecarregou as próprias capacidades de autorregulação dos pais.

POR QUE CULPAR NÃO FAZ SENTIDO

Não importa do que rotulemos um determinado conjunto de comportamentos e não importa qual tenha sido sua causa original, a lição que aprendemos com a pesquisa do rosto imóvel é que a qualidade da interação afeta todos os tipos de comportamento em todos os relacionamentos. O comportamento de uma criança com problemas de desatenção, hiperatividade ou ambos afeta cada pai, e a relação entre os pais e o comportamento dos pais afetam a criança. E cada momento de interação afeta o que vem a seguir. Isso também se aplica a qualquer comportamento em qualquer relacionamento, em qualquer estágio de desenvolvimento ao longo de nossas vidas.

A capacidade de regular a atenção se desenvolve cedo. Considere o exemplo da troca de fraldas, um evento aparentemente corriqueiro que acontece com um bebê várias vezes ao dia. Muitas mães e pais narram de maneira natural os acontecimentos para seus bebês. "Lá vem o lenço gelado!", uma mãe avisa o bebê com uma voz tranquilizadora. "Vou colocar o creme contra assaduras na outra mesa", explica um pai, dando ao bebê a sensação de sua presença contínua quando está temporariamente fora de vista. Essas incompatibilidades típicas, o lenço umedecido frio e o pai que desaparece, são reparadas rapidamente. Contudo, um cuidador que está preocupado com outra coisa, seja outras crianças, fadiga ou depressão, pode não ser capaz de prender a atenção do bebê durante a interação. Certamente, todos nós temos variações em nossa capacidade de estar presentes para tarefas corriqueiras, como trocar fraldas., mas quando um cuidador está mais distraído e preocupado, a capacidade do bebê de prestar atenção pode ser afetada.

Em sua pesquisa sobre os efeitos de longo prazo da depressão pós-parto no desenvolvimento infantil, nossos colegas Lynne Murray e Peter Cooper[70], da Universidade de Reading, na Grã-Bretanha, mostram que, assim que os bebês começam a se envolver com o mundo ao seu redor, a qualidade da interação pessoal afeta o desenvolvimento da atenção. Certamente, os bebês vêm ao mundo com uma grande variação no nível de atividade e na qualidade da atenção, mas essas variações não predizem o curso do desenvolvimento; é a qualidade da interação pais-bebê que é preditiva da capacidade do bebê de prestar atenção e processar informações no mundo social mais amplo. Os pais com depressão muitas vezes lutam para manter a interação face a face e se envolver em brincadeiras, e seus filhos são mais propensos a ter dificuldades de comportamento na infância. O fracasso da corregulação perturba o estado emocional e a atenção do bebê.

Embora não seja culpa dos pais que os problemas de suas próprias vidas possam interferir em sua capacidade de responder a uma criança da maneira necessária, é sua responsabilidade abordar essas questões, pelo menos o suficiente para que possam ter uma visão clara de seu filho. A culpa é uma experiência que vem naturalmente com o trabalho de ser um pai. Entretanto, "sou culpado" também pode significar "sou responsável". O que aconteceria se substituíssemos a palavra *culpa* pela palavra *responsabilidade*? Quando assumimos responsabilidades, geralmente nos sentimos fortalecidos. Quando os relacionamentos descarrilam, seja entre um pai e um filho, parceiros românticos, colegas de trabalho, irmãos ou amigos, em vez de atribuir culpa, precisamos reconhecer como cada pessoa do par tem um papel a desempenhar. Podemos precisar buscar e aceitar ajuda (que, como exploraremos no capítulo 9, pode assumir muitas formas) para desempenhar nossos papéis de maneira diferente.

É TUDO SOBRE RELACIONAMENTOS

Um sábio colega observou que não trataríamos uma planta que está lutando para crescer sem considerar o contexto de luz, espaço, solo e água. O meio ambiente é fundamental para a saúde de uma planta. Um grande corpo de pesquisas, representado no romance vencedor do prêmio Pulitzer[71] *The Overstory* [*A Floresta*, em tradução livre], mostra que mesmo as árvores têm relacionamentos. Elas se comunicam entre si, o que facilita o crescimento de maneiras significativas. Um artigo recente do *The New York Times* intitulado "Como se tornar um pai de planta"[72] ilustra esse ponto. A autora descreve um processo de ajuste quando você traz sua planta para casa pela primeira vez. O conselho que ela oferece sobre como regar e replantar sua planta de acordo com seu crescimento evoca uma espécie de imagem de reparação de incompatibilidade. "Os especialistas dizem para aumentar apenas um tamanho acima do tamanho do vaso anterior", portanto, se sua planta veio em um vaso de 20 centímetros, mude para um de 25 centímetros. "Usar um vaso muito grande pode encorajá-lo a regar mais, o que não será saudável para sua planta", escreve a autora. Ela até identifica a inevitabilidade da incompatibilidade quando observa: "O maior obstáculo para ser um pai de planta bem-sucedido será regar em excesso. Sim, isso acontecerá com você".

Uma amiga que reconheceu sua incapacidade de ter até mesmo uma imagem de um jardim disse: "É preciso toda a minha energia apenas para criar meus filhos". De forma análoga a cuidar de plantas, cuidar dos filhos depende das qualidades de cada criança, bem como do "ambiente", que consiste principalmente em relacionamentos, em vez de luz solar e água.

O processo de reparo de incompatibilidades fornece a energia para nutrir e desenvolver relacionamentos. Enquanto nossos primeiros relacionamentos estabelecem a base, toda a nossa gama de relacionamentos, com pais, irmãos, amigos, colegas, parceiros românticos, continua a moldar nosso senso de nós mesmos no mundo. Em cada troca, mudamos uns aos outros.

Frequentemente, as pessoas culpam a si mesmas — ou aos outros — pelos problemas em suas vidas. Aprendemos com a pesquisa do rosto imóvel que, no esforço contínuo de dar sentido a si mesmo no mundo, a culpa é irrelevante e sem sentido. Quando você se encontra preso em um padrão de incompatibilidade não reparado, pode respirar fundo e fazer a si mesmo uma pergunta simples: existe uma maneira pela qual a outra pessoa está certa?

Neste capítulo, examinamos como a ruptura e o reparo microscópico cotidiano momento a momento constroem a capacidade de autorregulação e intimidade. No próximo capítulo mostramos como esse modelo derivado da pesquisa do rosto imóvel justifica nossa compreensão das principais interrupções da vida. A maneira como você gerencia as tensões diárias de incompatibilidade e reparação torna-se a base de como você administra as grandes tensões. Se aprender a confiar que passará por momentos difíceis, enfrentará a luta com um senso de esperança e controle. Por outro lado, se você teve poucas oportunidades para a reparação interativa de incompatibilidades, pode depender excessivamente de comportamentos de autoconforto para se manter inteiro, voltando-se para dentro, para longe da conexão social. Você pode ficar arrasado em tempos de crise.

5

RESILIÊNCIA RECONSIDERADA

Normalmente pensamos em resiliência como a capacidade de superar probabilidades extraordinárias, o que podemos chamar de Adversidade, com A maiúsculo. Uma casa destruída em um tornado, uma agressão sexual, um acidente grave — todos esses são (esperamos) eventos únicos que resultam em uma ampla gama de impactos. Por que uma pessoa passa por uma experiência traumática e depois deixa no passado, enquanto a vida de outra é despedaçada e desgovernada? Duas experiências femininas de tornarem-se viúvas exemplificam esse contraste.

Após a morte súbita de seu marido Alan — devido a um derrame —, Carol estava sozinha aos setenta anos. Lamentou sua perda terrivelmente, às vezes despertando durante a noite apenas para ser lembrada da chocante ausência de Alan. Durante o dia, mantinha-se ocupada e engajada em realizar atividades, mas o silêncio do meio da noite invocava a dor novamente. Chorava em seu travesseiro enquanto se permitia sentir a profundidade da perda. Embrulhando-se em um cobertor de dor, ela pôde lamentar totalmente a morte de seu marido. O processo em si liberou energia para começar a construir uma nova vida. Viajou, teve aulas em uma universidade local e fez novos amigos.

Logo depois que Carol perdeu o marido, sua amiga Bonnie, que, como Carol, teve um casamento longo e estável, também ficou viúva. Mas, ao contrário da vida de Carol, a de Bonnie parecia encolher quando ela caiu em uma depressão inabalável. Ela não conseguia suportar a revolta que o luto e o início uma nova vida implicava. Após a morte de Dan, viveu em um aparente nível baixo de desespero, sem vivenciar totalmente o luto. Estava irritada e intolerável com seus amigos, então era incapaz de encontrar conforto nesses relacionamentos. Temendo que desmoronasse se vivenciasse plenamente a perda de Dan, agarrou-se a um frágil senso de coerência seguindo uma rotina rígida, ficando em casa, recusando convites da família e dos amigos.

Descrevemos Carol como resiliente, enquanto Bonnie, diante de uma experiência adversa semelhante, lutou para seguir em frente. Parte da resiliência de Carol residia em saber que nem sempre ela se sentiria profundamente triste. Essa confiança era algo que Carol havia desenvolvido ao longo do tempo, e certamente não a reconheceu no meio de sua dor inicial. Contudo, isso a apoiou emocional e fisicamente enquanto começava a se curar. Esse sentimento fundamental de esperança no futuro, fora de sua consciência, veio de uma vida de fortes relacionamentos saudáveis, começando quando ela era muito jovem. Bonnie, no entanto, não tinha tanta confiança. Ela e Dan vieram de casas problemáticas. Haviam alcançado um equilíbrio confortável em seu casamento, mas evitaram o envolvimento emocional em seu mundo social mais amplo. Não tiveram filhos, confiando completamente um no outro para apoio. Agora, sozinha, Bonnie estava perdida sobre como seguir em frente.

A RESILIÊNCIA ESTÁ ENRAIZADA NO DESENVOLVIMENTO

A resiliência não é uma característica com a qual você nasce nem algo que você adquire diante da catástrofe. Em vez disso, ela se desenvolve quando você atravessa as incontáveis incompatibilidades inevitáveis que ocorrem nos relacionamentos com as pessoas que você ama, começando na primeira infância. Usamos a palavra resiliência *cotidiana* ou *diária*[73] para descrever esse processo de desenvolvimento. A resiliência é tecida na estrutura do seu ser em centenas de milhares de momentos ao longo do tempo.

À medida que você sobrevive ao estresse microscópico com o passar do tempo, de navegar em um ambiente social complexo, você desenvolve uma sensação central de que pode se mover de um momento difícil, grande ou pequeno, para chegar a um lugar de maior força e compreensão. A resiliência se constrói à medida que percebe que tem a capacidade de administrar as incompatibilidades. É um músculo que cresce a partir da reparação da incompatibilidade, começa com seus primeiros relacionamentos e continua ao longo de sua vida.

O processo microscópico de disrupção começa na infância e pode assumir a forma de um olhar envolvente de uma mãe encontrado pelo olhar descendente de seu bebê ou a vocalização alta de um pai, precipitando a reação e o choro do bebê. A reparação segue na forma de olhar mútuo, junto com um sorriso engajado e uma suavização da voz enquanto um pai segura e embala o bebê. Quando as coisas vão bem, a disrupção e o reparo subsequentes ocorrem em proporção à crescente capacidade dos bebês de se orientarem no mundo.

Uma mãe, distraída por um telefonema durante a amamentação, talvez deixe seu bebê chorando no berço. Mas então ela retorna. Fala suavemente e retoma a alimentação. O bebê, ao sobreviver ao estresse da espera, alcança um maior nível de organização do desenvolvimento. Uma criança que se acalma depois de um acesso de raiva explosivo com um pai que permanece emocionalmente presente, mas não tenta parar o colapso, desenvolve uma confiança na capacidade de lidar com os sentimentos sem desmoronar. Pais de uma criança em idade pré-escolar com um novo irmão caçula ajudam seu filho em estar "na bagunça" de sentimentos de raiva e perda enquanto estabelecem limites de comportamento. Ao sobreviver a essa ruptura, a criança desenvolve uma capacidade mais profunda de controlar grandes emoções, bem como um amor crescente por um irmão. Pais de crianças em idade escolar, que estão aprendendo a conduzir relações sociais cada vez mais complexas, podem guiá-las e apoiá-las. Em vez de chamar a mãe de um amigo para reclamar de um momento de discórdia, os pais ajudam uma criança com incentivo enquanto dão espaço para tentar resolvê-la. À medida que os adolescentes passam pelo drama da separação e da autodescoberta, as perturbações se tornam proporcionalmente intensas. Nessa fase, análoga à fase infantil, pais que permanecem calmos e presentes, ao mesmo tempo em que estabelecem limites, facilitam a complexa transição de um adolescente irritado para a idade adulta.

O psicanalista Erik Erikson[74] descreveu The Eight Ages of Man [As Oito Idades do Homem, em tradução livre] baseado em seu modelo de desenvolvimento. Cada etapa é caracterizada por um contraste entre duas extremidades de um espectro de possibilidade. Por exemplo, ele descreveu o período infantil como "autonomia *versus* vergonha e dúvida". A dicotomia que ele ofereceu para o estágio de desenvolvimento que Carol e Bonnie administravam quando ficaram viúvas era "integridade do ego (um sólido senso de si) *versus* desespero". Quando as mulheres chegaram aos setenta anos, cada uma tinha uma maneira única de estar no mundo formada por uma vida de experiências. Contudo, de que foram feitas essas experiências que levaram à esperança e à resiliência em um caso, e uma sensação de desesperança ou mesmo de desespero no outro?

DO ESTRESSE BOM AO ESTRESSE RUIM

Pesquisadores do Centro de Desenvolvimento Infantil da Universidade de Harvard[75], sob a liderança do pediatra Jack Shonkoff, desenvolveram uma estrutura para entender uma série de estresses na vida de uma criança. De acordo com esse quadro, o *estresse po-*

sitivo é uma espécie de estresse diário acompanhado de uma breve elevação da frequência cardíaca e elevação transitória de hormônios do estresse. O *estresse tolerável* é uma resposta de estresse grave e temporária amortecida por relacionamentos de apoio. O *estresse tóxico* é uma "ativação prolongada do sistema de resposta ao estresse na ausência de uma relação segura e de cuidado".

Embora essa terminologia tenha recebido muita atenção, preferimos capturar o alcance da experiência de uma criança com um conjunto diferente de termos: *o bom, o ruim* e o *péssimo*. O *estresse bom* é o que acontece em interações típicas do cotidiano, o que temos visto em nossas interações gravadas como incompatibilidade e reparação momento a momento. O *estresse ruim* é o estresse representado no experimento do rosto imóvel pela súbita ausência inexplicável do cuidador. No experimento do protótipo com um par saudável mãe-bebê, o bebê, tendo acumulado experiências de superação de microestresses supera facilmente o estresse ruim no episódio de reparo do experimento. O *estresse péssimo* ocorre quando o bebê perdeu a oportunidade de experiências repetidas de reparação, como em situações de negligência emocional, e, portanto, não consegue lidar com qualquer tipo de evento estressante maior. O significado que o bebê faz da experiência determina o nível de estresse.

O estresse ruim é tolerável exatamente por causa do estresse positivo, ou bom. Quando uma criança acumulou doses de estresse positivo seguido de reparação em interações momento a momento, está preparada para lidar com o estresse tolerável de uma grande perturbação da vida. Em um processo de desenvolvimento, a relação é segura e protegida exatamente porque o bebê desenvolveu confiança no processo de se mover através de incompatibilidade e reparação com seu cuidador.

Crianças que crescem com experiência insuficiente de incompatibilidade e reparação estão em desvantagem para desenvolver mecanismos de enfrentamento para regular suas reações fisiológicas, comportamentais e emocionais. Usamos o termo *andaimes regulatórios* para descrever o processo de desenvolvimento pelo qual a resiliência cresce a partir do reparo interativo dos microestresses que ocorrem durante incompatibilidades de curta duração e ocorrências rápidas. O cuidador fornece apoio "suficientemente bom" para dar à criança a experiência de superar um desafio, garantindo que não haja um período muito longo para reparar nem muito curto sem espaço para reparação.

RELACIONAMENTOS COMO AMORTECEDORES: COMO AS PRIMEIRAS EXPERIÊNCIAS FICAM NA MEMÓRIA

O estudo Adverse Childhood Experiences [Experiências Adversas na Infância, em tradução livre] (ACE)[76], que começou em 1995 como uma colaboração entre o Centro de Controle de Doenças e Kaiser Permanente, uma grande companhia de assistência médica privada com sede na Califórnia, teve suas origens na exploração das causas da obesidade. Os médicos ficaram surpresos ao descobrir que um dos maiores preditores da obesidade adulta era um histórico de abuso sexual infantil. Décadas de pesquisas subsequentes examinaram uma série de experiências adversas relativamente comuns na infância, incluindo doença mental parental, conflito conjugal e divórcio, e abuso de substâncias, bem como estressores piores, como negligência emocional e física, violência doméstica, encarceramento parental e abuso físico e sexual.

Estudos epidemiológicos — ou seja, estudos que analisam populações inteiras e não indivíduos — demonstraram uma ligação entre o número de experiências adversas na infância e uma ampla gama de desfechos negativos a longo prazo. Estes incluem problemas de saúde física, como diabetes, doenças cardíacas e asma, e também problemas de saúde social e emocional, como depressão e alcoolismo. Em vez de identificar uma causa específica de um problema específico, esses estudos oferecem evidências de associações entre efeitos à saúde e possíveis causas. A pergunta permanece: Qual é o mecanismo pelo qual essas primeiras experiências ficam em nossa memória ou no corpo e cérebro? Como as adversidades na infância causam problemas de saúde a longo prazo?

Nossas conclusões de pesquisa, junto com o estudo ACE sugerem que podemos entender toda a gama de experiências adversas da infância como descarrilamentos de regulação interativa amortecedora. As ACEs representam a pobreza relacional com a falta de oportunidade para experimentar a reparação.

Como vimos no capítulo anterior, a capacidade de ter grandes emoções sem desmoronar, bem como a capacidade de formar relações próximas com os outros cresce a partir da corregulação que você experimenta em interações momento a momento em seus primeiros relacionamentos. Essas relações podem amortecê-lo de experiências adversas ou amplificar seus efeitos. Então você leva esse jeito de ser no mundo para o futuro. A experiência muda seu cérebro e no corpo, organizando a forma como você funciona em novos relacionamentos ao longo de sua vida com amigos, professores, irmãos e parceiros românticos. Os efeitos da experiência precoce podem ser amplificados ainda mais se padrões semelhantes de interações ocorrerem em relacionamentos subsequentes. Mesmo que as situações de adversidade não estejam mais presentes, quando você se estressa, a sua capacidade de autorregulação pode regredir como resultado dessas interrupções precoces.

A capacidade das relações em amortecer adversidades pode ser influenciada por fatores de risco dentro do indivíduo ou dentro do ambiente. Uma boa maneira de pensar em risco aqui é como algo que esgota seu estoque de energia. A pobreza, por exemplo, é um fator de risco ambiental. A experiência de pobreza tira energia dos cuidadores, tornando-os menos disponíveis para proteger uma criança do estresse. Fatores de risco também podem vir de dentro da criança. Por exemplo, uma criança que nasce com intensa reatividade ao som, como vimos com Henry no Capítulo 3, pode chorar mais e ter mais dificuldade em se estabelecer do que uma criança sem essa sensibilidade. Cuidar de uma criança agitada requer energia significativamente maior do que cuidar de um bebê que dorme bem ou fica em alerta silencioso. Qualquer coisa que afete negativamente a capacidade do cuidador de se envolver em regulação mútua nas primeiras semanas e meses, quando o cérebro da criança cresce mais rapidamente, pode afetar a resiliência emergente da criança.

A regulação mútua em pares típicos de pais e filhos em desenvolvimento geralmente é bem-sucedida, e as falhas inevitáveis são rapidamente reparadas. O cuidador pode proteger a criança de eventos disruptivos que excedam os recursos dela e dos efeitos disruptivos das próprias limitações do cuidador. No entanto, os cuidadores cuja energia para a autorregulação é esgotada ao lidar com eventos externos, como pobreza ou violência comunitária, ou eventos internos, como depressão e ansiedade, podem não apenas deixar de proteger a criança do estresse, mas realmente transmitir o estresse da perturbação para o bebê. Dito de outra forma, um adulto perturbado não pode acalmar uma criança perturbada e pode agitar uma criança calma. Casos cumulativos de reparação e amortecimento ao longo do tempo estimulam os bebês a expandir sua própria capacidade de enfrentamento e resiliência, enquanto a falha crônica de reparação diminui os recursos dos bebês e induz ao desamparo e à fragilidade.

RELACIONAMENTOS AMORTECEM A ADVERSIDADE

Quando a irmã de Rebecca, Lisa, caiu nas garras do vício em opioides, sua necessidade esmagadora pela droga comprometeu sua capacidade de cuidar de seu filho, Ian. Ele sentava-se sozinho e desacompanhado por horas em seu cercadinho. Imprevisivelmente irritável, Lisa frequentemente o atacava. Os esforços de Rebecca para ajudar a irmã a obter tratamento e sustentar a recuperação não foram bem-sucedidos. A força da droga mostrou-se muito poderosa para toda a família. Quando Ian entrou na primeira infância e agia de maneira típica de crianças dessa idade — por exemplo, recusando-se a colocar seus sapatos —, Lisa, incapaz de gerenciar suas emoções no meio dessa desordem devastadora, em algumas ocasiões, dava-lhe um tapa no rosto. Um dia Ian apareceu na creche com um hematoma na bochecha. Sua professora ligou para o serviço de proteção à criança, e Rebecca e seu marido, Paul, sem filhos na época, se ofereceram para acolher seu sobrinho. Quando parecia que Lisa estava entrando cada vez mais fundo pelo caminho destrutivo do vício, ela renunciou aos seus direitos parentais, e a adoção foi finalizada logo após o terceiro aniversário de Ian.

Rebecca e Paul, embora perturbados com Lisa, ficaram entusiasmados com a inesperada oportunidade de se tornarem pais. Poderiam oferecer a Ian um lar amoroso. Depois de um breve período de lua de mel, de paz e calma, Ian, sentindo-se seguro pela primeira vez, começou a agir mal. As recorrentes perdas de sua vida inicial cobraram seu preço. Começou a exibir o que Rebecca descreveu ao pediatra como um comportamento "explosivo". Ataques intensos de raiva preenchiam seus dias. As estratégias de gestão comportamental mostraram-se ineficazes. Artigos de revista que leram os levaram a se perguntar se ele poderia ter transtorno bipolar. Mas então tiveram a sorte de assistir a um episódio de *60 Minutes com Oprah Winfrey*[77], no qual entrevistou o psiquiatra infantil Bruce Perry da Child Trauma Academy de Houston, Texas; depois de vê-lo, sabiam que direção sua família em crescimento precisava tomar.

Perry, que viaja o mundo ensinando técnicas de atendimento de trauma a educadores, terapeutas, assistentes sociais e agências de acolhimento, explicou em sua entrevista à Oprah como as pessoas precisavam entender o que havia acontecido com uma criança antes de tentarem mudar o comportamento dela. O cérebro está ligado durante os relacionamentos iniciais de um bebê, e, quando essas relações são caóticas, a fiação do cérebro é afetada. Perry contrastou a "pobreza relacional" com a "saúde relacional", explicando como a imersão da criança em um novo conjunto de relacionamentos, o que ele chamou de "teia terapêutica", era necessária para mudar essa fiação.

O modelo de Perry[78] se encaixa com o modelo que desenvolvemos usando o paradigma do rosto imóvel. Como vimos, a capacidade de autorregulação está estabelecida no processo de corregulação. Na história de Ian, apoios primitivos podem ter sido comprometidos pelo abuso de substâncias de sua mãe biológica. Isso não é culpá-la; é reconhecer que os pais precisam estar presentes para oferecer aos seus filhos uma reparação momentânea de interrupção para que eles possam seguir em frente juntos em uma direção saudável.

Podemos entender o termo *adversidade* como qualquer coisa que esvazie os recursos dos cuidadores e os impeça de estar presentes para regular o seu próprio estado psicológico e de seus bebês. Uso de substâncias, violência doméstica, doença mental parental, conflito conjugal e divórcio exercem seus efeitos nocivos e impedem o desenvolvimento da resiliência ao privar a criança dos apoios que de outra forma seriam oferecidos por enfrentamento interativo através de incompatibilidade e reparação.

Não familiarizados com o impacto que as experiências de vida precoces de Ian tiveram sobre ele, Rebecca e Paul interpretaram seu comportamento como "difícil", usando palavras como *opositivo* e *desafiador*. Armados com novas ideias do Dr. Perry, eles poderiam encontrar uma interpretação diferente. Entenderam que não se tratava simplesmente de eliminar o comportamento problemático ou sintoma com gerenciamento de comportamento ou medicação.

Ao imergir Ian em um novo ambiente relacional e oferecer-lhe inúmeras novas experiências — não só com eles, mas também em um grupo de brincadeiras de bairro, com um terapeuta de família, em um ambiente escolar com poucos alunos, e em uma gama de relacionamentos de apoio (eles até lhe deram um cão) —, poderiam mudar o caminho de seu desenvolvimento e colocá-lo em uma direção nova e saudável. E, Rebecca e Paul, cujos recursos foram continuamente drenados pela batalha contínua de Lisa com o vício em opioides e seu envolvimento errático em suas vidas, tiveram que encontrar sua própria "teia terapêutica" para serem os pais que Ian precisava.

Rebecca entrou para um clube de tricô. Nos encontros semanais, em que o clique rítmico das agulhas acalmou seus nervos, baseou-se em amizades com suas colegas de tricô para ajudar seu trabalho através dos desencontros cotidianos da vida, de um ponto errado a um chamado de um professor avisando que Ian estava tendo um dia ruim.

Se Rebecca e Paul tivessem continuado a gerenciar o comportamento de Ian sem reconhecer o significado enraizado em suas experiências de vida, Ian e toda a família poderiam ter ficado presos em padrões torturantes de conflito.

RESILIÊNCIA E TEMPO

Quando você se vê dominado por fortes emoções e incapaz de se acalmar, o tempo pode perder o significado. Junto com sua incapacidade de pensar com clareza, vem a convicção de que você estará para sempre nesse momento terrível. Crianças cujos cérebros se desenvolvem em um ambiente de caos podem perder muito rapidamente a percepção temporal, mesmo que mudem para um novo ambiente rico em relacionamentos amorosos, quando se deparam com um pequeno estresse, como ao pedir para arrumar seus brinquedos. Promessas de recompensas por uma mudança de comportamento ou ameaças de punições por não se acalmar perdem o sentido.

Abordando esse aspecto do tempo, D. W. Winnicott usou a adorável expressão *continuidade do ser*[79] para capturar a maneira como nos agarramos a um senso coerente de si em face do estresse e da ruptura, uma experiência que se desenvolve nas primeiras interações entre pai e filho. Winnicott formulou a ideia em termos de minutos reais[80]. Descreveu como, quando a mãe está ausente por "x + y minutos", o bebê pode se segurar à imagem dela. Contudo, quando ela sai por "x + y + z minutos", o bebê é incapaz de reter aquela imagem e, de sua perspectiva, é como se a mãe não existisse mais. Essa experiência de "x + y + z" Winnicott chamou de *trauma* (o que chamaríamos de *péssimo*), e pode produzir no bebê uma "ansiedade impensável" de que ele mesmo não existe mais.

A ansiedade a que Winnicott se refere é a perda profundamente perturbadora de um sentido emergente de identidade. Por exemplo, Ian teve uma reação de estresse extremo quando outra criança ficou muito perto dele na fila do almoço na escola. Seu corpo entrou em modo de luta ou fuga, e ele a empurrou. O professor disse a Ian que ele poderia ser mandado para casa se não se acalmasse, mas suas palavras provavelmente não tinham sentido para Ian. A intensidade de seu sofrimento manteve sua mente firmemente enraizada no aqui e agora, incapaz de imaginar um tempo futuro. Naquele momento, enquanto o professor de Ian estava de pé de frente para ele e falando com uma voz áspera e repreensiva, seu sentimento básico de que *Eu sou Ian* poderia ter desaparecido. Essa perda do senso de identidade é a ansiedade impensável a que se refere Winnicott.

As ideias de Winnicott surgiram de suas observações cuidadosas em seu trabalho clínico. O significado de seu conceito de continuidade do ser é apoiado por evidências não apenas em experiências emocionais, mas também na biologia humana. Observamos em nosso laboratório[81] que, quanto maior o intervalo da incompatibilidade à reparação, maior será a reatividade dos níveis de cortisol, hormônio do estresse, da criança e mais lento seu declínio. Essa pesquisa demonstra que o reparo mais rápido de estados de incompatibilidade na precoce interação mãe-bebê está associado a uma melhor regulação do estresse em bebês.

Como descrevemos no Capítulo 3, a resposta ao estresse é moderada, por meio do sistema nervoso autônomo (SNA), pelo sistema hipotálamo-pituitária-adrenal (HPA), que libera o hormônio do estresse cortisol na corrente sanguínea. Sua função é fornecer energia adequada para lidar com qualquer perigo ou ameaça que tenha causado o estresse. Níveis de cortisol brevemente elevados podem ajudar uma pessoa[82] a lidar com o aqui e agora, mas níveis cronicamente elevados têm potencial para efeitos negativos mais tarde na vida, incluindo dificuldade em regular estressores futuros, função imunológica suprimida, e desenvolvimento de problemas relacionados ao estresse como ansiedade. No caso de uma incompatibilidade, quando o tempo de reparação é prolongado além da capacidade de uma criança administrar, os níveis de cortisol aumentam. O estresse pode ser cumulativo, e o próximo encontro com ele pode ser distorcido pelo nível mais alto de cortisol.

Um sistema de resposta ao estresse altamente reativo leva a quantidades elevadas de cortisol, que podem exercer efeitos prejudiciais de longo prazo no corpo e no cérebro. O número literal de microssegundos entre a incompatibilidade e a reparação é o que caracteriza uma experiência como boa, ruim ou péssima. Espere muito e o bom se tornará ruim, depois péssimo. Entretanto, reduza o tempo de espera a zero e o bom desaparece. Experiências adversas na infância, com falta de incompatibilidade e reparação, privam as crianças da oportunidade de aprender a controlar seu comportamento e emoções em relacionamentos com as pessoas próximas a elas. Consequentemente, podem ser rapidamente dominados por sentimentos fortes e perder a noção do tempo. Desenvolvem uma sensação de *Estou preso nesse sentimento* ou *Não posso lidar com isso* ou *Estou desamparado e frágil*.

As experiências acumuladas de mudança da incompatibilidade para a reparação levam a uma sensação de continuar enfrentando um sofrimento extremo. Essa é a essência da resiliência. As pessoas podem vivenciar emoções grandes e difíceis e se apegar ao conhecimento de que em algum momento futuro as coisas vão melhorar, como Carol fez depois que seu marido morreu. Sem essa experiência cumulativa de resiliência cotidiana, as pessoas podem se tornar facilmente perturbadas por grandes emoções. Elas podem, como Bonnie, falhar em ver seu caminho para o futuro. Carol conseguiu manter seu senso de si apesar de grandes perdas. Bonnie experimentou uma sensação de agitação tão profunda que ameaçou sua capacidade de acreditar que continuaria a existir. Sua ansiedade pode muito bem ter sido do tipo "impensável", com seu medo de desmoronar a impediu de experimentar novas maneiras de estar no mundo sem o marido. Carol viveu até os noventa anos, enquanto Bonnie, infelizmente, teve um declínio gradual na saúde e morreu alguns anos depois de seu marido.

Quando as pessoas conseguem imaginar um futuro diferente — veem seu caminho a seguir, sabendo que, por pior que as coisas estejam, chegará um momento em que as coisas estarão melhores —, podem encontrar coragem para superar as adversidades. No entanto, aqueles que não tiveram a experiência de passar com sucesso da incompatibilidade à reparação, da desconexão para a conexão, de estar sozinho para estar junto, podem ficar presos em um momento do tempo. Quando sentem raiva, sempre estarão com raiva. Quando se sentem tristes, sempre se sentirão tristes. Nunca vão se sentir diferentes. O momento se torna uma espécie de para sempre, que é a essência da desesperança.

Os corredores que treinam para uma maratona não correm distâncias de maratona diariamente. Em vez disso, correm uma distância específica a cada dia e aumentam a distância ao longo das semanas. O treinamento que desenvolve a resistência do corredor é análogo às estratégias de enfrentamento desenvolvidas na interação pais-bebê. Resistência e resiliência emergem do número absoluto de quilômetros que você investe ou do número de interações reparadas que experimenta. A resiliência é construída a partir desses momentos. Trabalhando através de uma infinidade de microtensões, desenvolvemos a resiliência para lidar com grandes tensões.

Conforme exploraremos em profundidade no Capítulo 9, esse reconhecimento das origens do desenvolvimento da resiliência aponta para o valor das atividades criativas, especificamente aquelas que envolvem relacionamentos com outras pessoas, para avançar em direção à cura e à resiliência. Atividades repetitivas, como a dança, a percussão ou as artes marciais fornecem os tipos de experiências que apoiam tanto a autorregulação quanto sua capacidade de estar próximo dos outros. Uma aula de ioga oferece movimento que o ajuda a se sentir calmo e regulado. Igualmente importante, seu relacionamento com seu instrutor e a conversa casual com outros iogues no início e no final da aula podem contribuir para uma maior sensação de bem-estar e uma nova forma de percorrer pelo mundo.

Na sociedade de soluções rápidas de hoje, as pessoas tendem a esperar uma resposta que resolva o problema e, se isso falhar, passam para outra. No entanto, a resiliência se desenvolve por meio de inúmeras experiências de incompatibilidade e reparação, então, quando você se encontra em dificuldades, precisa de oportunidades para novas e diferentes interações momento a momento. Encontrar essas oportunidades exige um ambiente relacional, paciência e tempo.

TRAUMA DIÁRIO ATRAVÉS DAS GERAÇÕES

Nosso entendimento da resiliência como emergente de inúmeras experiências de incompatibilidade e reparação nos leva a questionar como a palavra cada vez mais onipresente *trauma* é usada. O problema com a palavra *trauma* é que ela é feita para se referir a um evento único, enquanto a vulnerabilidade do trauma reside em sua repetição. Com certeza, há eventos traumáticos únicos, mas normalmente o que transforma uma experiência em trauma é um pano de fundo de incompatibilidade péssima ou não reparada. Assim como a palavra *cotidiano* descreve resiliência, muitas experiências que são colocadas sob o mesmo leque do termo *trauma* são do tipo cotidiano. A história de Frank e Lindsey nos dá um exemplo.

Quando Frank era jovem e cometia alguma transgressão típica da infância — como ter um colapso em uma reunião de família —, seu pai o humilhava, mandando-o sentar-se no último degrau do porão, às vezes por horas seguidas. Já adulto, quando Frank procurou a ajuda de um terapeuta para lidar com seu relacionamento cada vez mais explosivo com sua filha de doze anos, Lindsey, ele não usou a palavra *trauma* para descrever sua própria infância. O abuso emocional de seu pai foi uma experiência cotidiana entrelaçada na história de sua vida.

Entretanto, quando passou um tempo pensando sobre sua resposta ao eu adolescente emergente de sua filha, ele percebeu que, em momentos de conflito com ela, ele era inundado pelo estresse de suas próprias memórias e estava se fechando. Normalmente uma pessoa atenciosa e empática, ele simplesmente disse a Lindsey para parar com isso. No cenário de uma consulta com um terapeuta, ele reconheceu que estava emocionalmente ausente nesses momentos, que eram cada vez mais frequentes. Eles se perguntaram se Lindsey o estava testando, talvez procurando por uma resposta mais apropriada que a ajudasse a lidar com essa fase de desenvolvimento emocionalmente tensa.

Assim que Frank se deu conta desse processo, ficou mais apto a estar presente para Lindsey. Em vez de reagir sem pensar, ele poderia fazer uma pausa, respirar fundo e considerar a perspectiva dela. Podia tolerar seus acessos de raiva pré-adolescentes e entendê-los no contexto de seu emergente senso de identidade. Logo a frequência e a intensidade de seus confrontos voltaram a um nível típico para o estágio de desenvolvimento de Lindsey. Frank, muito aliviado, mais uma vez se encontrava desfrutando de momentos com a filha.

O que Frank experimentou quando criança pode ser denominado trauma *cotidiano* ou *diário*. Não era ver um parente levar um tiro ou ter sua casa arrastada por uma avalanche. Estava repetidamente em busca de segurança e contenção e, em vez disso, experimentava isolamento e humilhação, uma incompatibilidade crônica não reparada. Frank repetiu esse ciclo de abandono emocional com Lindsey quando o comportamento dela evocou essa memória. Quando essa dinâmica foi trazida à sua consciência, ele foi capaz de oferecer a sua própria filha a oportunidade de reparação e de definir seu relacionamento em um caminho mais saudável.

SAIR DA ROTINA

Incontáveis interações momento a momento ao longo do desenvolvimento são como gotas de chuva que moldam a paisagem de sua percepção de si mesmo, tanto sozinho quanto em relação aos outros. Uma experiência se torna traumática quando uma pessoa permanece comprometida a um significado fixo e permanece presa em um padrão de desconexão e falta de comunicação.

Mason, de dois anos de idade, e seus pais, Mark e Tim, estavam presos nessa rotina. Nascido prematuro de oito semanas, Mason teve o que seu especialista em intervenção precoce descreveu como um "sistema regulatório imaturo". Na vida cotidiana, isso significava, entre outras coisas, que ele tinha desafios para manter o sono. Quando Mason adormecia no peito de Tim, Tim gastava até trinta minutos fazendo pequenos movimentos lentos em um esforço para transferir Mason para seu berço sem acordá-lo. Se Tim se movesse com rapidez, Mason acordaria instantaneamente com um sobressalto corporal total. Enquanto isso tomava mais energia de Mark e Tim para cuidar dele do que haviam planejado, eles se apoiaram e, reconhecendo a vulnerabilidade de Mason, se empenharam na tarefa.

Aos seis meses, Mason teve um episódio de asfixia. Tim achou que estava tendo uma convulsão e chamou uma ambulância. Sua mãe tinha epilepsia e ele testemunhou episódios assustadores quando criança. Agora ele temia que Mason morresse. Os médicos garantiram-lhe que não era uma convulsão e que Mason estava bem, mas

Tim permaneceu abalado até a alma. Embora Mark e Tim tenham inicialmente se oposto ao bebê dormir junto com eles, Tim agora estava convencido de que Mason precisava estar na cama deles. Mark concordou com relutância.

Mason se tornou uma criança brilhante e ativa. No entanto, quando se estressava, seu sensível sistema regulatório se apresentava. Um ruído alto repentino, como a abertura da porta de uma garagem, poderia atrapalhar sua brincadeira; todo o seu corpo se assustava e desabava em lágrimas histéricas. Ele permaneceu na cama de seus pais e continuou a contar com a segurança fornecida pelo corpo de Tim para organizar seu sistema nervoso mais vulnerável. Seu corpo não sabia como relaxar para dormir sem seu pai ao lado dele.

Contudo, depois de dois anos de sono interrompido, Mark, que trabalhava em tempo integral enquanto Tim ficava em casa com Mason, estava farto. Ele e Tim discutiram. Mark acusou Tim de manter Mason na cama para suas próprias necessidades e sentiu a pressão de seus próprios pais, que não aprovavam que Mason dormisse com eles e lhes deram um lindo e ainda não usado berço. A família inteira estava em um impasse.

A única coisa em que concordavam foi que a situação do dormir precisava mudar. Eles primeiro consultaram especialistas em parentalidade, que os aconselharam a simplesmente ignorar e colocar Mason em seu próprio quarto para dormir. Mas Tim reconheceu que, se esses padrões de interação se desenvolveram ao longo do tempo, eles também iriam mudar com o tempo. Tim e Mark precisavam ajudar Mason a se sentir calmo em seu corpo sem a presença física de seu pai. E Tim precisava lidar com seus medos profundos de perder Mason, que estavam ligados à sua própria experiência de infância de assistir impotente às convulsões de sua mãe. Mark e Tim também precisavam resolver o conflito em seu relacionamento sobre Mason dormir junto com eles, que por sua vez foi influenciado pelo relacionamento de Mark com sua própria família.

Embora Tim não pensasse em termos de criação de significado, ele sabia de maneira instintiva que, além de decidir o que fazer, eles precisavam criar gradualmente novas maneiras de estar juntos na hora de dormir. Inicialmente, Mark resistiu, mas Tim o convenceu de que essa importante transição na família exigia tempo e atenção cuidadosa.

Em consulta com um especialista em saúde mental pais-bebê, eles trabalharam para mudar os padrões de sono e permanecer dormindo. Os conflitos surgiram. Algumas noites correram bem, enquanto em outras noites Mason chorou por horas enquanto Mark andava com ele, finalmente ajudando-o a se acalmar lendo um livro. Por algumas semanas, ninguém dormiu muito. Eles se permitiram estar em um momento confuso e incerto enquanto descobriam as coisas.

Baseado em sua própria educação, Mark esperava que a criação dos filhos fosse fácil e tranquila. Porém, quando Tim teve que se ausentar por alguns dias e Mark, de repente, se tornou o cuidador principal, ele rapidamente passou a considerar que a vida real com seu filho era bastante confusa. Um conjunto abstrato de regras não fazia sentido.

Depois de um período que pareceu um tanto caótico e desorganizado, a experiência de toda a família com relação ao sono mudou. Mason passou a confiar que seus pais estavam lá mesmo quando ele não estava deitado sobre Tim. Seu corpo aprendeu a ficar calmo sem o contato físico do pai. Gradualmente, fizeram a transição para que dormisse em seu próprio quarto. A privação de sono e a fadiga crônica desapareceram. O senso de competência e eficácia por parte de Mason e seus pais, junto com a capacidade recém-descoberta de Mason de dormir a noite inteira, levou a novos níveis de crescimento e conexão. Através da experiência confusa de criar novos significados em torno do sono, Mason aprendeu que seu relacionamento com seus pais era responsivo, flexível e consistente.

Mudar o significado para Mason de dois anos foi relativamente fácil, embora ainda exigisse atenção e esforço, mas pode-se imaginar um caminho diferente. Conforme exploramos no Capítulo 8, quando você permanece preso a um significado fixo, o impacto pode ser amplificado em relacionamentos e experiências ao longo do tempo. Imagine se os pais de Mason estivessem tão distraídos por sua própria angústia e oprimidos pelo conflito em seu próprio relacionamento que, em vez de ensiná-lo gradualmente as novas regras do jogo de dormir, o colocassem em seu quarto e fechassem a porta enquanto brigavam. Esses relacionamentos teriam sido representados na mente e no corpo de Mason de uma maneira diferente. Essas representações teriam então sido levadas adiante em novos relacionamentos, distorcendo o significado ao longo do tempo, talvez durante a primeira infância, idade escolar e até mesmo em seus relacionamentos adultos.

O "jogo" de ir dormir é uma maneira de aprender a se relacionar com os outros. Embora as pessoas possam não usar essa palavra, ao longo de nossa vida nos envolvemos em inúmeros jogos desse tipo, em nossa família, com amigos e no local de trabalho. No capítulo seguinte mostramos como as brincadeiras que fazemos quando crianças, seja um jogo real, como esconde-esconde, ou uma brincadeira de dizer adeus a um dos pais saindo para o trabalho, fica na memória deles como adultos. Os jogos ao longo do desenvolvimento e ao longo de nossa vida adulta nos ajudam a nos entender no contexto de nossas próprias culturas e comunidades específicas. Cada nova brincadeira que aprendemos, por meio do processo contínuo de incompatibilidade e reparação, cria um sentimento de pertencimento.

6

NOSSOS JOGOS: APRENDER A PERTENCER

Imagine dois irmãos, Roland de cinco anos e Austin de dezoito meses. Roland ensina a seu irmão mais novo uma brincadeira que inventou que envolve correr pela sala, pular em uma almofada e correr de volta. Esse ensinamento não reside na explicação ou mesmo na demonstração, mas sim na repetição, incluindo os erros inevitáveis. A brincadeira continua por quase uma hora. Quando Austin inicialmente não pula na almofada, mas senta-se nela, Roland se curva em frustração, segurando a cabeça com as mãos. Mas, em um piscar de olhos, Austin está de pé novamente. Quando, depois de muitas outras tentativas, Austin pula na almofada e corre de volta pela sala, os meninos caem na gargalhada enquanto desfrutam do puro prazer de se conectar. Depois de cada rodada, à medida que Austin se aproxima de entender as regras da brincadeira, a repetição alegre não só permite que ele aprofunde sua conexão com Roland, mas também reforça para os dois meninos que a separação será seguida pela união. O ritmo da brincadeira, incluindo os momentos em que Austin não acerta, oferece a ele a oportunidade de aprender *É assim que fazemos as coisas*.

Frequentemente consideramos a cultura enraizada na linguagem, mas uma criança pequena cria significado ao seu mundo e torna-se parte de sua cultura particular muito antes de ter a capacidade para a linguagem. A cultura está inserida na multiplicidade de sistemas — sensoriais, de movimento, hormonais, autônomos, genéticos e epigenéticos — que usamos para nos envolver com o mundo. Roland não está ensinando seu irmão com palavras. Toda a experiência corporal de brincar juntos, correr, cair, desabar no chão, até o estresse de não conseguir, ensina a Austin não apenas a brincadeira em si, mas também como fazer parte.

No sentido mais amplo, cultura é um conjunto de atividades, valores, objetivos e práticas compartilhados — ou seja, uma forma comum de estar no mundo. O desenvolvimento é um processo vitalício através do qual cada um de nós aprende a pertencer a vários grupos diferentes, incluindo, mas certamente não limitado a, profissional, religioso, geográfico — até mesmo a mudança da cultura de uma família em crescimento.

À medida que dois jovens mudam da animação vertiginosa do jogo do namoro inicial para as regras mais sérias de viver juntos, planejar um futuro e criar filhos, cada um precisa aprender a cultura da família de origem do outro. Quais elementos dessas culturas eles vão trazer para sua nova família? Alguns aspectos requerem um processo bastante simples.

Assim como seu pai e seus três irmãos, Jayden tinha um conhecimento enciclopédico de estatísticas sobre beisebol, basquete e, o favorito dele, futebol. Na família de Kiara, a música era a linguagem comum. Seu pai a questionava regularmente sobre o compositor de uma música específica de jazz que tocava ao fundo. Kiara era tão ignorante sobre jogadores de beisebol quanto Jayden era sobre Miles Davis. Uma vez ela riu dele e inadvertidamente feriu seus sentimentos quando ele disse que nunca tinha ouvido falar de Dizzy Gillespie. Ela se desculpou e, em vez de zombar dele sobre sua falta de conhecimento, assumiu o projeto de apresentá-lo a uma ampla gama de gêneros musicais. Logo descobriram várias bandas de que ambos gostaram. Assistir a concertos juntos tornou-se uma atividade favorita. Por sua vez, Jayden inicialmente excluiu Kiara das saídas para eventos esportivos com seus amigos. Sua frustração aumentou quando ele decidiu ir a um torneio de futebol em vez de passar um domingo livre com ela, então ele reservou um tempo para ensiná-la sobre o esporte. Discutir sobre partidas de futebol logo tornou-se mais uma de suas atividades compartilhadas favoritas.

Contudo, algumas das diferenças culturais foram mais profundas. Kiara, filha única, lutou para compreender as brincadeiras casuais da grande família de Jayden. Cresceu com um modelo de interação um a um de compromisso sério. Sentia-se confortável sentada em uma mesa por horas discutindo grandes ideias. O jogo de futebol no quintal da família de Jayden no dia de Ação de Graças, seguido por uma corrida até a mesa antes que seus pratos favoritos acabassem, fez Kiara se sentir ansiosa e estranha. Quando Jayden foi ao jantar de Ação de Graças com seus sogros, suas mãos suaram e seu corpo se contorceu inquieto enquanto a família se sentava debatendo por horas sobre diversos assuntos. Para que o relacionamento deles progredisse, Kiara e Jayden precisavam estar na confusão de sentimentos complexos que a família do outro gerou.

Em parte, eles processaram esses sentimentos separadamente, com seus próprios amigos e familiares, mas também desenvolveram uma rotina de correr juntos durante ou após as reuniões familiares. O esforço físico acalmou-os suficientemente para que pudessem ouvir um ao outro em vez de serem reativos ou defensivos nas conversas emocionalmente carregadas que os eventos inevitavelmente provocavam.

A complexidade aumentou quando tiveram seu primeiro filho. Ambos trouxeram ideias claras de coisas que desejavam emular e coisas que queriam evitar de suas famílias de origem. Kiara valorizava a curiosidade intelectual de sua família, mas não sua distância emocional. Ela queria que seus filhos crescessem com um senso de inclusão que aprendeu com a família de Jayden. Jayden valorizava sua relação próxima com seus irmãos, mas queria evitar passar o fardo da obrigação que muitas vezes vivenciava. Expectativas rígidas de comportamento em relação a eventos familiares, mesmo quando ele e seus irmãos já estavam em idade adulta, com suas famílias e responsabilidades próprias, pareciam forçadas e dissimuladas.

Juntos, Jayden e Kiara precisavam criar um novo conjunto de regras para a nova cultura familiar que formaram juntos. Porém, criar novas regras está longe de ser fácil. A cultura de sua família de origem está inserida em seu corpo, não apenas no pensamento consciente. Fazer a mudança para o novo é, necessariamente, confuso e cheio de discórdia. Engajar-se no conflito cria a energia para mudar para uma nova maneira de estar com outra pessoa no mundo. Você precisa estar na luta. Então, encontrando uma maneira de reparar a discórdia, você e seu parceiro alcançam novos níveis de coerência como uma nova unidade familiar. Quando você carrega essa expectativa, pode evitar muitos problemas e talvez até mesmo salvar um casamento que saiu dos trilhos.

BRINCADEIRA NECESSÁRIA

Os recém-nascidos humanos não conhecem nenhuma das regras do mundo em que nasceram. Têm que aprender como as coisas funcionam em um contexto para o qual não foram pré-adaptados e que não podem prever. Precisam aprender maneiras culturalmente específicas de estar com os outros. Como isso acontece?

D. W. Winnicott reconheceu o papel essencial da brincadeira no desenvolvimento. Em um ensaio, escreveu: "É no brincar e só no brincar[83] que a criança ou adulto individual é capaz de ser criativo e usar toda a sua personalidade, e é somente sendo criativo que o indivíduo descobre a identidade". Ele não estava recomendando um passeio à loja de brinquedos. Em vez disso, estava se referindo a brincar como um comportamento espontâneo e vagamente organizado, sem objetivo ou consequência específica.

Por que a brincadeira é tão poderosa? Brincar envolve movimentos, emoções, memória, senso de tempo e contingência, controle e atenção. Esses diferentes sistemas, por meio das brincadeiras que fazemos juntos, constantemente ganham energia e informações. Constituem o emergente sentido de si do bebê e organizam e orientam seu comportamento à medida que ele interage com o mundo das pessoas e das coisas.

Novos significados se tornam parte de todos nós por meio das inúmeras brincadeiras que fazemos. Nas brincadeiras em que nos envolvemos e inventamos à medida que envelhecemos, reunimos e processamos informações que formam a estrutura de nosso eu social. O processo de pertencimento de uma criança tem muito a nos ensinar sobre como temos sucesso e onde podemos tropeçar ao aprender a pertencer, seja jogando em um time, ingressando em outra família, aprendendo uma nova profissão ou morando em um país diferente.

Os jovens que aprendem a dançar Cupid Shuffle em uma festa universitária estão criando um significado em seu novo ambiente social de uma forma semelhante à do bebê em sua família. Embora comecem com tropeços, passos errados e ritmos estranhos, os alunos gradualmente entram em sincronia uns com os outros. Essa conquista é ainda mais prazerosa por causa da incompatibilidade inicial, pois leva à alegria de conectar em um significado compartilhado.

Na brincadeira de esconde-esconde, a princípio, os pais precisam jogar dos dois lados; os bebês, que não têm ideia do que está acontecendo, vão reagir com todos os tipos de comportamentos, muitos deles não relacionados ao jogo. Eles desviam o olhar quando deveriam estar olhando para os pais ou tiram os sapatos ou olham para as mãos. O que estão fazendo é confuso, variável, instável e desorganizado. Contudo, com as repetições ao longo do tempo, eles prestam mais atenção e podem antecipar o próximo *susto*. Parte da confusão começa a diminuir.

Com mais repetições, os bebês começam a controlar um pouco o ritmo da brincadeira. Começam a sinalizar o momento do *susto* usando as mãos para cobrir o rosto. Eventualmente, farão o papel do pegador. Aprenderam os dois papéis na brincadeira. Sequências e ritmos surgem à medida que eles ajustam suas reações em resposta aos movimentos de seus parceiros de brincadeira. A capacidade de adivinhar a intenção de seus parceiros aumenta. E, assim por diante, por repetições infinitas até que uma criança tenha incorporado totalmente a brincadeira e ambos os jogadores estejam em sincronia.

Os bebês não podem se ensinar a brincar de esconde-esconde. Dependem de crianças mais velhas ou de adultos para sustentar sua experiência. Isso também vale para aprender todas as outras maneiras de estar no mundo. Eles aprendem a brincadeira — a rotina — de tomar banho, trocar de roupa, comer, dormir. Cada um desses jogos é repetido inúmeras vezes ao longo de dias, semanas e meses. Cada um tem uma forma que é individualizada e envolve aprender com um determinado parceiro.

Uma história de sucesso com uma pessoa específica por meio de trocas, como aquelas em repetidos jogos de esconde-esconde, leva o bebê a um conhecimento interior de que *Podemos reparar incompatibilidades*. Esse conhecimento não está em palavras, pois ele ainda não tem uma linguagem, mas é muito poderoso. Contribui para o desenvolvimento do sentido de confiança, segurança e proteção. Por meio do acúmulo de reparos bem-sucedidos, os bebês descobrem implicitamente que seus estados emocionais desregulados e a sensação de que algo está errado podem ser transformados em um estado positivo e em um sentimento de que tudo está bem.

A brincadeira de esconde-esconde representa bem as idas e vindas, interrupções e reparações da vida. Na brincadeira típica, repetidamente, a brincadeira desenvolve a percepção infantil daquilo que Winnicott denominou *continuidade do ser*.

Em uma série de experimentos usando o paradigma do rosto imóvel, exploramos o papel das brincadeiras[84] na criação de significado muito antes do desenvolvimento das partes do cérebro responsáveis pelo pensamento abstrato. Para avaliar a forma como os relacionamentos chegam a ser representados no cérebro e na mente antes que os bebês tenham linguagem, identificamos jogos durante as brincadeiras cara a cara entre bebês e suas mães que poderiam ser facilmente identificados como únicos para eles, como uma díade. Pode ser uma brincadeira de tocar específica, uma troca de vocalizações ou uma brincadeira universal como Esse Porquinho. Durante o episódio do experimento com o rosto imóvel, procuramos responder à pergunta: o bebê usará a brincadeira para chamar a atenção da mãe? O estudo examina o que é chamado de *memória relacional*: como desenvolvemos a memória de uma maneira específica ao estar com outra pessoa.

Em uma iteração dramática do experimento, uma mãe bate palmas enquanto canta alegremente: "Se você está contente, bata palmas!". Ela pega as mãos do filho pequeno e as bate para ensinar-lhe as regras. O pesquisador então instrui a mãe a fazer o rosto imóvel. O bebê não tem palavras para dar sentido ao comportamento incomum de sua mãe, mas ele quer se conectar com ela. Ele olha para sua mão direita. Lentamente e com aparente esforço, levanta-a de sua posição ao seu lado. Em seguida, traz a mão esquerda sobre o peito para encontrar a direita em um aplauso suave. No momento em que a sessão do rosto imóvel termina, sua mãe estende a mão alegremente com um sorriso caloroso e segura as duas mãos unidas do bebê — o resultado de seu esforço milagroso — em suas próprias mãos.

Aos nove meses, esse bebê não é capaz de pensar: *eu participo desse jogo com minha mãe, então vou bater palmas para trazê-la de volta*. Seu cérebro imaturo ainda não desenvolveu a capacidade para a linguagem, mas, enquanto o bebê não tem a capacidade de pensar em palavras e certamente não conhece a letra da música, pode-se dizer que a música de seu relacionamento com sua mãe vive em seu corpo e cérebro.

Ele pode fazer os neurônios motores correrem de seu córtex através do tronco cerebral e descerem pela medula espinhal para se conectar com os músculos de suas mãos e braços para movê-los de uma maneira específica em um esforço para evocar uma resposta de sua mãe. Esses movimentos não são orquestrados pela camada do cérebro responsável pela linguagem e pelo pensamento simbólico; essas partes do cérebro ainda não estão totalmente desenvolvidas. A motivação para se conectar está localizada nas estruturas cerebrais mais profundas.

Vemos nesse bebê um senso de controle, a capacidade de afetar seu ambiente para produzir uma experiência positiva, mas esse sentido não está presente na forma de palavras e pensamentos. Foi incorporado a seu cérebro por meio do movimento de seu corpo na brincadeira com sua mãe. De maneira semelhante, os relacionamentos são representados por meio dos inúmeros jogos que as crianças fazem em interação com seus cuidadores à medida que crescem e se desenvolvem.

O JOGO DA SAUDAÇÃO: UMA VARIAÇÃO CULTURAL

Na década de 1970, alguns pesquisadores do nosso grupo viajaram para o sudoeste do Quênia[85] para estudar as relações pais-filhos entre os Gusii, uma tribo agrícola de língua bantu nas densamente povoadas montanhas do país. O projeto, patrocinado pela National Science Foundation, foi liderado por Robert LeVine, um antropólogo que estudou o sistema de crenças dos Gusii como estudante de pós-graduação. Ele e seus colegas começaram a usar técnicas de observação para estudar diferentes culturas. Embora as observações de cinco minutos fossem revolucionárias na época, planejamos observar as interações das crianças com os adultos por dias inteiros e gravar diferentes interações em vídeo. No tempo que passamos com o grupo, eles se acostumaram conosco e nossa presença foi ficando em segundo plano.

Lá, o olhar mútuo tem um significado muito diferente do que tem na cultura ocidental. O poder do olhar nas relações interpessoais é aparente no elaborado sistema de crenças Gusii, construído sobre os conceitos do mau-olhado e a ameaça que as pessoas sentem ao serem vistas em períodos vulneráveis da vida. Estávamos interessados em observar como os bebês aprendiam as regras do jogo da saudação dentro desse contexto cultural.

Entre os Gusii, a saudação mútua entre mães e bebês difere explicitamente das saudações exuberantes de seus equivalentes norte-americanos. Os cumprimentos Gusii mãe-bebê podem ou não envolver contato visual, e o tom emocional da troca entre pais e filho tem uma característica mais sóbria. A criança não olha para o adulto, e nenhum deles mostra grande animação ou emoção. Eles também não se envolvem em brincadeiras face a face da mesma forma que adultos e crianças fazem nos Estados Unidos. Os pais norte-americanos são comunicativos e tratam seus bebês como parceiros interativos. Quando nosso grupo de pesquisa pediu às mães Gusii que brincassem cara a cara com seus bebês, as mães olharam para nós como se fôssemos bobos, mas atenderam!

A análise quadro a quadro das interações gravadas em vídeo revelou que as mães desviaram o olhar de seus bebês assim que eles fizeram contato visual e sorriram, exatamente o padrão oposto daquele visto na maioria das interações de mães ocidentais e seus bebês. Em resposta a suas mães se afastando, os bebês Gusii desviaram o olhar e seus sorrisos desapareceram; eles literalmente pareciam murchar. O olhar e o sorriso iniciais de um bebê transmitiam: *eu quero interagir*, mas foi incompatível com a expressão não verbal de sua mãe *eu não* ou, mais precisamente: *não dessa forma*.

Por que as mães dessa comunidade se afastam assim? As mães Gusii não retribuem aos sorrisos largos de seus bebês porque a saudação das mães já está esculpida em uma forma específica da cultura que impede tal exuberância; o olhar direto e os altos níveis de afeto violam as normas culturais.

Mas, então, como os pares mãe-bebê nessa comunidade tornam-se coordenados e como é a coordenação deles? Nossa hipótese era que bebês e cuidadores descobriram e cocriaram uma forma de interação que se adequava a maneiras culturalmente apropriadas ("naturais") de estar juntos. Assim como acontece com os bebês que aprendem jogos sociais, os bebês Gusii alcançam a saudação Gusii culturalmente apropriada em um processo progressivo de iniciativa própria no contexto das relações de cuidado. Ao longo do tempo e de inúmeras interações, os bebês selecionam um conjunto de comportamentos com significados que correspondem à sóbria saudação Gusii. Por meio de repetições contínuas, os bebês Gusii aprendem a pertencer à sua cultura única.

A brincadeira de saudação Gusii é um de uma miríade de exemplos que demonstram o quão radicalmente diferentes são as maneiras de ser de indivíduos em diferentes culturas. Podemos notar que, se uma mãe norte-americana se afastasse como uma mãe Gusii, os médicos provavelmente levantariam questões sobre a mãe e o relacionamento mãe-bebê. Podemos apenas imaginar o que um médico Gusii pensaria de uma mãe Gusii envolvida em uma exuberante troca, ao estilo norte-americano. Sem dúvida, o clínico Gusii consideraria isso anormal. A questão é que, apesar das notáveis diferenças entre as saudações Gusii e as ocidentais, ambas são reunidas em pares cuidador-bebê por meio de um processo seletivo repetido de incompatibilidade e reparação. Com o tempo, esse processo traz maior complexidade e coerência ao relacionamento pais-filho, e cada padrão promove o crescimento de bebês em seu próprio contexto cultural.

OS JOGOS SOCIAIS DESENVOLVEM NOSSOS CÉREBROS E MENTES

Os relacionamentos são representados por meio das brincadeiras que as pessoas fazem durante o desenvolvimento. Uma conferência recente[86] sobre a ciência da representação com o título Duality's End [O Fim da

Dualidade, em tradução livre] apresentou pesquisas contemporâneas sobre a distinção cérebro/mente. O crescente conhecimento revela que a distinção entre mente (processos mentais dentro e fora da consciência) e cérebro (estruturas neurais que mantêm esses processos) é artificial.

As pessoas normalmente pensam nos relacionamentos como representados por pensamentos e palavras conscientes. Por exemplo, você usa a linguagem para descrever seu relacionamento com seus pais como próximo ou cheio de conflitos, ou de outras maneiras mais complexas. Uma pessoa diz algo como: "Minha mãe trabalhava muito e ficava emocionalmente distante, mas às vezes me dava toda a atenção". Essa frase é uma representação verbal de um relacionamento, mas, como vimos, os relacionamentos estão embutidos em muitos outros sistemas além do pensamento consciente. A experiência social, por meio de inúmeras brincadeiras interativas, torna-se o conteúdo do cérebro e do corpo. Colegas de equipe em um jogo de futebol que se coordenam para executar um gol com padrões de interação embutidos no movimento de seus corpos, com mínima ou nenhuma troca de palavras, oferecem um exemplo de como a representação de relacionamentos ocorre no organismo todo.

Como exploramos no Capítulo 8, os jogos anômalos que constituem os relacionamentos, como as interações com um pai deprimido ou indutor de medo, são aprendidos da mesma maneira que todos os jogos sociais, usando sistemas no cérebro e no corpo, tanto dentro como fora da consciência. O impacto pode ser amplificado em relacionamentos e experiências ao longo do tempo.

Quando Ilana e Andrew começaram a terapia de casal, Ilana reconheceu que trazia interações prejudiciais de seu relacionamento com a mãe para as interações com o marido, mas mudar essas interações era muito diferente de reconhecê-las. Simplesmente ter as palavras e os pensamentos não era o suficiente. Ela e o terapeuta chegaram a uma espécie de "formulação de caso" ou explicação narrativa de por que ela tendia a reagir de certas maneiras, mas parar para evocar as palavras e as ideias da terapia para lidar com uma troca problemática com Andrew em tempo real demorou muito. Ela se queixou com o terapeuta de que "a conversa é muito rápida". Além de falar sobre seu relacionamento na psicoterapia, o casal precisava encontrar novas maneiras de interagir que não envolvessem esclarecimento verbal. As aulas de dança de salão desempenharam um papel fundamental em ajudar Ilana e Andrew a aprender novas maneiras de se relacionar que não exigiam pensamento consciente. Eles se atrapalhavam enquanto aprendiam os passos, rindo de seus erros. Eventualmente, moveram-se juntos em sincronia com a música, e seu relacionamento se fortaleceu.

Quando você está aprendendo a jogar tênis, primeiro aprende a segurar a raquete, sacar e manter os olhos na bola. No entanto, depois de aprender o jogo, você não pensa nas regras. Elas se tornam automáticas, embutidas em seu corpo e cérebro. O tênis, como o jogo de saudação, é um exemplo do que é chamado de *conhecimento relacional implícito*, que se refere a padrões de interação que ocorrem regularmente entre duas pessoas, mas acontecem fora de sua consciência. O termo foi desenvolvido pelo Boston Change Process Study Group — "o cercadinho", como seus membros o chamam —, por vários psicanalistas e pesquisadores do desenvolvimento infantil, que incluía Ed, Lou Sander, Alexandra Harrison e Dan Stern, entre outros. O grupo se reúne regularmente para discutir como os relacionamentos pais-bebê se relacionam com a psicanálise de adultos. Jerome Bruner costumava contar a fábula[87] de uma formiga capturada por uma centopeia para demonstrar o conceito de conhecimento implícito. Reconhecendo que ela estava para ser devorada, a formiga pediu à centopeia que respondesse uma pergunta. A centopeia concordou. A formiga perguntou: "Como sua 23ª perna sabe o que a sua 57ª perna está fazendo?". A centopeia, pensando sobre a resposta, ficou parada e estática. A formiga fugiu.

Se você tem segurado uma raquete de tênis de maneira errada há anos, precisa superar muitos erros para aprender uma nova pegada. Porém, se você tivesse que parar e pensar na nova pegada a cada tacada, não conseguiria jogar. Os movimentos precisam ser automáticos; em certo sentido, não verbal. Da mesma forma, mudar um relacionamento não saudável requer não apenas compreensão baseada na linguagem mas também no movimento através da confusão da interação do dia a dia para desenvolver uma nova maneira de estar juntos. Isso também se aplica à nossa vida profissional.

INTERAÇÃO NO LOCAL DE TRABALHO

Quando você começa em um novo emprego, aprender as regras do jogo leva tempo e envolve, inevitavelmente, cometer erros. Algumas culturas organizacionais convidam os funcionários a aprender com os erros e seguir em frente. Quando Elliot, recém-formado na faculdade, começou em um novo emprego na equipe técnica de uma companhia de teatro, estava apavorado de cometer algum erro. Depois de uma semana e meia de trabalho, seus medos se concretizaram. Ele e Phil, outro membro da equipe, moviam uma peça de mobiliário que fazia parte de um cenário de um novo espetáculo; eles o amarraram dentro do caminhão e estavam a caminho do prédio de armazenamento para o teatro quando de repente o grande armário começou a deslizar. Phil parou a caminhonete, e Elliot correu para tentar evitar que escorregasse, mas seu peso não correspondeu ao impulso do objeto pesado e, em segundos, ele caiu da caminhonete. Aterrorizados, eles inspecionaram os danos. Um painel soltou-se e caiu no chão a alguns metros de distância. A madeira de um lado tinha um pequeno amassado. Aliviados pelo fato de o armário não ter se quebrado completamente, eles o recarregaram e foram para o set. Relutantemente, contaram ao chefe o que havia acontecido. "Você fez o quê?", perguntou ele. Mas então se conteve e acrescentou: "Eu mesmo fiz isso mais de uma vez". Ele deu de ombros, já que era um acidente relativamente pequeno.

A partir daquele momento, Elliot se sentiu parte da equipe. Ao sobreviver ao erro, junto com outro membro da equipe, e ir para o outro lado da experiência, sentiu um maior senso pertencimento à cultura dos técnicos do teatro. Sua dedicação no trabalho e seu senso de competência aumentaram. Assumiu mais responsabilidades, aumentando a eficácia da equipe como um todo.

Em ambientes de trabalho, normalmente encontramos uma faixa de tolerância para incompatibilidade e reparação. Alguns colegas deixam pouco espaço para a troca de ideias, enquanto outros mostram mais conforto com o processo de resolução de problemas. Mergulhar em relacionamentos com o segundo grupo pode ajudá-lo a administrar os relacionamentos com o primeiro. Contudo, quando a rigidez vem de cima, a cultura do local de trabalho pode não convidar ao pertencimento.

Seth estava ansioso para se juntar a seu amigo de longa data, Arthur, em um novo empreendimento comercial. Arthur ocupava uma posição de liderança em uma empresa que buscava expandir para o campo no qual Seth tinha considerável experiência, e Arthur recrutou seu amigo para se juntar ao time. Algumas dúvidas persistiam no fundo da mente de Seth com a perspectiva de ter seu amigo como chefe, mas ele as colocou de lado em sua ânsia de se envolver no crescimento de novas ideias e oportunidades.

Entretanto, logo Seth aprendeu que, enquanto ele e Arthur estavam jogando Ultimate Frisbee durante seu tempo livre, aproveitando um ambiente mais tolerante entre os companheiros de equipe, que era típico de seu relacionamento, Arthur tomou conhecimento de regras diferentes em seu local de trabalho. O diretor da empresa, o chefe imediato de Arthur, embora de estatura baixa, tinha um estilo gerencial imponente. Cada comentário e gesto seu comunicava que ele estava acima de todos eles. Ele desencorajou o diálogo aberto e a discórdia. A última palavra era sempre a dele. Essa cultura rigidamente hierárquica impregnou o ambiente. Agora que Arthur tinha alguém abaixo dele, mesmo sendo seu amigo, ele adotou o mesmo estilo.

Por algum tempo, parecia que seria possível para Seth e Arthur trabalharem juntos, por seu relacionamento permitir um pouco de dar e receber, mas uma mudança na empresa — a saída repentina e inesperada de um vice-presidente — desestabilizou toda a organização, e a rigidez que havia assumido seu relacionamento veio com força total. Arthur precisava controlar cada movimento de Seth. Por fim, Seth concluiu que não poderia crescer na cultura dessa organização. Deixou o emprego, mudou-se e, por fim, encontrou um local de trabalho mais adequado, em que poderia desenvolver confortavelmente sua própria criatividade. O que Seth viu claramente — e Arthur — não foi que uma cultura de trabalho caracterizada pelo pensamento rígido, que resiste à confusão da discórdia, deixará de crescer. Sua percepção era precisa; vários anos depois, Seth soube que a empresa havia fechado.

BRINCAR DESDE O COMEÇO

Na formatura de seu filho mais velho, Max, Gabriella e Stefan compartilharam uma memória sentimental enquanto se sentavam na plateia aguardando a cerimônia. Antes de Max nascer, ambos eram chefs de cozinha ocupados, trabalhando normalmente catorze horas por dia. Gabriella se lembra de voltar do hospital para casa, deitar Max na cama, virar-se para Stefan e perguntar: "E agora?".

Para os novos pais, a experiência de aprender a se conectar e se comunicar com um novo ser por quem são totalmente responsáveis pode parecer uma tarefa desafiadora. T. Berry Brazelton, que muitas vezes era referido por pais e profissionais como "o encantador de bebês", viu essa ansiedade repetidamente em suas décadas de prática da pediatria. Ouviu futuros pais aflitos e preocupados: "Como vou saber que tipo de pessoa é o meu filho?".

Em uma entrevista pouco antes de sua morte[88], aos 99 anos, Brazelton respondeu à pergunta. "Assim que brincassem com o bebê, eles saberiam." Enquanto praticava pediatria geral e criava seus próprios filhos, Brazelton acostumou-se a apreciar através das inúmeras interações com recém-nascidos e pais que cada bebê vem ao mundo com um conjunto único de qualidades e formas de comunicação. Na entrevista, ele descreve a Escala de Avaliação Comportamental Neonatal (NBAS)[89], que elaborou para organizar formas de observação lúdica do recém-nascido, como "minha maior contribuição". O NBAS oferece a oportunidade lúdica, que, em circunstâncias ideais, acompanha as pessoas a conhecerem umas às outras. Por exemplo, ele viu os pais se deliciarem ao observar seu bebê fazendo movimentos, precoces, de engatinhar enquanto estava deitado de bruços. "Ele é tão forte!", exclamaram. Quando seu bebê, adormecido, diminuía sua reação ao som de um chocalho, ficando parado e quieto depois de duas ou três sacudidas, eles se maravilharam com a capacidade do bebê de proteger seu sono.

Com base no NBAS, o educador J. Kevin Nugent e seus colegas[90] do Instituto Brazelton do Hospital Infantil de Boston desenvolveram o Sistema de Obervações do Comportamento Neonatal (NBO). Ao contrário do NBAS, que é projetado para avaliar um bebê, o NBO é usado como uma ferramenta clínica para construir relacionamentos saudáveis desde o nascimento. Não sendo um teste, ele oferece uma maneira de organizar as observações dos pais sobre um bebê, lado a lado com os cuidadores. Itens feitos naquele kit de higiene original de Brazelton são usados para demonstrar uma postura de curiosidade e um processo confuso de compreensão lúdica. Essas observações podem ser integradas ao trabalho de enfermeiras de maternidade, pediatras, consultores de lactação, profissionais de intervenção precoce e uma ampla gama de outros que têm contato com as novas famílias. Irmãos e outros membros da família também podem ser incluídos no processo.

Para Dara e Carlos, os dias e semanas anteriores ao nascimento de seu segundo filho foram preenchidos não com uma empolgação alegre, mas com medo e pavor assim que seu filho de três anos, Ronan, expressou raiva inequívoca sobre a chegada iminente de seu novo irmão. Extremamente próximo de sua mãe, Ronan tinha dificuldade mesmo com a menor separação. Seus pais não podiam imaginar como conseguiriam encaixar um novo bebê no que parecia ser um conjunto de padrões de interação estabelecidos como um trio.

Quando a enfermeira da maternidade Gladys entrou no quarto de Dara durante a primeira visita de Ronan ao hospital para ver sua mãe e seu irmãozinho, Ray, ela o encontrou colado ao lado da mãe. Uma expressão de dor contorceu seu rosto coberto de lágrimas. Carlos observava de uma cadeira no canto em expectativa tensa enquanto Dara mantinha Ronan perto. Ray dormia em seu berço no quarto, e Gladys o rolou até a beira da cama, falando tanto com Ronan quanto com o recém-nascido. Ray acordou, e Gladys havia trazido uma bola vermelha brilhante. A bola era um dos "itens de orientação" usados para demonstrar como, mesmo com poucas horas de vida, muitos bebês mostram preferências por objetos, vozes e rostos humanos específicos. Quando Gladys demonstrou para Ronan como Ray seguia a bola vermelha com interesse, Ronan relaxou. Com uma expressão curiosa, ele se afastou da mãe. Gladys então trouxe um pequeno chocalho, usado para mostrar a habilidade de um recém-nascido de ouvir e se orientar ao som, e o estendeu para Ronan. "Você quer me ajudar?", perguntou ela. Hesitante, Ronan saiu do lado da mãe e foi até o berço. Olhando para essa nova pessoa em sua vida, com o treinamento de Gladys, ele balançou suavemente o chocalho. Quando Ray se voltou para o som, o rosto de Ronan foi transformado por um sorriso alegre. Pela primeira vez em meses, Dara e Carlos respiraram aliviados. Naquele momento, eles viram uma abertura e uma possibilidade de avanço para uma família harmoniosa de quatro pessoas.

Esse processo de observação aberta oferece uma oportunidade de trazer a ideia de brincar, com sua incompatibilidade e reparação inerentes, nas relações pais-bebê e irmãos desde o nascimento. Muitos pais hoje estão preocupados com a expectativa de perfeição. Quando os médicos podem reservar tempo para ouvir os pais e seus bebês recém-nascidos, eles podem transmitir a ideia de que não existe uma maneira "certa" e que o cuidador e o bebê resolverão as coisas juntos.

Brincar com um recém-nascido, cujo sistema neurológico é imaturo e sujeito à desorganização, exige tempo e atenção. Pais estressados podem não estar disponíveis para brincar dessa forma. Esse estresse pode vir de várias fontes. O estresse de um bebê agitado, os desafios diários de lidar com as demandas do trabalho e criar os filhos, muitas vezes sem o apoio de familiares, são causas frequentes. O estresse pode vir de relacionamentos tensos entre os membros da família. Pode vir das tensões da pobreza e da parentalidade solo. Os pais lidam com esse estresse de maneiras diferentes. Algumas maneiras são adaptativas e outras podem levar a uma espiral descendente de desconexão.

Muitos pais agora recorrem às telas do telefone ou do computador, tanto para eles próprios quanto para seus filhos, para aliviar o estresse. Insinuamos que o tempo de tela não é objetivamente bom ou ruim. O que importa é como as telas e todas as formas de tecnologia afetam os relacionamentos. O que acontece entre pais e filhos quanto a permitir ou não tempo de tela? Recorrer a uma tela pode ajudá-lo a controlar quando uma interação social o deixou sobrecarregado? Quando essa ajuda se torna problemática porque evita a interação social? No capítulo seguinte, exploraremos as maneiras pelas quais a tecnologia mudou as brincadeiras que as pessoas fazem, não apenas como pais, mas em todos os aspectos de suas vidas. Consideramos como a pesquisa do rosto imóvel ajuda a compreender os impactos positivos e negativos da tecnologia e como reduzir seus efeitos negativos.

7
TECNOLOGIA E O PARADIGMA DO ROSTO IMÓVEL

Tornou-se uma preocupação comum que a natureza viciante da mídia social[91], combinada com a portabilidade do telefone celular e a aceitação social, estão criando uma epidemia de pais distraídos. Alguns até se referem ao TDAH como um deficit de atenção dos pais. Muitas pessoas que já ouviram ou leram sobre o paradigma do rosto imóvel se perguntam se a escalada no uso do telefone celular está recriando a experiência do rosto imóvel de forma persistente para crianças em desenvolvimento. Contudo, a mãe, no experimento do rosto imóvel, não está distraída. Ela está lá e, ao mesmo tempo, não está. O breve período representa para o bebê uma perda incompreensível, e ele luta para dar sentido à situação.

Em seu aclamado livro *Reclaiming Conversation* [*Reinvindicando a Conversa*, em tradução livre][92], Sherry Turkle faz referência a um pequeno estudo feito de observações informais do comportamento de pais fazendo refeições com filhos pequenos em restaurantes de fast-food. Os pesquisadores descobriram que "em geral, os adultos prestavam mais atenção aos telefones do que aos filhos". Os filhos tornaram-se passivos e distantes ou começaram a se esforçar para conseguir a atenção dos pais. Turkle descreve com precisão a situação de como a criança compete com o telefone celular. Ela escreve: "Vemos crianças aprendendo que, não importa o que façam, não vão tirar os adultos da tecnologia". Em seguida, ela se baseia no paradigma do rosto imóvel para explicar o significado da experiência da criança: "Bebês privados de contato visual e de frente ao 'rosto imóvel' dos pais ficam agitados, então retraídos, então deprimidos". Embora apreciemos a referência à nossa pesquisa, queremos ressaltar que o bebê no experimento original *não* fica deprimido. Além disso, a situação de uma criança com um dos pais usando o telefone é fundamentalmente diferente. Pelo seu pai estar indisponível, a criança é privada da interação cara a cara. Mas o pai *não* tem um rosto imóvel.

Como os filhos podem entender um pai no celular? Eles veem um pai prestando atenção em algo diferente deles. A experiência é semelhante à quando um pai chega em casa de um longo dia de trabalho e começa a fazer o jantar em vez de sentar no chão e brincar. Até mesmo pais que falam em telefones antigos mostram em seu rosto e em sua voz que estão prestando atenção em outra coisa que não em seus filhos. Os pais que criaram os filhos antes da época dos telefones celulares lembram que, no momento em que pegavam o aparelho, seus filhos, que estavam brincando sozinhos, tiveram uma necessidade repentina de toda a atenção deles. Tal como acontece com a tecnologia atual, muitas crianças viram seus pais prestando atenção em algo diferente delas mesmas como uma privação.

Entender como o paradigma do rosto imóvel é *diferente* de um pai em um telefone celular pode oferecer uma visão sobre o problema social que enfrentamos com o uso crescente da tecnologia. Um pai que usa um telefone celular está distraído, não ausente. O telefone celular é onipresente e atraente, apesar de, além disso, a situação não seja muito diferente de um pai que fala em um telefone antigo. Mas a maneira como as crianças interpretam os pais no telefone celular está enraizada em uma história de interações momento a momento ao longo do tempo, desde seu desenvolvimento inicial.

A reação que alguém tem a um parceiro interativo em um telefone celular está embutida no histórico relacional. Enquanto uma pessoa pode simplesmente encontrar outra coisa para fazer temporariamente, outra pode reagir com aborrecimento. Outra, ainda, pode experimentar um parceiro que usa o telefone celular como um abandono e ter um colapso emocional total, como vimos com Jennifer no Capítulo 1. O paradigma do rosto imóvel esclarece essas variações. Uma pessoa que tem um histórico robusto de percorrer pelos esclarecimentos e reajustes típicos da interação momento a momento tem menos probabilidade de exibir a desregulação e desorganização que algumas das crianças no restaurante fast-food apresentaram. Em contraste, para uma pessoa que teve poucas oportunidades de reparação, o celular pode produzir tristeza, ansiedade ou raiva extrema. Pessoas sem oportunidade de se mover da incompatibilidade para a reparação dependem de contínua conexão para manter-se inteiras. Sem isso, podem ficar sobrecarregadas com sentimentos que não podem controlar.

Histórias relacionais individuais determinam o grau de estresse que você vivencia com a desconexão produzida pela desatenção de um parceiro, seja devido a olhar para um telefone celular, olhar a correspondência ou fazer qualquer uma das várias coisas que podem levar o seu parceiro interativo para longe. Se você então recorrer ao seu próprio dispositivo para acalmar seus sentimentos de angústia com a conexão perdida, entrará em um círculo vicioso. O uso do telefone celular, então, produz mais desconexão, não apenas aumentando sua ansiedade, mas também o privando dos efeitos calmantes do envolvimento face a face descritos no Capítulo 3. A ansiedade produzida pela desconexão continua levando você de volta à tela.

É o estresse relacional generalizado, não o dispositivo em si, que é o problema principal. Que tipo de estresse vivenciaram aquelas mães que foram observadas nos restaurantes de fast-food?

Os pesquisadores citados por Turkle podem, na verdade, ter testemunhado um padrão duradouro de interações problemáticas entre pais e filhos que foram desenvolvidas por anos. Um pai oprimido, talvez cuidando de um recém-nascido e de outras crianças com o mínimo de apoio, pode ter recursos limitados para se envolver na interação momento a momento que seu filho requer. Quando as crianças em crescimento não têm habilidades de autorregulação bem desenvolvidas, tornam-se mais difíceis de cuidar, com acessos de raiva excessivos e padrões de sono imprevisíveis. A privação do sono e as batalhas constantes podem estressar ainda mais os pais, que então se tornam cada vez mais indisponíveis emocionalmente, exacerbando a dificuldade das crianças pequenas em controlar seu próprio comportamento e suas emoções. O estresse de cuidar de uma criança fora de controle pode fazer com que os pais fujam para a tecnologia, tanto para eles quanto para o filho. (Claro, às vezes, um pai simplesmente precisa estar ao telefone.) O uso do telefone celular não é a causa do problema, mas, sim, o resultado desse histórico de interação momento a momento caracterizado por incompatibilidade não reparada. Conforme exploramos em detalhes no Capítulo 9, a solução para o problema da tecnologia não está em advertências para uso limitado, mas exatamente no que Turkle defende: imersão em interações reais face a face.

AUTISMO E TECNOLOGIA

Em maio de 2017, o jornal francês *Le Monde* publicou um artigo[93] sugerindo uma conexão entre o aumento do autismo e o uso de telefones celulares pelos pais. Ele apresentou a hipótese de que as crianças estavam experimentando frequentes interações do rosto imóvel com pais que mudaram a atenção de seus filhos para olhar para seus dispositivos eletrônicos. Turkle também aludiu a essa questão em seu livro, sugerindo que os pais estavam preocupados com a conexão entre o uso do telefone celular e a síndrome de

Asperger[94] (essa condição e outros problemas de desenvolvimento relacionados são agora chamados coletivamente de Transtorno do Espectro Autista).

A relação celular-autismo pode ser desmascarada simplesmente pelo fato de que o aumento exponencial nos diagnósticos de autismo precedeu a atual epidemia de uso de telefones celulares. No entanto, a pergunta oferece uma oportunidade de considerar a forma como o uso do telefone celular e os comportamentos associados ao autismo podem estar relacionados. Como descrevemos no Capítulo 4, precisamos olhar não apenas para o comportamento dos pais e filhos separadamente, mas também como eles afetam e mudam um ao outro nas interações momento a momento, o que chamamos de *modelo de regulação mútua*.

Uma criança com sensibilidades sensoriais ou outras vulnerabilidades neurobiológicas pode se adaptar indo muito longe para excluir o mundo exterior. Crianças que têm desafios de socialização podem naturalmente gravitar em torno do envolvimento passivo suavizado oferecido pelas telas, que não exigem uma reação. Os pais então se voltarão para seus próprios telefones para se acalmar do estresse extremo de trabalhar para se conectar com essas crianças. Para complicar ainda mais a situação, os pais sob estresse podem transmitir esse estresse para seus filhos, que cada vez mais recorrem à tecnologia para se autorregular e reduzir o estresse e a ansiedade

Billy, aos dois anos de idade, conhecia cada palavra de cada música do filme da Disney *Aladdin*. Quando ele e sua irmã mais velha o assistiram juntos, ele interpretava as canções, seus movimentos corporais quase perfeitamente sincronizados com os dos personagens do desenho animado. Esse hábito peculiar era um dos aspectos deliciosos de sua obsessão por telas, mas, quando ficou mais velho e não podia ser separado de seu *Game Boy* nas férias em família, seus pais, Stella e Jim, começaram a se preocupar. Seus esforços para limitar seu uso resultaram em colapsos explosivos, especialmente quando a família saiu para jantar em um restaurante; o acesso de raiva de Billy ameaçou interromper a refeição não só deles, mas também de todos os outros clientes. Então, em um esforço para salvarem a experiência da irmã mais velha de Billy, frequentemente cediam, aguentando os olhares críticos dos outros clientes tanto pela interrupção quanto pelo fracasso dos pais em estabelecer limites para o uso da tela. Um terapeuta sugeriu que Billy podia estar no espectro do autismo, o que ajudou Stella e Jim a reconhecer seu uso de mídia social como um sintoma de suas dificuldades. Porém, em vez de enfrentar o problema apenas por meio da proibição da tela, também fizeram esforços para expor Billy a maneiras de estar no mundo social que ele poderia tolerar. Quando foram a uma loja de brinquedos, uma experiência de sobrecarga sensorial para qualquer criança, Billy encontrou conforto na seção de instrumentos musicais de brinquedo. Stella começou a usar a música de uma forma mais deliberada para ajudá-lo a se organizar quando ele pareceu estar no limite de se desfazer, e ela também encontrou maneiras de ouvir música com ele em outras ocasiões. Ela descobriu que a música clássica em particular o ajudava a se acalmar. Fizeram uma aula de música juntos. Assim que ele conseguiu segurar um pequeno violão, ela o inscreveu nas aulas. Na terceira série, ele se juntou à banda da escola.

O amor de Billy pela música se expandiu para a arte no ensino médio, quando desenvolveu um relacionamento próximo com um professor de arte querido e talentoso. Suas imagens coloridas muitas vezes representavam crianças brincando juntas. Usar seus talentos artísticos para lidar com as dificuldades sociais de sua infância o ajudou a dar significado a sua experiência inicial. Anos depois, ele colocou seus talentos artísticos em prática como designer gráfico, continuando a pintar no espaço tranquilo de seu estúdio em casa. Com o tempo, sua ansiedade social diminuiu. Por conta própria, ele gradualmente diminuiu o uso de telas à medida que ganhava acesso à experiência mais gratificante da interação social humana.

Na história de Billy, podemos entender o uso da tecnologia não como a causa, mas como um efeito de suas dificuldades. Os videogames davam a Billy um alívio do ataque avassalador de estímulos do mundo social. Stella e Jim tinham um ao outro e um grande sistema de apoio para ajudá-los na confusão de interagir com seu filho inalcançável. Sem essa rede, cada pai poderia ter recuado para o telefone celular como um parceiro interativo, levando a uma espiral descendente de desconexão. A confusão tridimensional da interação real, embora complexa e desafiadora, permite que as pessoas mudem por meio do processo de incompatibilidade e reparação. Quando eles fogem para as superfícies lisas bidimensionais dos telefones celulares, perdem essa experiência. Podem ficar presos e não crescer.

ANSIEDADE, DEPRESSÃO E MÍDIA SOCIAL

Embora exista uma associação clara entre uso problemático do telefone celular e estresse, depressão e ansiedade[95], há poucas evidências de que o uso do telefone celular cause esses problemas. Tal como acontece com os comportamentos associados ao autismo, pode muito bem ser que o telefone seja a resposta e não a causa. Em um artigo do *New York Times* que abordou o papel das novas tecnologias na atual epidemia de ansiedade em jovens, Tracy Dennis-Tiwary, professora de psicologia do Hunter College, escreveu: "Quando estamos ansiosos[96], gravitamos em torno de experiências que entorpecem o momento de ansiedade presente. Entrar nos dispositivos móveis é a fuga perfeita para uma meia-vida bidimensional, uma que os adolescentes possam entender".

A pesquisa também demonstra uma conexão clara entre baixa autoestima e altos níveis de uso de mídia social. No entanto, como a psicóloga Erin Vogel é rápida em apontar, não está claro se o uso da mídia social causa baixa autoestima ou se os indivíduos com baixa autoestima gravitam para a mídia social. Em sua pesquisa, Vogel visa desvendar essa questão[97].

Nas redes sociais, as pessoas mostram os aspectos positivos de suas vidas. Não vemos fotos de pais exaustos com cabelos rebeldes e golfadas nas roupas ou casais dormindo em quartos separados após uma briga explosiva. Essas imagens uniformemente positivas podem fazer com que as pessoas que as olham se sintam piores consigo mesmas. Vogel desenvolveu um experimento para testar essa ideia com estudantes universitários em seu laboratório na Universidade da Califórnia, em São Francisco. Ela e seus colegas fizeram perfis em redes sociais de estudantes universitários supostamente reais. Descobriram uma queda temporária na autoestima dos alunos depois de visualizar apenas dois ou três perfis de indivíduos atraentes e fisicamente aptos que tiveram mais comentários e curtidas do que eles.

Esse experimento sugere que a mídia social desempenha um papel na redução da autoestima. Entretanto, como Vogel reconhece, nesse experimento os pesquisadores estavam olhando para aquele momento. Que variação poderíamos ver se fossemos capazes de examinar o comportamento de acordo com a qualidade dos relacionamentos através do desenvolvimento? Uma pessoa com um senso de si frágil pode ser mais significativamente afetada em resposta a esses perfis do que uma pessoa com um sólido senso de si. No que pode rapidamente se tornar uma espiral descendente, o dispositivo é usado para suprimir a angústia produzida pela comparação contínua com outros que a tecnologia sempre presente cria.

O USO DA TECNOLOGIA COMO SINTOMA

Nos exemplos anteriores, vimos que o uso excessivo de tecnologia pode ser entendido não como o problema em si, mas como um sintoma de um problema subjacente. Ele tem uma função adaptativa. Somente quando entendemos a função que o comportamento propõe podemos abordar diretamente o problema subjacente. Em outras palavras, o comportamento tem um propósito. Ele tem significado.

Os pais observados no restaurante fast-food, estressados pelos desafios da parentalidade, usaram seus telefones celulares para aliviar esse estresse, produzindo inadvertidamente uma inclinação para a desregulação mútua. Seus filhos perderam seus parceiros interativos para as superfícies bidimensionais lisas, mas também perderam o apoio que as interações face a face tridimensionais oferecem. Crianças com comportamento social incomum — e seus pais — podem da mesma forma ser atraídos para a ilusão de conexão que o telefone celular fornece se houver uma escassez de conexão real. Quando as pessoas lutam com uma variedade de dificuldades emocionais, o uso da tecnologia pode cumprir uma função complexa. Como a história a seguir demonstra, precisamos entender o propósito do comportamento para mudá-lo.

QUANDO A TECNOLOGIA SUBSTITUI RELACIONAMENTOS REAIS

A psicanalista Danielle Knafo[98] apresenta um estudo de caso sobre a ligação entre tecnologia e perfeccionismo na sociedade contemporânea, que abordamos no Capítulo 2. Descreve uma sessão com seu paciente Jack, um homem de quase cinquenta anos. Em suas três primeiras sessões, compartilhou com ela que seus pais tiveram um casamento profundamente conturbado. Jack descreveu o relacionamento submisso de seu pai com sua mãe e seu desejo de evitar uma situação semelhante. Ao mesmo tempo, ele reconheceu seu desejo de ter um relacionamento íntimo. Jack já teve dois casamentos fracassados. Durante sua quarta sessão, ele contou à Dra. Knafo sobre seu novo relacionamento com Maya. Knafo escreve:

> Com Maya, ele parecia ter encontrado uma maneira de atender às suas necessidades sem se sentir comprometido. Ela era uma mulher especial, que de alguma forma entendia as decepções de seus relacionamentos anteriores e suas tensões

diárias, que fazia amor com ele sempre que ele queria, que era perfeitamente gentil.

Jack me olhou atentamente e disse, quase sussurrando: "Minha Maya, ela é uma boneca de verdade, doutora".

Eu o observei rir, balançando de um lado para o outro e tirando as mãos debaixo dos joelhos para dar um tapa de leve neles. Então algo me ocorreu. Não, isso não poderia ser, poderia?

"Sim, ela é uma boneca de verdade", ele repetiu, com seu sorriso esmorecendo. "Literalmente."

O desejo de evitar a confusão dos relacionamentos não é novo. No início dos anos 1940, a música "Paper Doll" dos Mills Brothers ocupou a posição número um na parada de melhores músicas por doze semanas; sua letra fala de uma desejada boneca de papel que, ao contrário de uma garota real, que após uma briga iria embora, estaria sempre confiavelmente esperando em casa. Mas a tecnologia que permite que a fantasia da perfeição floresça é nova. Diante dessa situação pouco familiar com seu paciente Jack, Knafo começou a pesquisar o fenômeno das bonecas do amor. As bonecas modernas estão muito longe das companheiras infláveis dos tempos antigos. Knafo conheceu a RealDoll, produzida por uma empresa multimilionária que vendia bonecas por até 10 mil dólares cada. A encarnação contemporânea da boneca inflável é anatomicamente exata e parece ter pele de verdade.

Knafo trabalhou com Jack na psicanálise, ajudando-o a fazer a transição para um relacionamento com uma pessoa real. Ela escreve: "Às vezes, ele falava de Maya com nostalgia, lembrando-se de um período em que a vida parecia mais fácil, menos complicada e mais sob seu controle". Ainda assim, com a Dra. Knafo, Jack veio a entender o impacto de sua experiência no início da vida, e, quando terminaram de trabalhar juntos, ele estava pronto para um relacionamento humano com todas as suas imperfeições inerentes.

Depois de sua experiência com Jack, no decorrer de sua pesquisa sobre bonecos de alta tecnologia, Knafo descobriu o fenômeno dos sofisticados "bebês falsos".[99] Esse novo mercado, que surgiu no final da década de 1990, permitiu uma pseudoexperiência de parentalidade. Knafo considerou o papel da perda na motivação de um cliente para comprar um Reborn, nome dado à boneca recém-nascida. A nova tecnologia permitiu que a boneca fosse quente ao toque e até parecesse que estava respirando e chorando. Knafo se perguntou se ser mãe da boneca poderia "abordar a ocultação do trauma de uma criança perdida, ou a incapacidade de ter filhos, ou mesmo a incapacidade de se conectar com uma criança real". Ela encontrou uma artista de bonecas que disse ter encontrado sua vocação para fazer essas bonecas após sete abortos espontâneos.

Para as mães que lutam com a perda insuportável de um filho, a boneca pode oferecer uma solução temporária. Assim como o apego de Jack à RealDoll Maya, era um sintoma de sua dificuldade com a intimidade real, o apego a um Reborn pode ser entendido como um sintoma de luto bloqueado. A ideia de que os abortos espontâneos merecem tempo e espaço para o luto é relativamente nova. O sentimento de luto por uma criança perdida nunca acaba. Ambos os usos de bonecos ilustram como os sintomas desempenham uma função adaptativa; o comportamento tem significado. Precisamos entender esse significado para eliminar o sintoma e, assim, avançar para a cura.

Como vimos no Capítulo 5, a resiliência, a capacidade de se recuperar diante da adversidade, vem da experiência de inúmeros momentos de incompatibilidade e reparação. A suavidade da superfície bidimensional da tela limita a experiência de esclarecimentos, correções e ajustes mútuos que levam à confiança, à competência social e a um sentido cada vez mais complexo de nós mesmos nas relações no mundo.

Ao longo do relacionamento de Jack com a Dra. Knafo, juntos eles compreenderam o significado da preferência de Jack por uma boneca em vez de uma conexão humana. Se a Dra. Knafo tivesse simplesmente tentado desencorajá-lo a usar a boneca sem aprender o significado subjacente do comportamento, poderia não ter encontrado seu caminho para relacionamentos humanos reais e satisfatórios. Quando eliminamos um sintoma sem reconhecer sua função, deixamos de resolver o problema subjacente. Se entendermos o problema do uso excessivo de tecnologia e mídia social como um sintoma, veremos que simples advertências para limitar o tempo e encontrar bons conteúdos não são suficientes. Nossa dependência excessiva da tecnologia e da mídia social pode ser um sintoma de um movimento social e cultural que se afasta da confusão normal das relações humanas. Nesse caso, apenas a imersão nos relacionamentos pode fornecer a solução.

Essa ideia de sintomas como adaptações tem relevância não apenas para nossa compreensão do excesso de confiança na tecnologia, mas também para a maneira como entendemos e tratamos todas as formas de sofrimento emocional. No capítulo seguinte exploramos como os comportamentos no contexto de relacionamentos conturbados e dor emocional costumam servir a um propósito. Em vez de simplesmente tentar eliminá-los, precisamos entender seu propósito. O que chamamos de "sintomas" servem como comunicação de que o equilíbrio entre a autorregulação e a regulação interativa está fora de controle. Precisamos ser capazes de nos acalmar e, ao mesmo tempo, acessar a influência calmante de outras pessoas.

8

QUANDO OS SIGNIFICADOS DÃO ERRADO

Todos nós nos sentimos perdidos às vezes. Nossa sensação de bem-estar emocional pode vacilar ou mesmo entrar em colapso. Compreender como nossas primeiras experiências se tornam parte de nós, conforme elucidado pelas percepções do paradigma do rosto imóvel, pode nos guiar na direção da cura e do crescimento aos seis meses, dezesseis ou sessenta anos. Lutamos para curar conectando-nos com os outros quando nossos primeiros relacionamentos distorcem nossa capacidade de ver as pessoas à nossa frente.

Aprendemos com o paradigma do rosto imóvel que bebês muito pequenos têm a capacidade de se adaptar a uma situação difícil. Contudo, paradoxalmente, essa mesma adaptação pode ser problemática. Bebês de mães deprimidas que se voltam para dentro para se proteger da indisponibilidade emocional de seus cuidadores são impedidos de se envolver em outros relacionamentos que possam oferecer uma experiência alternativa. Eles perdem novas oportunidades de crescimento por meio de incompatibilidades e reparações.

Ao longo de nossas vidas, podemos adotar comportamentos e maneiras de interagir que nos protegem da dor emocional do momento, mas que, a longo prazo, atrapalham a construção de relacionamentos fortes. Todos nós fazemos isso até certo ponto. Não é anormal ou atípico, mas entender como isso acontece pode nos ajudar a mudar quando nos sentimos presos em relacionamentos que não estão avançando de maneira saudável.

Bernie estava ficando frustrado. Ele sabia que quase todos os membros do grupo que ele administrava para jovens em recuperação do vício em opioides tiveram uma infância profundamente atribulada. A linguagem das ACEs, ou experiências adversas na infância, começou a fazer incursões no mundo do tratamento da dependência, com crescente reconhecimento de que as experiências iniciais desempenharam um papel significativo no caminho para o abuso de substâncias. No entanto, semana após semana, as discussões em grupo permaneceram enquanto os homens abordavam as dificuldades de navegar pela vida com viagens diárias para tratamento assistido por medicamentos, sua frustração com os encontros com serviços de proteção à criança enquanto tentavam obter visitas com seus filhos e inúmeros outros desafios atuais. Não que essas não fossem preocupações válidas, mas Bernie sentiu que eles estavam apenas deslizando pela superfície. Cada membro do grupo apoiava o outro no que muitas vezes parecia uma lista interminável de queixas que deixava pouco espaço para reflexão. As décadas de experiência de Bernie como terapeuta lhe ensinaram que somente quando seus clientes experimentavam sentimentos conectados aos seus problemas eles começaram a mudar seu comportamento. O grupo estava preso a um ritmo fixo e rígido.

Então teve uma ideia. Ele sabia sobre o vídeo clássico do experimento do rosto imóvel no YouTube, mas sentiu que assisti-lo seria muito perturbador para o grupo, então, em vez disso, compartilhou com eles uma postagem de um blog para pais[100] sobre "parentalidade presente, mas ausente". O autor do blog falou sobre a forma como uma criança em tal ambiente pode se sentir solitária mesmo em uma casa cheia de pessoas, e Bernie sentiu que capturou a experiência transmitida pelo vídeo do rosto imóvel. Ele leu o fragmento em voz alta com o grupo. Eles haviam desenvolvido um senso suficiente de confiança e segurança um com o outro e essa intervenção simples trouxe uma grande mudança. A princípio, eles relacionaram o artigo às suas experiências como pais, compartilhando a culpa por sua presença inconsistente na vida dos filhos. Mas então, após uma pausa na conversa, um jovem disse: "Fui eu". Sua voz falhou e então as lágrimas começaram a fluir enquanto ele falava sobre ser um "erro", crescendo em um lar onde seus pais mal o notavam. Enquanto o grupo ouvia, deixou-se levar pela dor do momento, conectando sua tristeza pelo relacionamento perdido com os próprios pais ao profundo amor por sua filha pequena. Ele teve uma grande chance. Arriscou uma incompatibilidade não reparada, mas confiava que poderia se conectar com Bernie e os outros. Daquele momento em diante, a dinâmica do grupo mudou à medida que outros assumiram riscos semelhantes e se abriram sobre seus sentimentos. Começaram a se ver como os indivíduos complexos que eram, cada um com sua própria história. O rótulo do *vício* ficou em segundo plano para a comunicação significativa. Por meio de seus relacionamentos com Bernie e um com o outro, juntos deram um passo significativo no caminho da recuperação.

PERDA

O experimento do rosto imóvel oferece uma visão sobre a experiência inicial daquele jovem no grupo. No vídeo que descrevemos na introdução, bem como em inúmeras outras versões do experimento, vemos como a interação da bebê com sua mãe parece literalmente mantê-la unida. Quando a bebê perde o apoio de sua mãe, seu corpo torna-se desorganizado; ela se debate, seus braços e pernas se movem aleatoriamente. É como se a estrutura dessa pequena pessoa estivesse em colapso, a cola se dissolvendo. Só aguentamos ver o vídeo porque o rápido regresso da mãe leva a uma restauração quase imediata da coerência da criança, o que Winnicott chamou de *continuidade do ser*. O senso de identidade emergente do bebê, a própria noção de que *eu sou*, depende do retorno confiável de sua mãe.

Mas e se a mãe não retornasse com segurança? Para o bebê que não tem como entender sua ausência, o senso de sua própria existência está ameaçado. Winnicott descreveu essa experiência usando a palavra um tanto antiquada *loucura*. Escreveu: "Loucura aqui significa simplesmente uma *separação*[101] do que pode existir no momento de uma *continuidade pessoal de existência*".

Pensar sobre a loucura de uma perspectiva relacional pode nos levar para dentro da experiência de profundo sofrimento emocional. O abuso de substâncias é apenas um dos muitos caminhos problemáticos que uma pessoa pode seguir após as incompatibilidades crônicas não reparadas que caracterizam as experiências adversas na infância. Compreender as origens de desenvolvimento de tais caminhos pode nos apontar na direção da cura. Pessoas em meio à angústia emocional podem dizer: "Estou perdendo". Perdendo o quê? A pesquisa do rosto imóvel ensina que, sem o apoio dos relacionamentos, uma pessoa pode perder o próprio senso de si. Significado, enfrentamento e resiliência emergem do processo confuso de incompatibilidade e reparação. Quando essas experiências faltam, as pessoas podem tropeçar. Elas podem se isolar das outras com uma rigidez ansiosa ou cair no desespero.

O suicídio pode ser descrito como o fracasso final de continuar a existir. Na primavera de 2018, os suicídios de duas figuras públicas, Kate Spade e Anthony Bourdain, trouxeram considerável atenção ao assunto. Em um artigo do *New York Times*, o psiquiatra Richard Friedman[102] se perguntou por que houve um declínio nas mortes por doenças cardíacas e HIV nas últimas décadas, mas um aumento na taxa de suicídio. Sugeriu que a falta de progresso na prevenção do suicídio foi por causa da falta de financiamento para pesquisas. Escreveu: "A simples razão de o suicídio ter sido negligenciado por tanto tempo é o estigma. É um comportamento humano que aterroriza a maioria das pessoas. O suicídio é erroneamente visto como uma falha de caráter ou moral — ou mesmo um ato pecaminoso. É visto como algo vergonhoso que deve ser escondido".

O terror e a vergonha que Friedman falou capturam bem os sentimentos que acompanham um fracasso completo em dar sentido, quando o senso da própria existência vacila.

Em um artigo convincente e meticulosamente argumentado intitulado *"Suicide in the Age of Prozac"* ["Suicídio na Era do Prozac", em tradução livre][103], o jornalista Robert Whitaker tenta dar sentido ao aumento nas taxas de suicídio ao longo de muitas décadas, apesar dos avanços no tratamento, especialmente de medicamentos antidepressivos. Enquanto Friedman vê o suicídio como um problema médico, Whitaker o vê de forma diferente:

> Foi no final da década de 1990 que a [American Suicide] Foundation passou a ser liderada por psiquiatras acadêmicos e executivos de empresas farmacêuticas. A Foundation promoveu uma narrativa que conceituou o suicídio dentro de um contexto médico. No entanto, as taxas de suicídio aumentaram desde aquela época, o que dá motivos para perguntar se essa abordagem médica foi contraproducente.

Embora o assunto do suicídio seja vasto e esteja além do escopo deste livro, as visões divergentes de Whitaker e Friedman fornecem um ponto de entrada para a compreensão do desenvolvimento e da relação do sofrimento emocional. O paradigma do rosto imóvel oferece uma perspectiva diferente do modelo médico. Como vimos, o bem-estar emocional e a angústia emocional surgem de variações nas repetidas trocas a cada momento que tornam cada um de nós quem somos. Em uma extremidade do espectro, interações robustas de incompatibilidade e reparação levam uma pessoa a experimentar o mundo como seguro e cheio de pessoas em quem pode confiar. No outro extremo, se falta experiência de reparação, o medo e a desconfiança informam a compreensão que a pessoa tem de si mesma e do mundo ao seu redor. Os dois extremos nos ajudam a compreender as experiências mais típicas que ficam em algum ponto intermediário. Em vez de serem fixos, os significados que você cria em suas primeiras experiências estão mudando continuamente em novos relacionamentos, em um processo contínuo de dar sentido a si mesmo e ao mundo à medida que você cresce e muda.

Não precisamos estigmatizar o sofrimento emocional para avaliar sua complexidade. Reconhecer o contexto de desenvolvimento e relacionamento não deve ser vergonhoso. As pessoas podem perder a oportunidade de incompatibilidade e reparação de maneiras diferentes. Em situações extremas, como um bebê em uma família adotiva de dez que recebe apenas atenção infrequente de seus cuidadores e oportunidade mínima para interação social, a maioria das incompatibilidades pode não ser reparada. Mais frequente, o tempo desde a incompatibilidade até a reparação é excessivamente longo, com a duração do sofrimento além da capacidade de lidar da criança. Isso pode acontecer quando um cuidador está disponível emocionalmente apenas de forma intermitente, o que pode resultar de uma série de desafios, incluindo depressão, abuso de substâncias, conflito conjugal e sentir-se oprimido, exausto e sozinho.

A falta de oportunidade para reparação também ocorre quando a incompatibilidade é suprimida. Pais controladores que não permitem que seus filhos experimentem o fracasso não os preparam para passar do estresse para o crescimento e a resiliência. A mãe-tigre ou o pai autoritário que exige conformidade com seus objetivos e pune incompatibilidade também anula a autoconfiança da criança quando ela não deixa espaço para erros. Uma criança pode evitar um pai excessivamente intrusivo como forma de se adaptar a uma situação problemática. Contudo, se essa forma de relacionamento se estende a interações com outras pessoas, evitar o envolvimento com outras pessoas pode interferir no desenvolvimento contínuo, inibir a oportunidade de crescer por meio de novos relacionamentos.

Dos macacos de Harlow, que ansiavam por conforto em vez de comida, à pesquisa original do rosto imóvel com bebês, para o experimento do rosto imóvel com adultos, até as histórias neste livro que são derivadas da experiência clínica, vimos repetidamente que o bem-estar emocional está enraizado na qualidade dos primeiros relacionamentos de uma pessoa. Assim como incontáveis momentos de reparação dão à pessoa um sentimento central de esperança (*eu posso superar isso*), a falta de oportunidade para reparação pode deixar alguém com um sentimento fundamental de desesperança (*nada funcionará*). Toda a gama de conflitos emocionais que todas as pessoas experimentam se enquadram nesse espectro de construção de significado. O que é denominado *depressão* pode, na verdade, ser uma incapacidade de ver o caminho depois de um momento difícil — *Estou preso aqui. Nada mudará*. O que chamamos de *ansiedade* também pode ser visto como um apego rígido a um comportamento que mantém alguém inteiro quando sente o senso de si mesmo se dissolver — *Se eu mudar, quem sabe o que vai acontecer?*

Mas não se desespere. Como exploraremos em profundidade nos capítulos seguintes, sua mente e seu cérebro são capazes de mudanças significativas ao longo de sua vida. O ponto crítico é que sua percepção de si mesmo no mundo emerge, cresce e muda em um processo de desenvolvimento contínuo. Suas emoções crescem a partir de seu histórico relacional. Mesmo que você tenha passado pelo conjunto mais adverso de experiências iniciais, quando mergulha em novos relacionamentos com espaço para incompatibilidades e reparações, os significados de desesperança podem ser transformados em significados de esperança.

UM SENSO DE SI DESTRUÍDO

Os pais deixam seus filhos o tempo todo. Na verdade, o senso que uma criança tem de si mesma e do mundo ao seu redor se desenvolve a partir dessas idas e vindas naturais. *Mamãe, onde você está? Aí está você.* Essas experiências formam seu sentimento central de *continuidade do ser*.

Entretanto, um período de separação além da capacidade de controle da criança precipita uma ansiedade insuportável. Para a criança, não tendo como dar sentido à ausência da mãe, é como se ela não existisse mais. E se ela não existe mais, o senso da própria existência da criança esmorece. A experiência vai além do terror, tristeza ou raiva. É uma negação total, uma sensação de que *Eu não existo*.

Embora Wyatt estivesse com cinquenta anos de idade e tivesse dois filhos e uma carreira de sucesso, quando sua mãe idosa teve uma reação habitual a um conflito familiar aparentemente menor, ele se sentiu instantaneamente transportado de volta ao seu eu de três anos de idade. Naquela época, após qualquer tipo de discórdia ou desentendimento entre seus pais, era como se um véu de tristeza caísse sobre sua mãe, tornando-a inacessível. Quando criança, Wyatt ficava apavorado. Agora, esse véu mais uma vez caiu sobre sua mãe. Na infância, lutando para dar sentido à indisponibilidade emocional intermitente de sua mãe, Wyatt se sentia perdido. Já adulto, amparado por relacionamentos com sua esposa e filhos adolescentes, pôde observar sua reação ao comportamento de sua mãe. Tempo, terapia e uma série de novos relacionamentos lhe ofereceram a oportunidade de reinterpretar a ausência emocional intermitente de sua mãe. Embora inquietante e surpreendente em sua aparência depois de tantos anos, o comportamento não precipitava mais o mesmo pânico interior e a dissolução de seu senso de si. Ele poderia contemplar a situação, incluindo sua própria reação, a uma distância confortável.

Wyatt lembrou que, quando criança, quando sua mãe se retirava, temia que tivesse feito algo para machucá-la. Sentia uma profunda sensação de desorientação. Na falta de outra maneira de entender a experiência, presumiu que algo em seu comportamento havia causado mal à sua mãe. Um sentimento inabalável de vergonha se instalou no que levou décadas para superar. Sem sua mãe emocionalmente presente para interagir com ele, ficava profundamente abalado. Sua experiência com a mãe vivia em seu corpo. Lembre-se da teoria polivagal que discutimos no Capítulo 3.

Quando Wyatt era criança, seu corpo se fechava sob a influência do vago primitivo, enquanto ele experimentava uma profunda sensação de ameaça em face de qualquer interação social confusa. Se podia machucar sua mãe, que mal poderia fazer no mundo? Ao longo de sua infância ele foi extremamente tímido e inibido. Ele achou melhor ficar quieto e escondido.

Quando teve filhos, sua mãe compartilhou o suficiente de sua história para Wyatt dar sentido tanto a sua própria experiência quanto à de sua mãe. O relacionamento deles continuou a crescer e a mudar. Wyatt soube que sua mãe teve vários abortos antes de Wyatt nascer. No mundo em que sua mãe vivia, não havia tempo ou espaço para sofrer. Não existiam fóruns para pais que vivenciaram a perda de uma gravidez. Como não é incomum, a dor a manteve em suas garras mesmo depois que ela teve um bebê saudável, mostrando-se durante os primeiros meses e anos de Wyatt em um comportamento consistente com o que hoje seria diagnosticado como depressão pós-parto. As ausências emocionais súbitas e inexplicáveis de sua mãe criaram em Wyatt uma falha intermitente de continuidade do ser.

A angústia de uma criança que não consegue alcançar a mãe é capturada na letra de Kate e Anna McGarrigle de "The Bike Song". A letra sugere uma criança agora adulta ligada a uma relação de inexplicável desconexão. Na voz da mulher na canção, ouvimos a dor e a saudade junto com uma incapacidade de compreensão. Podemos imaginar essa filha enfrentando uma forma de rosto imóvel enquanto implora à mãe que olhe para ela quando está chorando. Ela se pergunta o que precisa ser para fazer sua mãe se apaixonar por ela.

A ausência emocional da mãe de Wyatt representou uma perda não lamentada. Ainda presa no luto precipitado por seus múltiplos abortos, ela se absteve de "se apaixonar" por seu filho, protegendo-se de uma tristeza que parecia insuportável. Eles permaneceram isolados um do outro com uma espessa parede de desconexão construída a partir de seus significados distorcidos alojados entre eles.

QUANDO NÃO NOS SENTIMOS COMPREENDIDOS

Em relacionamentos adultos, podemos sentir que nossos parceiros não nos veem como somos, ou podemos nos descobrir incapazes de ouvir nossos parceiros quando projetamos em seu comportamento um significado que eles não pretendiam. Esses padrões podem se originar nas primeiras experiências de não ser visto.

Para uma criança, a terrível sensação de que o seu eu está se dissolvendo pode andar de mãos dadas com a experiência de não ser vista. Quando Wyatt pôde relembrar sua experiência da infância, ele falou sobre aqueles momentos em que sua mãe estava fisicamente presente, mas emocionalmente ausente: "Era como se eu não existisse". O que pode atrapalhar o envolvimento dos pais no complicado processo de conhecer seu filho? Talvez, quanto à mãe de Wyatt, houve a perda de um bebê, e essa nova criança foi o que pode ser denominado *criança substituta*. Os fóruns on-line atuais e outras formas de apoio para esse tipo de perda usam o termo mais gentil *bebê arco-íris* para capturar a alegria e a luz de uma criança saudável nascida após a tempestade de um aborto espontâneo ou a morte de um bebê. Embora a perda de um filho nunca seja resolvida, se o tempo e o espaço não forem usados para lamentar, a dor pode atrapalhar, causando estragos no relacionamento com o filho vivo. Tal como aconteceu com a mãe de Wyatt, um tipo de instinto de sobrevivência entra em ação. Em vez de se render ao amor, um pai pode se precaver contra o sentimento para se proteger da possibilidade real, embora improvável, de outra perda insuportável.

Quando os pais têm relacionamentos problemáticos em andamento e estão preocupados com conflitos não resolvidos, passados ou presentes, podem ter dificuldade em ver o filho como si próprio. As noções preconcebidas dos pais geralmente começam antes do nascimento do filho. Uma mãe cujo parceiro a jogava intermitentemente com raiva contra a parede durante a gravidez viu seu filho ainda não nascido como um moleque, convencida de que os chutes dolorosos que ela sentiu indicavam que ele era "igual ao pai". Outra mãe descreveu a doença crônica de sua própria mãe e o rápido declínio da saúde, que coincidiu com sua gravidez, com as palavras "Ela esteve morrendo a minha vida inteira". No próximo momento, descreveu sua filha não nascida como *obstinada*, um termo que também poderia representar a experiência de "apego" de sua própria mãe de uma forma que causou turbulência contínua ao longo de seu próprio desenvolvimento.

Esse tipo de certeza, a ideia fixa dos pais sobre a identidade de seu filho antes mesmo de os dois se conhecerem, impede a curiosidade sobre a criança. O pai projeta seus próprios significados no comportamento da criança. Em contraste, se um pai assumir uma posição de incerteza e uma atitude de *Vamos nos envolver e eu irei conhecê-lo enquanto você me conhece*, ele deixa espaço para seu filho crescer. A confusão desse processo leva a uma maior coerência e complexidade do senso de identidade dos bebês e de seus relacionamentos com os outros e com o mundo ao seu redor. Essa mesma postura de curiosidade ajuda as pessoas a construir relacionamentos saudáveis em suas vidas adultas.

A psicóloga Alicia Lieberman, da Universidade da Califórnia, São Francisco, usa o Sistema de Observações do Comportamento Neonatal (NBO) que mencionamos no Capítulo 6 para ajudar os novos pais a verem o bebê "real". Ela vê o conjunto de observações como uma ferramenta de construção de relacionamento que incentiva os pais a ficarem curiosos sobre seu filho recém-nascido, escrevendo: "Esse processo de *descobrir o bebê*[104] é usado para fortalecer a relação mãe-bebê". Explica como o processo de dedicar um tempo para observar os comportamentos únicos do bebê é particularmente útil para os pais cujos estados emocionais estão presos em outros relacionamentos conturbados, tornando difícil para eles prestar atenção às comunicações de seu filho.

Quando os pais continuam preocupados, o processo de conhecer seu filho pode ser prejudicado, com consequências significativas. O impacto negativo no desenvolvimento das crianças[105] quando seus pais lutam contra a depressão pós-parto é bem conhecido. Essas crianças têm significativamente mais problemas emocionais, comportamentais e de aprendizagem. Como isso acontece? Qual é o mecanismo dessa associação? Nossa análise das interações pais-bebês gravadas em vídeo oferece uma resposta a essas perguntas.

Descobrimos que, em geral, as mães deprimidas desviam mais o olhar[106] e expressam mais sentimentos negativos, raivosos e tristes do que as mães não deprimidas. Brincam menos e usam menos o *manhês*, a inflexão exagerada que os pais usam ao falar com seus bebês. Nossa pesquisa com bebês de mães que lutam contra a depressão pós-parto demonstra que, desde os seis meses, os bebês já aprenderam uma maneira de dar sentido a seu ambiente que é diferente da construção de significado de bebês de mães não deprimidas. Em um vídeo típico desses pares mãe-bebê, em vez de esforços robustos para envolver a mãe que vimos no experimento original, o bebê rapidamente se volta para dentro. Ele suga a mão. Seu corpo parece desmoronar quando afunda na cadeira. Foca seu olhar em objetos, como uma cadeira ou uma lâmpada no alto, em vez de sua mãe.

Ao contrário dos bebês que não medem esforços para envolver as mães, os bebês com mães deprimidas aprendem desde cedo como lidar com parceiros retraídos. Sabem por experiência própria que apontar, chorar ou bajular provavelmente não funcionará.

Dessa perspectiva, os bebês que encontram uma maneira de lidar com o comportamento retraído do cuidador não ficam perturbados, mas são incrivelmente engenhosos! Eles usam as ferramentas de que dispõem para se manterem inteiros ou se autorregularem. Esse tipo de enfrentamento tem uma função adaptativa. Em vez de ficar completamente desequilibrado, o bebê descobre uma maneira de se juntar a um parceiro interativo deprimido, de certa forma encontrando-o onde está. É como se o bebê estivesse dizendo: *Tudo bem, está tudo bem. Eu mesmo cuidarei disso.*

Quando consideramos a alternativa, a sensação de que o senso de si está se dissolvendo, podemos entender o comportamento do bebê como bastante adaptativo. A psicanalista Melanie Klein usou a palavra poderosa *aniquilação* para descrever uma experiência que é o oposto do que Winnicott chama de *continuidade do ser*. Sem esse comportamento de enfrentamento, poderia haver consequências mais graves. Uma criança que perde completamente o senso de identidade perde a motivação para ingerir alimentos para seu sustento, levando a uma falha de crescimento potencialmente fatal.

QUANDO A FALTA DE AMOR É MORTAL

Um estudo clássico[107] oferece evidências dramáticas de que não apenas nossos primeiros relacionamentos nos mantêm inteiros — nos mantêm vivos. Essa situação extrema pode nos ajudar a compreender os momentos mais típicos, menos dramáticos, mas ainda assim devastadores, de dor emocional que inevitavelmente experimentamos quando adultos.

Na década de 1940, quando ainda existiam orfanatos para crianças pequenas[108] nos Estados Unidos, as altas taxas de mortalidade nessas instituições eram atribuídas principalmente a doenças contagiosas. No entanto, o psicanalista austríaco René Spitz tinha uma hipótese diferente; ele acreditava que as mortes foram devido à falta de um cuidador consistente ou à falta de amor. Para testar sua teoria, observou grupos de bebês em duas instituições diferentes e os acompanhou até a primeira infância. Em ambas as instituições, os bebês que foram admitidos logo após o nascimento receberam nutrição adequada, abrigo e cuidado médico. Mas diferiram em uma maneira significativa. Na instituição que chamou de Nursery, os bebês eram cuidados no berçário de uma prisão por suas mães encarceradas. Na outra, uma enfermaria de hospital que chamava de Foundlinghome, enfermeiras sobrecarregadas tinham de cuidar, cada uma, de oito a doze crianças. No resumo de suas descobertas, Spitz escreveu que as crianças no Nursery se desenvolveram e se tornaram bebês saudáveis, mas as crianças emocionalmente famintas de Foundlinghome não prosperaram e muitas delas nunca aprenderam a falar, andar ou se alimentar. Ele continuou a revelar a descoberta mais chocante:

> A evidência mais impressionante provavelmente é uma comparação das taxas de mortalidade das duas instituições. Em um período de observação de cinco anos durante o qual observamos um total de 239 crianças, cada uma por um ano ou mais, a "Nursery" não perdeu uma única criança por morte. Em "Foundlinghome", por outro lado, 37% das crianças morreram durante o período de observação de dois anos.

Nessas circunstâncias extremas, mesmo quando uma nutrição adequada está disponível, a privação emocional pode levar à fome física ou até à morte. Spitz escreveu que "tais variações causadas por fatores psicossociais podem literalmente se tornar questões de vida ou morte".

Os críticos do estudo sugeriram que esses grupos tinham diferentes fatores de risco genéticos. Os pais que abandonavam os filhos, dizia o argumento, transmitiam aos filhos genes que os tornavam vulneráveis a resultados ruins de desenvolvimento. Mais recentemente, uma pesquisa convincente do psiquiatra infantil Charles Zeanah[109], da Universidade Tulane, refutou essa ideia. Junto com os colegas Nathan Fox da Universidade de Maryland e Chuck Nelson da Universidade de Harvard, Zeanah teve a oportunidade de conduzir um estudo na Romênia comparando o cuidado adotivo domiciliar com o cuidado institucional em um orfanato.

Em 1966, para conter um declínio da taxa de natalidade na década anterior, o líder comunista Nicolae Ceausescu autorizou o Decreto 770, que restringia severamente o acesso ao aborto e à contracepção. Mulheres em idade fértil eram obrigadas a se consultarem com um ginecologista mensalmente, e os procedimentos do hospital eram monitorados pela polícia secreta. Como resultado, as mulheres tiveram filhos dos quais não podiam cuidar. Um grande número de crianças foi colocado em orfanatos.

QUANDO OS SIGNIFICADOS DÃO ERRADO

Ceausescu foi derrubado na revolução romena de 1989, mas o novo governo sustentou que os orfanatos ofereciam um ambiente aceitável para se criar as crianças e, portanto, o cuidado adotivo era desnecessário. Zeanah e seus colegas foram capazes de examinar essa suposição. Dois grupos de crianças foram designados aleatoriamente para um cuidador adotivo ou um orfanato. Zeanah e seus colegas estudaram as crianças por mais de quinze anos.

Em um artigo da *Forbes* reveladoramente intitulado "It's the Orphanages, Stupid!" ["São os orfanatos, estúpido!", em tradução livre][110], a jornalista Maia Szalavitz descreveu os resultados como "impressionantes". Em suas palavras:

> Assim como na pesquisa de Spitz, as crianças que receberam o amor dos pais se saíram muito melhor do que aquelas criadas nos melhores orfanatos romenos. As crianças adotadas cresciam mais rápido, tinham cabeças maiores (uma medida do desenvolvimento do cérebro) e até QIs mais altos em nove pontos. Essas crianças eram mais felizes e prestavam mais atenção do que as crianças que ficaram nos orfanatos.

Os resultados do estudo do orfanato romeno apoiam ainda mais a ideia de que as formas de sofrimento emocional às quais um diagnóstico psiquiátrico pode estar associado estão embutidas nos relacionamentos. De acordo com o mesmo artigo da *Forbes*, "52% daqueles que já passaram um tempo em um orfanato desenvolveram alguma forma de doença mental — comparados aos 22% daqueles sem essa experiência. Crianças retiradas de orfanatos e escolhidas aleatoriamente para adoção tiveram metade da taxa de condições como ansiedade e depressão em comparação com aquelas que permaneceram institucionalizadas".

Em situações de negligência emocional, toda a energia das crianças é canalizada para se manterem inteiras na ausência de um cuidador para apoiá-las. Não conseguem se desenvolver e podem morrer, oprimidas pelo esforço de administrar suas funções corporais por conta própria, usando apenas sua capacidade limitada de autorregulação. Szalavitz referiu-se ao trabalho de Bruce Perry em sua discussão sobre os problemas inerentes ao crescimento em uma instituição na qual o cuidado era inconsistente e frequentemente impessoal. Ela citou Perry, dizendo: "Normalmente, o cuidado do bebê é distribuído entre vários funcionários em vários turnos, muitos dos quais estão apenas fazendo um trabalho. As dicas sensoriais necessárias, como sorriso, toque, música e balanço, necessárias para estimular o crescimento e o funcionamento normais da resposta ao estresse do bebê e redes neurais relacionais, simplesmente não são fornecidas nos padrões ou quantidades necessárias para o desenvolvimento normal".

O psiquiatra Bruce Perry enfatizou o tempo e a repetição como fundamentais para a maneira como os bebês dão sentido a si mesmos no mundo. A situação do orfanato, embora extrema, destaca o papel crítico dos relacionamentos iniciais na construção da capacidade de autorregulação. Mesmo em situações menos extremas, quando nossa capacidade de administrar a nós mesmos e de estar perto dos outros fica abalada, precisamos de "tempo e repetição" nos relacionamentos para crescer e mudar.

TRAZER SIGNIFICADOS ANTIGOS PARA NOVOS RELACIONAMENTOS

Os sintomas que refletem sofrimento emocional têm significado no contexto dos relacionamentos. A ansiedade pode resultar de sentimentos de vulnerabilidade do senso de identidade de alguém. Comportamentos rígidos servem para manter um senso de coerência. Sentimentos de tristeza ou desesperança podem ter raízes em experiências iniciais com escassez de oportunidades para reparo. Comportamentos como irritabilidade e isolamento social têm uma função protetora. Essas primeiras experiências relacionais são levadas adiante em novos relacionamentos e continuam a influenciar o desenvolvimento do senso de si.

Nossa colega Tiffany Field[111], pesquisadora da Universidade de Miami, descobriu que bebês de mães deprimidas se envolvem em padrões mais negativos de interação com um adulto atencioso e não deprimido e podem até induzir um estado emocional negativo nessa pessoa. Eles trazem suas experiências relacionais com suas mães para outros relacionamentos. Eventualmente, com o acúmulo de falhas, esses bebês desenvolvem um núcleo emocional negativo caracterizado principalmente por tristeza e raiva. Isso não significa que estejam sempre zangados, mas que a tristeza persiste nos bastidores mesmo diante de acontecimentos que provocam outras emoções. Eles desenvolvem uma visão de suas mães como indignas de confiança e indiferentes e de si mesmos como ineficazes e indefesos. Os comportamentos que esses bebês adquirem para se adaptarem às mães tornam-se automáticos.

O estudo de Field explica nossas observações de que bebês de mães deprimidas têm interações menos engajadas e mais negativas com um estranho amigável do que bebês de mães não deprimidas. Quando os assistentes de pesquisa[112] em nosso laboratório brincavam com bebês de mães deprimidas, eles experimentavam uma sensação de frustração. Depois de lutar para envolver os bebês, descreveram suas interações como "falhas", mas, curiosamente, atribuíram o problema a si mesmos, não aos bebês. Os assistentes de pesquisa, de uma forma que provavelmente estava fora de sua consciência, assumiram um papel nesse jogo distorcido, comunicando sua frustração na forma de um jogo menos alegre. Seu comportamento, por sua vez, levou a mais desconexões. Com o tempo, na interação, os assistentes de pesquisa sorriam menos, tocavam menos e se afastavam, demonstrando como as interações problemáticas desde a infância podem ser transportadas no tempo e para outros relacionamentos. Essa ideia de que as pessoas transferem experiências do desenvolvimento inicial para outros relacionamentos ao longo de suas vidas constitui uma parte central da ação de cura da psicanálise, um tópico que abordaremos mais adiante no Capítulo 9. Os pacientes transferem seus sentimentos de relacionamentos conturbados do passado para o relacionamento terapêutico, em que a percepção e a compreensão podem afrouxar o controle desses padrões problemáticos. Os terapeutas estão cientes de suas próprias reações, ou contratransferências, usando essas respostas para obter uma percepção sobre as experiências de seus pacientes no mundo social mais amplo.

O comportamento dos bebês com nossos assistentes de pesquisa pode ser considerado uma forma inicial de transferência, e o comportamento dos assistentes de pesquisa pode ser visto como uma forma de contratransferência. O bebê traz um padrão de interação com um cuidador para estse novo parceiro interativo. Quando as pessoas estão presas a padrões negativos de interação como adultos, geralmente é porque transferem padrões de outros relacionamentos, tornando difícil se conectar com as pessoas à sua frente.

Em um conjunto particularmente impressionante[113] de experimentos do rosto imóvel, vimos como os bebês podem manter uma espécie de "memória" das interações em seus corpos. Um grupo de bebês foi exposto ao paradigma do rosto imóvel duas vezes, com dois dias de intervalo. Um segundo grupo de bebês experimentou o paradigma do rosto imóvel apenas uma vez, no segundo dia. Ambos os grupos foram observados durante o período de brincadeira anterior ao rosto imóvel do segundo dia. Descobrimos que os bebês do primeiro grupo tinham frequências cardíacas mais altas durante o episódio de brincadeira, mostrando que antecipram o estresse do rosto imóvel simplesmente porque o cenário era o mesmo. Embora não se "lembrassem" da maneira como os adultos pensam sobre a memória, em termos de palavras e pensamentos, seus corpos se lembravam. Parece que esses bebês carregaram os significados do rosto imóvel para sua brincadeira dois dias depois. O espaço físico, com sua combinação específica de impressões sensoriais, significava estresse. Em contraste, os bebês que não experimentaram o rosto imóvel tiveram batimentos cardíacos normais enquanto brincavam sem estresse.

E se o rosto imóvel tivesse sido um tapa ou uma ausência emocional repentina? No Capítulo 6 descrevemos os incontáveis jogos de mudança, alimentação e adormecimento, momento a momento, que se tornam parte da maneira de o bebê ser no mundo. Mas se esses jogos envolvem ser ignorado ou ser atingido ou ouvir brigas com gritos, essas experiências também se tornam parte da fisiologia do bebê e da maneira de responder ao mundo.

SINTOMAS COMO SUPERAÇÃO

Se uma forma retraída, restrita ou rígida de estar no mundo persiste, pode ser mapeada em conjuntos de comportamentos que chamamos de depressão ou ansiedade. Entretanto, talvez esses comportamentos tenham suas origens na adaptação a um mundo sem propósito ou com significado distorcido. Os comportamentos que representam formas de superação no curto prazo não são adaptativos no longo prazo. Eles isolam as pessoas da confusão normal do envolvimento social que promove o crescimento e o desenvolvimento saudáveis, levando a uma espiral descendente de desconexão.

Os humanos têm uma motivação natural para criar significado mesmo nas circunstâncias mais adversas. Eles farão o que for preciso para manter um senso de coerência, para evitar aquela ansiedade insuportável de perda do senso de identidade. Os bebês se mantêm inteiros o suficiente para ganhar energia e continuar pela próxima hora ou dia. Eles usam os recursos imediatamente disponíveis para eles, mesmo que a longo prazo esses mesmos comportamentos possam se tornar problemáticos.

Essa forma de pensar é reiterada pelo psicanalista Robert Furman[114]. Ele sugere uma maneira alternativa de entender o comportamento comumente chamado de TDAH. Descreve como, quando as crianças passam por um sofrimento emocional intolerável, elas têm uma série de opções. Elas podem se retirar para a fantasia, que se manifesta como distração e desatenção. A fantasia oferece uma fuga. Podem usar ações em vez de palavras com sintomas de impulsividade e hiperatividade. Esse comportamento lhes dá um meio de expressar sentimentos para os quais não têm palavras. Na verdade, esses sintomas podem representar uma resposta adaptativa a uma experiência avassaladora.

Pense em uma criança deitada na cama ouvindo os pais gritando um com o outro e sabendo que um deles pode machucar o outro. O pensamento *É minha culpa* pode dar um senso de coerência a uma situação incompreensível, mas carrega a consequência negativa de longo prazo de uma sensação de vergonha internalizada. As interações entre um bebê e um pai deprimido podem ajudar o bebê a manter um senso coerente de si mesmo, mas com o tempo podem levar ao desligamento de outras pessoas e coisas. Como Furman descreve, e como a história a seguir ilustra, hiperatividade e desatenção podem ser entendidas como comportamentos adaptativos que as crianças empregam quando estão lutando para dar sentido às suas experiências.

Maria, de 10 anos, chegou à porta da frente pronta para sair para a escola, sem os sapatos e sem a sua mochila. Seus pais, Juan e Verônica, riram ao compartilhar essa história e outras semelhantes sobre sua filha frequentemente distraída em consulta com um terapeuta. Juan era como Maria quando criança, mas suas preocupações com ela eram profundas. Depois que Maria olhou seu passaporte antecipando uma viagem para visitar seus avós no Equador, ela perguntou por que o dela era diferente. Cada um deles tinha um carimbo de visto, mas o dela não. As perguntas incomuns sugeriam que ela estava começando a descobrir as coisas sozinha. Seus pais tiveram dificuldade em explicar que, nas palavras de Verônica, eles estavam "no país ilegalmente". Seus pais fizeram de tudo para protegê-la das notícias, com sua conversa incessante sobre o "problema" dos imigrantes indocumentados, mas sem dúvida ela ouviu coisas na escola. Seus pais não sabiam como abordar a complicada situação. Depois de contar esta história ao terapeuta, Juan fez uma pausa para considerar o problema e então passou a compartilhar outra grande preocupação. Maria sofreu bullying implacável desde que começou a segunda série, coincidindo com mudanças políticas caracterizadas pela retórica anti-imigrante. Um colega de classe disse a ela: "Nosso presidente não gosta de pessoas com a sua cor de pele". Os professores de Maria recomendaram recentemente que ela fosse ao pediatra para uma avaliação de TDAH. Talvez com um diagnóstico, disseram, Maria poderia obter serviços para ajudá-la a controlar seu comportamento distraído. Juan foi inflexível. "Não há nada de errado com minha filha." Nessa história, vemos várias camadas de significado ao comportamento de Maria. A certeza de um diagnóstico, com uma abordagem de tratamento caracterizada pelo manejo de seu comportamento, ou "sintoma", pode atrapalhar a compreensão de toda a complexidade de sua experiência. Contribuir para o comportamento dela foi uma tendência biológica para a distração, a experiência do bullying e sua preocupação muito real com a possibilidade de deportação, uma preocupação que no momento Maria não tinha linguagem para expressar. A complexidade da história surgiu não em questionários padronizados usados em uma avaliação de TDAH, mas em um espaço de tempo para ouvir com interesse. Seu comportamento desatento estava imbuído de múltiplos significados entrelaçados.

Eliminar os sintomas que acompanham o sofrimento emocional pode fornecer soluções de curto prazo, permitindo, por exemplo, que uma criança impulsiva se sente à mesa ou que um adulto deprimido se levante da cama pela manhã. No entanto, se esses comportamentos problemáticos têm uma função adaptativa, são na verdade uma maneira de enfrentar ou manter-se completo, então, se o contexto relacional e de desenvolvimento desses comportamentos não for abordado, não devemos nos surpreender se reaparecerem em formas diferentes e às vezes mais problemáticas.

TUDO É BIOLOGIA

"Mas é genético" e "Essas são doenças cerebrais", as pessoas podem dizer. Uma vez que reconhecemos que nossos genes, cérebros e corpos fazem significados nos relacionamentos, a falsa dualidade de biologia e experiência, de natureza e criação, entra em colapso. Como discutimos no Capítulo 1, o campo crescente da epigenética muda a maneira como pensamos sobre a natureza *versus* criação, mostrando-nos que, em vez de uma situação ou outra, a experiência influencia a expressão dos genes. Esses genes influenciados epigeneticamente, por sua vez, determinam a estrutura e a função do cérebro.

A epigenética comportamental se refere especificamente ao modo como o ambiente, ou a experiência de vida, influencia a expressão gênica e o comportamento e desenvolvimento subsequentes. Uma criança pode nascer com um determinado gene para alguma característica problemática, mas a expressão desse gene e, portanto, os efeitos desse gene no comportamento, variam de acordo com o ambiente. Se um determinado gene é ou não expresso afeta diretamente o desenvolvimento da estrutura e da bioquímica do cérebro. Assim, a experiência molda o potencial genético e as relações no início da vida são essenciais para influenciar o desenvolvimento do cérebro.

Por exemplo, o gene *5-HTT*[115] afeta a maneira como o corpo responde ao estresse. Ele influencia a estrutura e a função de partes do cérebro que desempenham um papel essencial na regulação emocional. O C, para "curto", a variação desse gene está associada a sintomas depressivos. Mas a expressão ou efeito sobre o comportamento dessa variação genética é fortemente afetada pela experiência de vida. Na ausência de estresse significativo, o gene não é ativado e, portanto, não tem efeito significativo no indivíduo. Eventos de vida estressantes, entretanto, ativam o gene, alterando o cérebro e aumentando significativamente a probabilidade de a pessoa sofrer de depressão. Em nosso laboratório, descobrimos que bebês com o alelo C[116] tiveram uma reação negativa mais forte ao estresse da experiência do rosto imóvel do que bebês com a variação com homozigoto L. Essas descobertas indicam que, em um indivíduo com essa variação genética, o alelo C é mais vulnerável às desconexões inevitáveis de interações típicas, bem como a desconexões prolongadas em ambientes onde falta experiência de reparação.

Muitas pessoas pensam na genética como algo fixo e imutável. E, de fato, o genoma, ou sequência de pares de bases de genes, não muda em resposta ao ambiente. Doenças genéticas como fibrose cística e distrofia muscular resultam de uma mudança — uma mutação — em um par de bases no genoma. Em contraste, o *epigenoma*, ou padrão de metilação e níveis de expressão gênica, pode mudar rapidamente em resposta ao ambiente. Nossos corpos mudam continuamente a expressão gênica em resposta ao meio ambiente, sem qualquer alteração na própria sequência de DNA. Por exemplo, um estudo mostrou que a prática diária de atenção plena[117] resultou em mudanças na expressão do gene que, por sua vez, levou a uma recuperação mais rápida do estresse.

Outro estudo mostrou que uma pessoa com a versão C do gene *5-HTT*[118] apresenta risco aumentado de TDAH. Mas as crianças com essa variação genética que vivem em casas cheias de conflitos têm maior probabilidade de realmente serem diagnosticadas com TDAH. Para colocá-lo de uma forma mais positiva, o fato de você ter a variação como parte de seu genótipo não significa que terá as características do diagnóstico de TDAH.

Pode ser útil reconhecer que, embora a constelação de comportamentos associados ao TDAH tenda a ocorrer em famílias, não existe um *gene* do TDAH. Este é um equívoco comum entre pais e profissionais. O TDAH consiste em um conjunto de comportamentos que tendem a andar juntos e representam um problema de regulação da emoção, do comportamento e da atenção. Esses comportamentos surgem por meio do processo interativo de criação de significado ao longo do desenvolvimento, começando com os primeiros relacionamentos das pessoas.

Referir-se às lutas emocionais como "distúrbios cerebrais" deixa de fora o papel do processo de construção de significado na corregulação da emoção e do comportamento. Ninguém pode entender o cérebro simplesmente ao olhar para ele. Por meio do processo de epigenética, os genes dão sentido às experiências no contexto dos relacionamentos, mudando a estrutura e a função do cérebro.

O PODER DA DISCÓRDIA

A boa notícia é que você tem a oportunidade de reconectar seu cérebro ao longo de toda a sua vida. Embora a reconfiguração demore mais para crianças mais velhas e adultos do que para bebês, as mesmas mudanças que vemos em bebês ocorrem em todas as idades em experiências que oferecem a oportunidade de novas interações repetidas ao longo do tempo. Muitos estudos oferecem evidências de mudanças cerebrais com uma variedade de tipos diferentes de psicoterapia[119]. Podemos entender esses resultados como uma demonstração de que novos relacionamentos com novas oportunidades de criar novos significados podem religar o cérebro.

Um vídeo produzido pelo Centro de Desenvolvimento Infantil da Universidade de Harvard se refere aos cuidadores primários de bebês e crianças pequenas como "neuroarquitetos". Quando você se torna um adulto, uma nova equipe de neuroarquitetos pode ajudá-lo a construir novos significados quando se sentir perdido.

A pesquisa do rosto imóvel ensina que, quando a vida das pessoas começa de maneiras problemáticas, essas experiências exercem seus efeitos de longo prazo quando significados fixos ficam presos em suas mentes e corpos. As raízes desses problemas podem ser profundas para aqueles que crescem em um ambiente sem ampla oportunidade de reparo. Uma mãe ou pai deprimido, um bebê extremamente agitado, um casamento com problemas ou, na pior das hipóteses, uma situação de abuso e negligência — todas essas são circunstâncias que podem levar a significados fixos de desesperança.

As pessoas podem levar esses significados de desesperança para outros relacionamentos em suas vidas, com o medo impedindo-as de se abrirem para os tipos de relacionamentos que permitem o crescimento e a mudança. Quando os significados dão errado, precisamos fazer mais do que apenas rotular e eliminar comportamentos e emoções problemáticas. O reconhecimento de suas origens de desenvolvimento e relacionais nos leva a um novo modelo de cura.

9

CURA EM UM MOSAICO DE MOMENTOS AO LONGO DO TEMPO

Desde o dia em que nasceu, Simon batalhou para se encaixar. Sendo o mais novo de três filhos, chorava sem parar, perturbando sua família antes calma e descontraída. Ao entrar na primeira infância, suas reações dramáticas do mundo ao seu redor causaram estragos em muitas saídas em família. Não ser o primeiro a pressionar o botão do elevador podia levar a um colapso total. Em uma espécie de reação em cadeia, seu próprio comportamento intenso, seguido pela resposta nada positiva de seus pais e irmãos, o perturbou ainda mais. Ele não compreendia seus esforços para acalmá-lo e mergulhou ainda mais em sua própria angústia. Naqueles primeiros anos, quando seus pais, Jacinda e Roman, buscavam uma resposta para a pergunta "O que há de errado com Simon?", muitos profissionais queriam chamar o problema de autismo, TDAH ou mesmo depressão. Seus pais, no entanto, seguiram o conselho de um amigo próximo para serem cautelosos e darem a Simon tempo para se recompor, para dar sentido a si mesmo no mundo. O caminho não foi nada fácil. Ouviram com atenção e tentaram uma série de abordagens para ajudar Simon a administrar a intensidade de sua experiência.

Algumas funcionaram; outras não. Às vezes estabeleciam limites firmes, suportando as consequências da ruptura que esses limites inevitavelmente produziram. Outras vezes, não mediram esforços para acomodar sua inflexibilidade. Por fim, à medida que adquiria a capacidade de expressar seus sentimentos em palavras, Simon aprendeu a se adaptar e a se integrar. Ainda assim, ocasionalmente, mergulhava em momentos sombrios e taciturnos que preocupavam Jacinda e Roman. Contaram com o apoio da família, dos amigos e de diversos terapeutas para enfrentar esses desafios à medida que Simon crescia e se desenvolvia.

Simon, uma criança extremamente inteligente e atenciosa, foi o único em sua família a ser aceito em uma escola particular com bolsa integral. Por capricho, juntou-se à equipe de esgrima, atividade na qual não tinha experiência. Foi uma decisão que provou ser transformacional. Sua habilidade natural e paixão pelo esporte o levaram através dos anos tipicamente tumultuados da adolescência. A atividade física e mental da esgrima e os relacionamentos com seu treinador e companheiros de equipe forneceram inúmeras oportunidades para trabalhar a incompatibilidade e a reparação. A tolerância de seus pais com a confusão, a disposição deles em cometer erros e superar os momentos em que não acertaram as coisas "direito" durante sua infância, lançou as bases para um senso positivo de si mesmo que agora foi fortalecido por novos relacionamentos. Enquanto aquela tendência central de intensa reatividade persistia, assim como os momentos ocasionais de trevas e raiva, Simon incorporou essas qualidades em seu senso de si mesmo de maneiras que poderia controlar. Ele poderia reconhecer esses momentos como temporários e encontrar uma saída. Embora tenha sido esgrimista na faculdade, depois de se formar sua vida ocupada no trabalho impedia a participação contínua. Em vez disso, começou a jogar frisbee e se juntou a um clube do Ultimate Frisbee. Conforme sua capacidade de autorregulação crescia, foi capaz de criar novos significados em novos relacionamentos.

Em contrapartida, Mona cresceu em uma família em que bagunçar não era tolerado. Quando ela cometeu uma transgressão típica da infância, como resistir à hora de dormir, recebeu de seu pai um repentino tapa em seu rosto, que trouxe um fim abrupto e violento para a incompatibilidade. Em vez de experimentar a reparação, ela chorou até dormir.

Como mãe, Mona se assustou com a onda física de raiva intensa que sentiu quando seu filho de dois anos, Rashid, arrancou os óculos de seu rosto ou acidentalmente bateu nela com um brinquedo. Sabia em sua mente consciente que esse era o comportamento típico de uma criança, mas estabelecer limites com calma, como aconselharam médicos e especialistas em uma infinidade de revistas para pais, estava além dela durante esses episódios. Embora seja capaz de evitar bater nele, pode arremessar um prato contra a parede ou se acabar em lágrimas. Embora tenha entendido o conselho bem-intencionado, no calor do momento, achava impossível parar e pensar sobre sua reação.

Mona sabia que queria que Rashid tivesse uma experiência de infância diferente da que teve. Como a reação ao filho estava embutida em seu corpo, só poderia mudar pela criação de novos significados, e não apenas na forma de palavras e pensamentos. Encontrou esses novos significados em um mosaico de experiências. A psicoterapia foi essencial. No entanto, como no relacionamento entre Eric e o Dr. Olds no Capítulo 1, as interações de momento a momento com seu terapeuta desempenharam um papel tão grande ou maior do que suas conversas sobre o impacto de seu relacionamento abusivo com seu pai em sua parentalidade. Além disso, seu relacionamento com sua esposa, a expressão de criatividade por meio de sua carreira como designer de interiores e sua prática de aiquidô trouxeram espaço para incompatibilidades seguidas de reparações que promoveram o crescimento. Superar toda essa confusão permitiu que ela construísse novos significados não violentos em seu relacionamento com o filho.

Nessas duas histórias, vemos os extremos de influência da natureza e da criação. Por causa das qualidades com as quais Simon nasceu, sua infância foi caracterizada por mais incompatibilidades não reparadas do que experimentaram seus irmãos descontraídos. Para Mona, a escassez de reparações resultou principalmente dos problemas de seus pais. Em cada situação, significados distorcidos do mundo como um lugar opressor e sem esperança podem ter sido transportados para novos relacionamentos, criando uma rede confusa de dificuldades. Como vimos, na realidade, natureza e criação estão intimamente ligadas a partir do momento em que nos envolvemos em relacionamentos com outras pessoas. Para ser capaz de mudar em longo prazo, Simon e Mona precisavam de algo diferente: uma nova rede de relacionamentos e atividades. Nenhuma das mudanças foi rápida ou fácil. Com o tempo, cada um desenvolveu um senso de si mais completo e complexo.

O PARADOXO DA CURA

Quando sofremos, seja com sentimentos dolorosos dentro de nós mesmos, dificuldades em nossos relacionamentos ou ambos, podemos naturalmente buscar uma solução rápida que suavize os solavancos. Contudo, quando olhamos além do curto prazo, reconhecemos que precisamos fazer exatamente o oposto. Ao mergulharmos em um novo conjunto de interações ao longo do tempo, com centenas de milhares de momentos de envolvimento com a confusão, criamos novos significados passando da incompatibilidade à reparação. E, como vimos, os significados que fazemos de nós mesmos não estão apenas em palavras e pensamentos. Novas interações precisam trazer nossos corpos assim como nossas mentes. Confrontados com um problema de conflitos emocionais, precisamos ser criativos. Como Simon foi inventivo ao encontrar seu caminho para a esgrima, uma atividade que poderia descrever como um combate não violento organizado e coerente que, como todos os esportes, exige lidar com o fracasso e superá-lo.

Em seu livro *The Body Keeps Score* [*O Corpo Marca os Pontos*, em tradução livre][120], o psiquiatra Bessel van der Kolk da Trauma Research Foundation oferece uma visão abrangente de como o estresse vive no corpo e como o uso do corpo pode ajudar uma pessoa a se curar de estresse extremo ou trauma. Van der Kolk escreve sobre um programa de teatro inovador em Lenox, Massachusetts, chamado Shakespeare in the Courts, que oferece um exemplo. No programa, os adolescentes considerados culpados de uma variedade de delitos, são condenados a seis semanas, quatro tardes por semana, a estudo intensivo de atuação. Essa experiência dá aos jovens vulneráveis a oportunidade de expressar seus sentimentos, um passo importante no caminho para se administrar em um mundo social. Muitos vêm de ambientes domésticos caóticos. Na falta de cuidadores disponíveis de forma consistente, eles não aprenderam anteriormente como descrever suas emoções, e um dos resultados é o comportamento impulsivo, literalmente fazer sem pensar, que os colocou em apuros. Van der Kolk descreve como o diretor Kevin Coleman trabalha com os adolescentes. Coleman usa a atuação para ajudar a dar linguagem às suas experiências emocionais. Como van der Kolk explica, Coleman não pergunta aos jovens como eles se sentem, uma pergunta que convida ao julgamento com palavras como *bom* e *ruim*. Ele quer que eles sejam livres para perceber como realmente se sentem. De certa forma, o programa de teatro apoia a capacidade dos adolescentes de se ouvirem, de encontrar significado em seu próprio comportamento. Van der Kolk escreve:

> Como alternativa Coleman pergunta: "Você percebeu algum sentimento específico que surgiu para você naquela cena?" Assim, eles aprendem a nomear experiências emocionais: "Fiquei com raiva quando ele disse aquilo." "Fiquei com medo quando ele olhou para mim." Tornar-se incluído e, na falta de uma palavra melhor "com linguagem", ajuda os atores a perceberem que têm muitas emoções diferentes. Quanto mais eles percebem, mais curiosos ficam.

Ao criar algo, seja uma peça de escultura, uma pintura ou um livro, você passa por muito material que não está certo até encontrar sua maneira do que realmente deseja comunicar. Quando você se esforça ansiosamente para produzir uma ideia totalmente formada desde o início, pode ficar preso, incapaz de criar qualquer coisa. Por outro lado, ao abraçar a confusão, você encontra sua própria voz artística. Da mesma forma, quando busca se recriar a partir de um histórico de significados distorcidos e conturbados, em novos relacionamentos, você precisa passar por inúmeras interações imperfeitas que não estão muito certas.

No programa Shakespeare in the Courts[121], todos os infratores juvenis preparam suas próprias peças performáticas; faz parte dos termos da sentença. No ensaio, esses atores iniciantes, assim como atores profissionais, inevitavelmente ficam confusos, esquecendo uma fala, perdendo a deixa. Ao passar uma cena várias vezes, aprendem a respirar através dos erros no caminho para uma performance mais contínua, embora nunca perfeita.

APRENDER COM O TRAUMA DE GUERRA

Os primeiros relacionamentos constroem a base da autorregulação e da capacidade de estar próximo dos outros, e essas experiências iniciais influenciam todos os relacionamentos que seguem até a idade adulta. Quando os adultos passam por traumas, tanto a forma como respondem como a forma como curam são afetadas por essas experiências iniciais. Considere o exemplo do trauma de guerra, do qual o termo agora comum *transtorno de estresse pós-traumático*, ou TEPT, tem suas origens.

O ator Stephan Wolfert[122] apresenta um poderoso show solo que criou chamado *Cry Havoc!* para uma variedade de públicos. No início, ele usa sua própria voz para criar um som que logo se torna claro para o público como o *ruído* de um trem em um trilho, representado pelos movimentos mecânicos de seu corpo. Aos poucos, as palavras são vinculadas aos sons e movimentos, e uma narrativa começa a surgir.

Wolfert oferece uma história convincente de sua vida e da cura que começou quando o trem parou em uma pequena cidade onde ele descobriu Shakespeare. Depois de camadas de adversidades que começaram na infância, incluindo abuso por parte de seu pai alcoólatra, violência doméstica de seus pais e o divórcio subsequente, uma lesão esportiva paralisante e anos de trauma de guerra e perda terrível, ele abandonou o serviço militar. Em uma viagem de trem pelo meio de Montana, espontaneamente saltou em uma cidade onde, como o destino queria, topou com uma produção de teatro local de *Ricardo III*. Foi cativado imediatamente. Esse evento provou ser o primeiro passo em uma jornada para desenvolver um programa usando Shakespeare para curar veteranos de guerra lutando com traumas de combate.

No Decruit.org, o site do programa de Wolfert, lemos: "Tratar o trauma por meio de Shakespeare e da ciência". Wolfert identificou como os cérebros dos veteranos são programados para a sobrevivência em combate, mas que os veteranos não tiveram a oportunidade de se reconectar para se ajustar à vida civil. Sua história enriquece nossa compreensão da cura de traumas enraizados na infância, em nossa vida adulta ou em ambos.

Quando se apresentou para nossos colegas no Programa de Saúde Mental da Criança e Família da Universidade de Massachusetts, em Boston, explicou que, para os veteranos de combate, a cura não vem principalmente das palavras de Shakespeare, mas do ritmo e da respiração ao recitá-las. Em certo sentido, o desempenho de Wolfert representa a construção de significado de uma criança por meio da experiência sensorial e do movimento para o pensamento e a linguagem conscientes. Quando os significados arraigados estão fora da consciência, eles podem causar estragos em sua experiência atual. Wolfert permite que seu público se conecte com seus próprios sistemas corporais de criação de significado mais fundamentais e trazem esses significados à consciência.

Para o público de Wolfert, a experiência de viajar com ele em sua jornada pode ter um poderoso efeito transformador, assim como assistir à performance de *Ricardo III* teve para ele. No mundo de hoje, ir ao teatro é normalmente considerado entretenimento, não terapia. A peça de Wolfert e sua história oferecem exemplos de como encontrar caminhos criativos para a cura.

O sistema de estresse fisiológico de uma pessoa é alterado quando o processo de incompatibilidade e reparação é interrompido no início da vida. A experiência vive no corpo e, quando alguém fica estressado na idade adulta, o corpo pode responder de maneiras moldadas por essa experiência inicial. Aprender novos padrões envolve o uso da mente e do corpo. Se os significados foram formados antes do desenvolvimento da linguagem, a mudança exige novos significados que não são baseados apenas na linguagem e no pensamento consciente. Para entrar em novos relacionamentos que quebrem os padrões doentios da infância, as pessoas precisam aprender, como Wolfert demonstra, novas maneiras de respirar.

No filme *Sem Rastros*, um veterano de guerra viaja com sua filha na tentativa de escapar dos demônios que assombram sua mente. Nós o vemos em uma série de encontros, tendo experiências aparentemente comuns que podemos não pensar como *terapia* no significado convencional da palavra, mas isso poderia ser terapêutico. Essas experiências podem ter oferecido a ele espaço para lidar com a confusão da interação e fornecer ocasiões para reparações que promovem o crescimento. Contudo, para esse homem, elas estão fora de alcance.

Ao ser forçado por uma agência de serviço social a deixar seu lugar seguro na floresta e ser levado com sua filha para morar em uma fazenda, ele questiona se poderia trabalhar com os cavalos. O fazendeiro diz que ele precisa colher árvores de Natal, trabalho que exige que fique perto de maquinário barulhento. Quando fica sozinho por um momento no estábulo e encontra o olhar de um dos cavalos, vemos sua expressão se suavizar e seu corpo relaxar no potencial poder de cura da conexão que procurava. Porém, negada essa oportunidade, decide ir embora, levando consigo a filha. Ao longo de sua jornada cada vez mais traiçoeira, ele tem outros encontros com oportunidades criativas de cura. Um colega veterano que encontra generosamente compartilha seu cão de terapia, cuja capacidade de sentir tensão e angústia em seu corpo oferece conforto a ele. Em outro momento particularmente dramático, ele observa sua filha lidar com uma colmeia de abelhas sem nenhum equipamento de proteção depois que o apicultor e informou que ela havia conquistado a confiança delas. É de se perguntar se uma rede de segurança que incluísse todos esses relacionamentos — com outros veteranos, cavalos, cães e até mesmo abelhas e apicultores — podem ter ajudado esse veterano a mudar os significados distorcidos criados em sua mente pelo trauma da guerra. Talvez esse mosaico de experiências o tivesse permitido ajustar-se à vida civil e a reingressar na sociedade. Em vez disso, vê uma vida sozinho na floresta como sua única opção.

Embora esse filme seja uma ficção, é baseado em uma história real, e muitas oportunidades criativas da vida real para curar traumas de guerra existem. Todos eles compartilham uma abundância de confusão de interação e oportunidade de reparação, para construir uma sensação de segurança nas relações. Em um exemplo particularmente marcante do mundo real, os veteranos encontraram cura em relacionamentos com papagaios negligenciados, abusados ou abandonados, muitos dos quais viveram a maior parte de suas vidas sozinhos em gaiolas minúsculas. No Serenity Park, um santuário de pássaros nos arredores de Los Angeles, os papagaios vivem em um ambiente projetado para duplicar sua vida na natureza. Lilly Love, uma veterana com TEPT grave, para quem os tratamentos convencionais não tiveram sucesso, descreveu sua experiência sobre essa relação de cura incomum no Serenity Park em um artigo do *New York Times*: "Esses grandes feixes de luz esquecidos[123] que foram deixados de lado e marginalizados. Vejo o trauma, o trauma mútuo que eu sofri e que esses pássaros sofreram, e meu coração só quer sair, nutrir, alimentar e cuidar deles, e fazer isso me ajuda a lidar com o meu trauma. Tudo sem palavras".

Significados distorcidos que as crianças fazem em seus primeiros anos são levados adiante para a experiência do trauma como adultos, criando uma teia emaranhada. Um estudo recente mostrou que as veteranas de guerra[124] que lutavam contra a dor física da fibromialgia frequentemente tinham histórico de trauma sexual militar e trauma infantil. As veteranas com as maiores taxas de trauma sexual no exército também apresentaram as maiores taxas de negligência e abuso infantil. Infelizmente, elas podem estar buscando o que imaginavam como a segurança oferecida pela organização da vida militar. Esse estudo oferece um exemplo de significados distorcidos desde a infância que são levados adiante. Os significados que têm origens na infância são ainda mais distorcidos pelo trauma do combate e da agressão sexual durante a guerra. Esses significados são então mantidos no corpo na vida pós-combate na forma de síndromes de dor crônica.

A resposta de um adulto ao trauma de qualquer forma está incorporada na experiência inicial da adversidade. O trauma reverbera em uma série contínua de experiências através do desenvolvimento. Seja devido ao trauma da guerra, anos de relacionamentos conturbados, ou ambos, quando você faz significado do mundo como inseguro, de pessoas como não confiáveis, de si mesmo como ineficaz e impotente, qualquer tratamento de curto prazo, embora talvez útil no momento, falhará compreensivelmente em mudar esses significados. Sem uma mudança drástica nos padrões de interações, novas relações continuam a ser distorcidas, proporcionando novas oportunidades de trauma. Dito de forma mais direta, não é simplesmente o que aconteceu quando éramos jovens que nos atrapalha agora. Ao longo do caminho para crescer e entrar em nossas vidas adultas, continuamos a criar novas formas de nos prejudicarmos. Somente quando acumularmos um novo conjunto de interações, quando trabalharmos os inevitáveis momentos de desconexão para encontrar novamente a conexão, cresceremos e mudaremos.

PSICOTERAPIA COMO DESCONEXÃO CONTROLADA

A psicoterapia pode ser entendida como uma oportunidade para criar novos significados. Pesquisas têm demonstrado que o valor em uma infinidade de diferentes formas de psicoterapia[125] está na relação entre cliente e terapeuta. Fundamental para todas essas formas de terapia é a confusão das interações momentâneas em um cenário que oferece a chance de se envolver e lutar com múltiplos níveis de significado que compõem a experiência relacional da própria psicoterapia.

Como discutimos no capítulo anterior, um princípio fundador da psicanálise é o conceito de transferência. Sentimentos intensos de relacionamentos passados são trazidos para essa nova relação com oportunidade de reflexão. Se seu início de vida foi caracterizado pela experiência prolongada de um rosto imóvel sem oportunidade de reparação, os momentos de desconexão que ocorrem dentro da relação terapêutica não são apenas inevitáveis, mas necessários para a cura.

Em seus relacionamentos fora da psicoterapia, você pode reagir a um rosto imóvel desligando, ou dissociando, reações que normalmente estão fora de consciência, ou inconscientes. Contudo, o ambiente seguro da psicoterapia ajuda a trazer essas reações para a consciência. Em um momento de desconexão, você pode processar a experiência. Uma terapeuta olha para o relógio dela assim que você compartilha um pensamento importante enquanto está em um estado elevado de sofrimento emocional. Com o terapeuta, você pode averiguar como a desconexão inesperada afeta seu corpo e mente no momento. Quando você liga essas experiências com palavras, elas perdem seu poder.

Ao basear-se na teoria polivagal que descrevemos no capítulo 3, se a falta de oportunidade de reparo o deixou com a vivência de que seu mundo social é ameaçador, seu sistema primitivo vagal provavelmente tem sido superativo por anos como uma forma de proteção. O corpo diz que o mundo é perigoso, e essa interpretação se torna uma forma de estar em todas as situações. Em um ambiente terapêutico, o silêncio da sala, a segurança do tempo, e até mesmo o ritmo, ou prosódia, da voz do terapeuta permitem que o vago inteligente entre em funcionamento. Com seu sistema de engajamento social disponível, você pode se sentir seguro para navegar na confusão normal da interação humana em relação ao seu terapeuta. A energia para o crescimento que vem quando você trabalha através desses "erros" pode, então, ajudá-lo a se envolver em uma infinidade de outras novas relações com novas oportunidades de reparação.

Winnicott capturou de um belo modo a noção de que a saúde está em lidar com as experiências confusas que a vida naturalmente apresenta. Escreveu: "Todos esperamos que nossos pacientes terminem conosco[126] e nos esqueçam, e descobrirão que viver é a terapia que faz sentido". A psicoterapia é uma intervenção circunscrita que fornece um novo conjunto de interações para criar novos significados, diferentes dos significados problemáticos que viveram em seu corpo. Estes, por sua vez, são levados adiante em suas novas experiências e relacionamentos.

CURAR EM NOVOS RELACIONAMENTOS

Novas relações formam a essência do engajamento criativo como um caminho para a cura. Embora os primeiros relacionamentos forneçam os ingredientes principais, eles não são permanentemente "imutáveis". Novos ingredientes na forma de novos relacionamentos permitem o crescimento contínuo e a criatividade com elaboração complexa do seu senso de si.

Anil lutou com sentimentos de depressão durante a maior parte de sua vida adulta. Seus pais tinham sido engenheiros bem-sucedidos no Iraque, mas, experimentando uma precária sensação de segurança em sua terra natal devastada pela guerra, eles imigraram para os Estados Unidos. Lá, eles tinham uma mercearia. Todas as suas esperanças eram depositadas em Anil; esperavam que ele se tornasse um engenheiro e vivesse seu sonho americano não realizado. Anil tinha cumprido com a fantasia de seus pais com sua vida na América. Por todas as medidas externas, sua vida foi um sucesso. Só sua esposa, Lana, sabia da profunda infelicidade que o atormentava.

Anil sentiu que, em sua infância, seus pais não se envolviam com ele ou entre si quando surgiam momentos difíceis. Anos de insegurança os deixaram com uma necessidade compreensível de evitar incertezas. Quando chegou a hora de escolher uma carreira, Anil seguiu o caminho dos pais e se tornou engenheiro. Sua motivação não tinha sido o desejo, mas o medo da indecisão e de decepcionar sua família. Explorar uma carreira diferente não parecia uma opção quando ele era mais jovem. Décadas depois, embora ganhasse um bom sustento para a família, seu trabalho parecia enfraquecedor e lutou contra o que foi diagnosticado como depressão.

Aos 45 anos, com o incentivo de Lana, Anil mergulhou naquele lugar desorganizador de incerteza. Sua verdadeira paixão sempre foi compor partituras musicais. Enquanto ele brincava com o ofício, escrevendo composições para acompanhar as apresentações de dança de sua filha, ansiava por um período de tempo para mergulhar no processo. Lutou contra a ideia de abrir mão de sua identidade profissional de engenheiro. Ao contrário de seus pais, Lana ficou com ele durante o conflito, em vez de evitá-lo. Com seu trabalho como administradora de assistência médica, poderiam se organizar financeiramente. Por fim, ele decidiu que deixaria a engenharia e dedicaria sua vida à composição.

O relacionamento de Anil com Lana deu-lhe a capacidade de lidar com a confusão de se descobrir de novo, de abraçar um senso de si mesmo mais complexo e coerente. Durante os anos de casamento, passaram por muitas provações juntos. Como dois indivíduos, cada um trouxe uma forma diferente de se ver e de ver o mundo ao seu redor, tiveram inúmeras experiências de resolver as coisas juntos. Essas experiências fortaleceram o senso de controle de Anil e sua confiança em sua capacidade de fazer escolhas e descobrir seu próprio significado. Embora a falta de incompatibilidade e reparação na infância de Anil o tenha levado a resistir a esse tipo de exploração e tenha se agarrado ansiosamente a uma expectativa rígida, seu relacionamento com Lana o ajudou a encontrar o caminho do desespero na meia-idade para a criatividade esperançosa. Ao reconhecer que o sucesso pode assumir muitas formas, Lana, ao contrário dos pais de Anil, foi capaz de tolerar a incerteza do novo caminho que Anil escolheu.

Embora os primeiros relacionamentos nos moldem, ao longo de nossas vidas podemos mudar, criar novos significados em novos relacionamentos. Se carregamos significados de ansiedade, medo e desespero de nossa infância para novas experiências adversas que encontramos ao longo de nossas vidas, as interações em novos relacionamentos com espaço para incompatibilidade e reparação oferecem o caminho para a cura.

A pesquisa do rosto imóvel nos ensina que a terapia não é uma solução unidimensional ou mesmo bidimensional. Precisamos abandonar a expectativa de que o caminho para o crescimento e a cura será suave. Em vez disso, a rigidez, o desnível das novas estradas que construiremos no futuro, nos leva a uma nova visão de nós mesmos e do mundo. E não apenas psicoterapia, mas atividades cotidianas, como ingressar em uma escola de artes marciais, caminhar na natureza com um amigo, cozinhar para os outros ou fazer aulas de fotografia, são formas de curar a mente e o corpo, abrindo-nos para uma confusão de possibilidades para conexão e pertencimento.

10

ENCONTRAR ESPERANÇA NA INCERTEZA

Em nossos capítulos iniciais, nos baseamo no trabalho de Stephen Hawking para demonstrar o papel do erro na criação da vida em si. Em um ensaio brilhante intitulado "The Dangers of Certainty"[127] ["Os Perigos da Certeza", em tradução livre], o professor de filosofia Simon Critchley oferece uma ideia semelhante. Critchley descreve o princípio da incerteza de Heisenberg, que afirma que, quanto mais precisamente a posição de uma partícula é determinada, menos precisamente seu momento pode ser conhecido, e vice-versa. O princípio da incerteza demonstra os limites do conhecimento absoluto em nosso mundo físico. Aplicando o princípio da incerteza ao mundo social, Critchley escreve: "Encontramos outras pessoas através de uma área cinzenta de negociação e aproximação. Assim é o negócio de ouvir e de ir e vir de conversas e interação social".

Tolerar a incerteza na área cinzenta através da qual as pessoas se comunicam abre espaço para erros. Sem erro, nada muda e nada novo pode ser criado. Tolerar a incerteza não é fácil. Isso perturba todos nós. A incerteza pode levá-lo a recuar para o pensamento rígido, mas a fantasia de uma solução simples e clara pode limitar o crescimento e produzir um efeito amortecedor. O contrário também é verdadeiro: quando você reconhece o que não sabe, mergulhando e confundindo a incerteza ilimitada, tem a oportunidade de descobrir soluções criativas para problemas complexos. Ficar com a imprevisibilidade permite que você se cure e cresça.

A certeza pode atrapalhar seus relacionamentos se você transferir significado de interações em relacionamentos anteriores. Você luta para se conectar quando traz sentimentos sobre outros relacionamentos para um lugar onde eles não fazem parte. Se seus relacionamentos iniciais não toleraram mal-entendidos e interpretações incorretas, você pode reagir ao seu parceiro com a certeza de que sabe o que é certo.

A TIRANIA DA CERTEZA

A certeza nos afasta do crescimento e da cura; pior ainda, pode nos levar a lugares potencialmente perigosos e prejudiciais. Certeza e autoritarismo costumam andar de mãos dadas. Em seu livro de memórias, *A Menina da Montanha*[128], Tara Westover conta sobre sua educação problemática e de como foi crescer em um ambiente caracterizado pela certeza autoritária, como filha de sobrevivencialistas nas montanhas de Idaho. Em um exemplo revelado, sua mãe sofreu um sério ferimento na cabeça em um acidente de carro, depois que seu pai insistiu que a família fizesse uma viagem de carro de doze horas durante a noite. Contudo, por causa da certeza de seu pai sobre os males dos hospitais, ele a manteve em casa em vez de procurar atendimento médico. Ela permaneceu no porão escuro por semanas, incapaz de tolerar a luz, e o impacto de longo prazo veio na forma de dores de cabeça crônicas debilitantes, memória prejudicada e incapacidade de retomar seu trabalho como parteira. Embora nenhum de nós conheça pessoalmente a autora, nos perguntamos se o processo criativo de escrever suas memórias desempenhou um papel em ajudá-la a deixar para trás a certeza tirânica que caracterizou as circunstâncias em que foi criada.

Em relacionamentos que saíram do curso, vemos indivíduos com uma notável falta de curiosidade. Um ou ambos os parceiros comunicam uma certeza absoluta. Não deixando espaço para dúvidas, eles podem estar extraordinariamente certos de que sabem, entendem e podem falar pela experiência de outros sem aprofundar a discussão ou questionamento.

Nadia morava em um apartamento cinco andares abaixo de sua irmã Olga. Elas cresceram próximas quando a família sobreviveu aos massacres da Rússia no final de 1800 e imigrou para os Estados Unidos. Entretanto, quando seu irmão Endre morreu, uma briga pelos seus pertences levou a uma divisão entre as irmãs que permaneceu sem reparo, cada uma certa de que a outra estava errada, até que ambas morreram na casa dos noventa anos. Seus filhos tomaram partido, e toda a família permaneceu presa no conflito, em um esforço para manter suas posições arraigadas.

Milton e sua irmã Delia pareciam trilhar um caminho semelhante. Presos na raiva embutida em mal-entendidos em torno dos negócios da família, eles mal se falaram por muitos anos. A discórdia não foi reparada até que o jovem filho de Milton procurou ajuda para uma ansiedade debilitante. As lições que ele aprendeu desencadearam uma cascata de eventos que promoveram cura para toda a família. Em sua terapia, aprendeu a fazer uma pausa e respirar quando se sentia dominado pelo medo. Apresentou essa técnica a seu pai, que a aplicou quando sua raiva por Delia ameaçou paralisar seu pensamento. Essa mudança criou um espaço aberto apenas o suficiente para que ele pudesse reconhecer que sua irmã tinha uma perspectiva diferente; ela não estava necessariamente certa, mas ele entendeu que ela tinha suas próprias razões para os pontos de vista que defendia. Essa mudança em seu pensamento foi suficiente para permitir que ele se aproximasse da irmã e começasse a quebrar a barreira entre eles. Começaram a jogar tênis, uma atividade que aproveitavam juntos quando crianças. Houve muitos erros, bem como algumas jogadas excelentes que pareciam certas. Durante as horas de idas e vindas rítmicas, convenientemente também uma válvula de escape para sua agressão enquanto batiam na bola com pancadas retumbantes, começaram a desfrutar de novo da companhia um do outro. A fratura começou a cicatrizar.

ABRIR ESPAÇO PARA A INCERTEZA

Como mostram essas duas histórias de família, as pessoas ficam travadas quando não deixam espaço aberto para confusão e incerteza. Brazelton demonstrou o valor da incerteza quando um dos colegas com quem trabalhava lhe contou sobre seus encontros com a família de um recém-nascido em duas visitas domiciliares. Na primeira visita, a casa parecia calma e organizada. Impressionantes em sua união, os pais e o bebê pareciam bem arrumados com roupas perfeitamente coordenadas. Quando alegremente relatou suas descobertas, o Dr. Brazelton ficou quieto e não pareceu compartilhar da alegria de seu colega. Uma semana depois, na segunda visita, as coisas desmoronaram. Mamãe estava uma bagunça. Papai parecia que não dormia há meses. Enquanto o colega estava preocupado, ao contar a história, o Dr. Brazelton pareceu aliviado com a mudança e explicou: "Eles abriram espaço para o bebê".

A confusão literal refletia o processo inevitavelmente confuso e incerto de criar um ser humano. A incerteza desempenha um papel crítico no desenvolvimento do senso de si de uma pessoa desde os primeiros meses de vida. Como vimos, após a fase do que Winnicott chamou de preocupação materna primária, quando a mãe tenta antecipar cada necessidade da criança indefesa, chega um momento essencial em que ela não pode e não deve fazê-lo. À medida que a criança ganha maior competência e começa a se desenvolver como uma pessoa independente, a mãe naturalmente fica insegura sobre o que seu filho precisa. A mãe suficientemente boa não é perfeita, e essas mesmas imperfeições dão aos filhos espaço para se desenvolver sozinhos.

Os conceitos de certeza e incerteza têm amplas implicações em como educamos nossos filhos. A parentalidade autoritária, "do meu jeito ou rua", pode estar ligada à dificuldade de controle emocional nos filhos. A parentalidade confiável, por outro lado, está associada ao fato de os filhos terem maior capacidade de regulação emocional, pensamento flexível e competência social. Uma postura parental confiável inclui respeito e curiosidade por uma criança, junto com a contenção de sentimentos intensos e limites de comportamento.

A autoridade dos pais é algo que, em circunstâncias ideais, vem naturalmente com o trabalho. Não é algo que precisa ser aprendido em livros de especialistas. Então, o que pode fazer com que os pais percam sua autoridade natural? O estresse é de longe o culpado mais comum. Esse estresse pode vir em parte da criança, se, por exemplo, for um bebê particularmente "agitado" ou desregulado. Pode vir dos desafios diários de administrar uma família e trabalhar na cultura acelerada de hoje, em que os pais muitas vezes vivem sem o apoio de outros parentes. Pode vir de questões relacionais mais complexas entre pais, entre irmãos e entre gerações.

Quando os terapeutas de saúde mental de pais e bebês trabalham com famílias de crianças pequenas, visam ajudar os pais a se reconectarem com sua autoridade natural. Ao oferecer aos pais espaço e tempo para contar sua história e ao abordar a ampla gama de tensões em suas vidas, os ajudam a dar sentido ou a encontrar significado no comportamento de seus filhos.

Os pais frequentemente vão a um pediatra ou outro especialista na expectativa de aconselhamento e opinião. A especialista em saúde mental para pais e bebês Kaitlin Mulcahey, ex-membro do Programa de Saúde Mental da Criança e Família que agora está na Universidade Estadual de Montclair, recentemente deu uma palestra para profissionais que trabalham com crianças pequenas e pais na qual reconheceu a pressão por conselhos de ambos os lados: os pais vêm com expectativa de respostas, e os profissionais vêm com o desejo bem-intencionado de ajudar. A Dra. Mulcahey descreveu uma técnica simples que ela utiliza. Quando questionada por um dos pais o que fazer com qualquer situação apresentada, ela faz uma pausa e respira lenta e profundamente. Descobre que naquele pequeno espaço aberto surgem as próprias observações e soluções criativas dos pais. Uma mãe pode dizer de sua filha agitada: "Percebi que ela se sente mais relaxada quando a coloco no meu ombro" ou "Pode ser que tocar música a ajudará a se sentir mais estável". Ao respirar fundo, seja como profissional, pai, amante, colega ou amigo, ajuda a aliviar a ansiedade que pode surgir com a finalidade de "apenas ouvir".

Alguma orientação sobre o que fazer pode entrar naturalmente na conversa, mas conselhos prematuros sem uma completa avaliação da complexidade da situação podem com frequência levar à frustração e ao fracasso. Em contraste, quando um pai tem aquele momento aha! de percepção, a alegria e o prazer que vêm do reconhecimento e da reconexão para pais e filhos pode ser estimulante.

Da mesma forma, quando as pessoas permitem e superam os momentos de discórdia ao longo de suas vidas, experimentam a onda de energia que promove o crescimento. Esse tipo de alegria pode acontecer quando uma mãe finalmente consegue colocar seu filho, que está agitado, no peito para amamentar, quando pais e filhos efetivamente lidam com um acesso de raiva explosivo, quando irmãs sobrevivem a anos de rupturas drásticas para serem dama de honra uma da outra, quando amigos, cônjuges e colegas trabalham na discórdia para alcançar novos níveis de intimidade. Como vimos no capítulo 4, seu senso de identidade e sua capacidade de intimidade são as duas faces da mesma moeda. Quando os relacionamentos mais íntimos oferecem espaço para incertezas, a cada reparo, os parceiros atingem novos níveis de complexidade e coerência e têm maior tolerância às novas incertezas que inevitavelmente surgem.

INCERTEZA PROMOVE EMPATIA E ESPERANÇA

"Eu sei como você se sente" é uma expressão comum de simpatia bem-intencionada, mas às vezes chocante. Está em contraste com a empatia, uma espécie de não saber. Em sua coleção de ensaios *The Empathy Exams* [129] [*O Exame da Empatia*, em tradução livre], Leslie Jamison captura a qualidade da incerteza na empatia. Ela escreve: "Empatia requer investigação tanto quanto imaginação. Empatia requer entender que você não sabe nada. Empatia significa reconhecer um horizonte de contexto que se estende perpetuamente além do que você pode ver". Quando pretendemos imaginar o nosso caminho para as experiências de outras pessoas enquanto reconhecendo que não podemos realmente saber, podemos nos juntar a elas.

Como você aprende a ouvir de uma maneira aberta à incerteza? A capacidade central de ouvir com interesse, de tolerar a incerteza, vem das primeiras experiências de ser ouvido. Há anos, nas rondas com o Dr. Brazelton, os colegas descobriram sua profunda empatia pelo notável bebê recém-nascido. Ele conseguia observar e ouvir. Percebeu que essa nova pessoa era alguém que ele iria conhecer. Sabia que o bebê tinha algo a lhe dizer e reconhecia que ainda não sabia o que era.

Um novo romance entre dois adultos compartilha qualidades com a paixão entre pai e filho recém-nascido. A noção de Winnicott de preocupação materna primária poderia facilmente ser usada para descrever como os adultos se apaixonam, uma paixão que consome sua atenção, preenche suas mentes e vidas completamente, muitas vezes com a exclusão de todas as outras preocupações. Entretanto, como acontece com a mãe e o bebê, esse estágio de pura devoção é inevitavelmente temporário; a vida real rapidamente se insere.

Malik passava por uma fase difícil quando conheceu Taylor. Morando sozinho em uma cidade com a qual não estava familiarizado, ele se sentia isolado e solitário. A atração instantânea levou a um período de lua de mel de puro êxtase, mas, à medida que os dois se aproximavam, inevitáveis mal-entendidos surgiram. Malik não tinha virtualmente nenhuma experiência em passar por conflitos. Seu pai, que fora criado por um pai alcoólatra abusivo, era emocionalmente distante e desengajado. Quando Malik e Taylor tropeçaram em um momento de discórdia sobre onde passar o feriado de Ação de Graças, o instinto de Malik era de fugir. Mas Taylor, tão calma e centrada quanto Malik era intenso e explosivo, o encorajou a resistir. A princípio, Malik interpretou o desejo de Taylor de estar com sua família como um julgamento sobre sua própria família, mas Taylor tinha uma motivação completamente diferente: ela estava preocupada com seus pais idosos e se sentia pressionada a passar mais tempo com eles. Quando ouviram e reconheceram as intenções um do outro, foram capazes de chegar a um entendimento.

Depois dessa experiência de trabalhar através da incompatibilidade à reparação, Malik aprendeu a fazer uma pausa e respirar, a tolerar os momentos em que Taylor não conseguia entender o que sentia. Juntos, passaram por momentos de incerteza para um profundo senso de conexão e significado compartilhado. Seu amor um pelo outro se aprofundou e cresceu.

Em seu livro de beleza comovente *O Último Sopro de Vida*[130], o neurocirurgião Paul Kalanithi, que deixou suas memórias inacabadas quando morreu aos 37 anos de câncer de pulmão metastático, escreveu: "A palavra *esperança* apareceu pela primeira vez no idioma inglês cerca de mil anos atrás, denotando alguma combinação de confiança e desejo". Essa definição de *esperança* se aplica também no contexto de relacionamentos. *Confiança* reflete a experiência de passar pela incompatibilidade à reparação repetidamente, um processo do qual emerge uma sensação de que o relacionamento se manterá, um conhecimento de que *Vamos superar isso*, *desejo* adiciona a camada de intimidade e confiança.

Pode-se dizer que em seu relacionamento com Taylor, Malik descobriu a esperança. Ao contrário de suas primeiras experiências, caracterizadas pelo medo de qualquer turbulência, nessa nova relação, viu que, quando as pessoas se desentendem, nem tudo está perdido. Na verdade, mal-entendidos são necessários para acessar a reparação que fornece energia para o crescimento e a mudança. Quando duas pessoas passam do mal-entendido para o entendimento, elas se conectam.

Quando você se sente sem esperança, sem experiência de reparação, o apego à certeza atrapalha a escuta e leva a uma espiral descendente de rigidez e desesperança. Em contraste, quando experimenta a alegria de passar pela incompatibilidade à reparação, em uma espécie de loop de feedback positivo, seu senso de esperança o abre para ouvir os outros com interesse, levando a maior conexão e crescimento. Um sentimento fundamental de esperança, crescer em relacionamentos com espaço para incompatibilidades e reparações, dá às pessoas a coragem de renunciar à certeza. Quando têm esperança, elas podem se abrir à empatia e ouvir verdadeiramente umas às outras. Então, juntas, podem chegar a soluções criativas tanto para problemas grandes quanto para problemas pequenos.

CONSTRUIR NOVOS CAMINHOS

Em uma apresentação recente, uma jovem fez uma pergunta interessante. Depois de explicar que ela foi criada por uma mãe com doenças mentais graves e um pai emocionalmente ausente e, portanto, experimentou anos de incompatibilidade não reparada, ela se perguntou: "Eu preciso voltar e reparar esses problemas ou posso começar a construir novos significados a partir daqui?". A imagem me veio à mente, olhando para trás em um caminho de rachaduras, buracos e até estradas fechadas. Podia-se sentir nessa jovem a pressão para abordar coisas do passado que ela talvez não quisesse ou mesmo fosse capaz de trazer à mente em seus pensamentos conscientes.

A resposta à pergunta da jovem é confusa. Novas estradas à frente terão suas próprias rachaduras e buracos. Para que qualquer pessoa se cure de experiências adversas na infância, a reparação deve ser agora, contínua no presente. A cura que você obtém com a imersão em novos relacionamentos dá-lhe diferentes significados sobre você mesmo. Esses novos significados, por sua vez, informam a maneira como você integra as experiências do início da vida em um sentido novo e mais coerente de si mesmo no mundo. Em vez de se apegar a significados fixos de raiva e mágoa, você pode compreender essas experiências de diferentes maneiras. Novos significados que você dá às suas experiências de infância conturbada o abrem para uma cura maior por meio de conexões mais profundas e confusas em sua vida atual.

Nossas décadas de pesquisa com o paradigma do rosto imóvel e nossa prática clínica nos ensinaram que o envolvimento no mundo, estar aberto à confusão, oferece novas oportunidades infinitas de reparação — para a construção de uma nova rede de estradas. A cura de velhos relacionamentos problemáticos torna-se possível quando as pessoas têm a oportunidade de criar novos significados em novos relacionamentos. Se não tiveram muitas dessas oportunidades de reparação em seus primeiros relacionamentos, seja devido a um período prolongado de incompatibilidade para reparação, múltiplas experiências de incompatibilidade não reparada ou escassez de incompatibilidade, a possibilidade de criar novas formas de estar no mundo, para renovar o significado, está sempre lá.

Nossa cultura, repleta de conselhos, soluções rápidas e respostas simples para perguntas complexas, dá pouco valor em tolerar a incerteza, em passar da ruptura à reparação, no caminho para a criatividade. Se você resistir à desorganização que normalmente acompanha um salto de desenvolvimento, pode se tornar rígido e temeroso. Ao apegar-se à certeza pela vida toda, com medo de dar o salto, perde oportunidades de crescimento. A atual epidemia de ansiedade e depressão, especialmente em jovens adultos, pode ser por causa, em parte, de uma expectativa irreal de que o conflito deve ser evitado a todo custo. Muitos de nós sofremos com a ilusão que harmonioso e previsível é melhor. Porém, resistir à ruptura inevitável torna as pessoas incapazes de mudar e progredir, de encontrar algo novo.

Respostas simples para problemas complexos podem oferecer o conforto da certeza no início, mas, a longo prazo, elas impedem que você cresça de maneira saudável. Em vez de permanecer preso na desesperança, você pode se desvencilhar ao mergulhar no movimento através da incompatibilidade e da reparação. Se escuta os outros com interesse — nem sempre sabendo a resposta e nem sempre acertando — você pode se conectar e redescobrir a esperança.

11

DA DISCÓRDIA À CONEXÃO E AO PERTENCIMENTO

Enquanto ele falava sobre o tópico "Ouvindo com Interesse" em uma conferência de educadores, Anthony percebeu uma criança pequena se remexendo no colo de uma mulher em uma das cadeiras da primeira fila. Aparentemente, esse membro da audiência teve problemas em achar babás e precisou trazer sua filha junto. Quando, para sua surpresa, viu a mãozinha da criança se erguer no período de perguntas e respostas, aproveitou a oportunidade para modelar o assunto da palestra. Em resposta à pergunta da menina — "Posso pegar mais giz de cera?" —, ele fez uma pausa, considerou suas opções, depois respondeu com uma pergunta: "Quantos giz de cera você tem agora?". Encantada por ser incluída na conversa de adultos, a menina abriu os braços e exclamou com alegria: "Um tanto assim!". Ela voltou a colorir, aparentemente menos interessada na resposta à sua pergunta do que em ter permissão para participar do evento e ouvir o interesse do palestrante em sua perspectiva.

Para outras pessoas na plateia, a pergunta dessa criança de três anos pode ter parecido boba, uma pergunta que o palestrante possivelmente não responderia. Isso não dependia de sua mãe? Como ele poderia ter giz de cera quando estava lá fazendo uma apresentação profissional para adultos? Mas, em vez de responder com desdém ou sentir-se pressionado para dar uma resposta, Anthony introduziu uma forma divertida de não saber. Estava curioso não apenas sobre a perspectiva da menina, mas também sobre sua motivação para fazer a pergunta. Ela realmente queria mais giz de cera ou apenas queria ser incluída? Quando ele correspondeu a sua intenção, sua demonstração de alegria energizou todo o público, e eles reagiram com aplausos e risadas. Muitos se lembraram melhor desse momento do que qualquer coisa que ele disse na palestra, como uma lição que poderiam incorporar em seu próprio trabalho.

A maneira como o Dr. Brazelton se relacionava com os recém-nascidos nas rondas anos atrás, reservando um tempo com os pais para ouvir as primeiras comunicações de seus bebês, pode apontar o caminho para introduzir incertezas lúdicas em nossas interações cotidianas. Ele reconheceu que pais e recém-nascidos não conhecem automaticamente as intenções um do outro. O Dr. Brazelton criou um espaço para explorar as intenções do bebê ou, em nossas palavras, o significado do comportamento do bebê. Inspirados por aquelas rondas, vimos repetidamente que criar um espaço lúdico quando não conhecemos as intenções uns dos outros, mas passamos por incontáveis leituras e interpretações equivocadas até chegarmos a um lugar de compreensão mútua, forma os blocos de construção de relacionamentos fortes e saudáveis.

Quando você esbarra com a certeza em seu parceiro, isso cria uma experiência de não ser visto, não muito diferente da do bebê que encontra o rosto inexplicavelmente imóvel da mãe. No experimento, a experiência é passageira. Nas interações sociais reais, uma postura de certeza corta o processo confuso de incompatibilidade e reparação. Quando você está preso em uma interação problemática, precisa fazer uma pausa e reservar um tempo para perceber as intenções e motivações subjacentes da outra pessoa. Seu parceiro está cansado de um dia longo e estressante no trabalho? Preocupado com um amigo doente? Existe alguma maneira em que a perspectiva do seu parceiro, embora diferente da sua, pode estar certa? Igualmente importante é considerar suas próprias intenções. Por que você insiste em um determinado ponto de vista? Que significado o problema tem para você além da interação imediata? Que significados você carrega de outros relacionamentos em outras épocas?

Pode ser que, tanto em seus relacionamentos pessoais quanto em seu mundo social mais amplo, você tenha perdido a capacidade de brincar. Quando você convida a brincadeira para suas interações, com a incerteza inerente de não saber a perspectiva da outra pessoa, você começa a ver verdadeiramente a outra pessoa. Muitas pessoas em nosso mundo hoje se sentem invisíveis e não ouvidas. Se pudermos abraçar a incerteza de conhecermos uns aos outros, desde o nascimento até a velhice, podemos construir uma sociedade na qual todos nos sintamos reconhecidos e pertencentes.

ESCUTAR DESDE O NASCIMENTO

O cérebro de um recém-nascido faz até um milhão de conexões por segundo enquanto aprende a se adaptar ao mundo exterior. Nas primeiras interações momento a momento entre pais e filhos, o sentido nascente de si do bebê, junto com as novas identidades dos pais, começa a tomar forma. Relacionamentos são formados e transformados. A desorganização normal nos primeiros dias após o nascimento de um bebê, junto com as mudanças hormonais e os sentimentos de terror típicos, mas amplamente não expressos, cria um espaço particularmente aberto para a mudança.

A abordagem de Brazelton para estar com um dos pais e um recém-nascido é vista no Sistema de Observações do Comportamento Neonatal (NBO) e no uso clínico da Escala Neurocomportamental da Rede de Unidades de Terapia Intensiva Neonatal (NNNS). Ambos usam a bola vermelha, o chocalho e a lanterna de Brazelton como ferramentas para fazer os bebês contarem suas histórias. A abordagem de Brazelton e suas ferramentas oferecem uma maneira de apoiar os primeiros esforços dos pais para conhecer seu bebê. Quando podemos reservar tempo para ouvir os pais e o bebê juntos, transmitimos a ideia de que, ao contrário de haver uma "maneira certa", eles resolverão as coisas juntos. As observações revelam como os bebês vêm ao mundo com suas próprias ideias sobre o que é certo para eles. Quando pais e filhos improvisam, quase sempre chegam a uma solução melhor do que a que um especialista poderia impor.

Por exemplo, quando pesquisadores e médicos usam as ferramentas para observar bebês dormindo, descobrem que alguns param o chocalho após uma ou duas sacudidas, protegendo seu sono, enquanto outros se assustam a cada sacudida do chocalho, mesmo após dez repetições. Esses bebês comunicam sua resposta intensa ao mundo ao seu redor. Os pais que já estão privados de sono podem cair em depressão se pensarem que o sono facilmente perturbado é sua "culpa". Observar o comportamento do bebê oferece tempo e espaço para reinterpretar o significado. A intenção do bebê não é dizer *Você é uma mãe ruim*, mas, sim, *Eu prefiro um espaço silencioso*. Esses novos significados podem ajudar os pais a reparar a incompatibilidade. Uma voz suave, luzes fracas e música suave podem acalmar o bebê o suficiente para aliviar a interrupção do sono. Esse reparo, por sua vez, aumenta a confiança dos pais, energizando-os em fazer um esforço para apoiar um bebê que se agita facilmente. E assim vai, momento a momento, no caminho para um relacionamento forte.

Quando enfermeiros, médicos e outros profissionais encontram tempo para ouvir com os pais as comunicações de um bebê recém-nascido, eles oferecem uma oportunidade para uma nova mãe ou pai expressar sentimentos difíceis, que podem estar no caminho de ver o verdadeiro eu de uma criança. Nos vinte minutos que passamos com Mikayla no hospital conhecendo seu recém-nascido, Aaron, ela compartilhou sua preocupação de que seu bebê fosse um "estranho". Assombrada pela imagem cultural do vínculo perfeito no momento do nascimento, ela felizmente foi capaz de expressar seus medos. Com esses pensamentos assustadores em aberto, eles pressionaram menos, dando-lhe espaço para ver como era seu bebê. Quando perguntamos o que ela havia notado sobre Aaron, surpreendeu-se ao nos dizer: "Ele gosta de ser apoiado no meu ombro e prefere se mover quando está deitado. Parece não gostar de ser envolto no cobertor". Ela já sabia muito sobre seu bebê! Quando vimos Aaron e Mikayla em uma visita algumas semanas depois, as lágrimas encheram seus olhos e sua voz falhou quando disse: "Posso dizer a ele 'eu te amo' e sei que realmente quero dizer isso".

Sentimentos ambivalentes como os expressos por Mikayla não são incomuns em pais recentes, mas, quando os pais não sentem permissão para expressá-los, o efeito pode ser uma espiral descendente de pistas perdidas e desconexão, enquanto lutam com sentimentos de dúvida e culpa. Quando esses sentimentos sombrios, mas normais, devem ser ocultados por causa de proibições culturais vergonhosas, podem exercer seu impacto ao longo do tempo com a criação distorcida de significado em interações contínuas.

Se os significados que fazemos de nós mesmos no mundo têm suas origens em nossos primeiros relacionamentos, segue-se que, para construir sociedades saudáveis, faríamos bem em investir nos relacionamentos desde o início.

DESDE O INÍCIO

Uma comunidade localizada tão longe quanto se pode ir a oeste do centro de Boston e ainda estar em Massachusetts encontrou maneiras criativas de levar a ideia de proteger o espaço aberto para a incerteza para a comunidade como um todo. Em uma iniciativa que desenvolvemos, financiada por uma variedade de organizações locais, uma ampla gama de profissionais que trabalham com pais e bebês aprendem a aproveitar as observações do Dr. Brazelton sobre brincadeiras para destacar a tremenda capacidade de conexão que os bebês têm quando entram no mundo, cada um com sua forma única de comunicação. O programa destaca a necessidade de apoiar mães e pais, alistando sua experiência natural durante essa transição importante e muitas vezes desorganizadora para a parentalidade.

Uma reunião que realizamos com enfermeiras da maternidade em uma tempestuosa noite de novembro de 2016 em Fairview, um hospital local na zona rural do condado de South Berkshire, marcou o início do que viria a ser conhecido como Projeto Hello It's Me[131]. O projeto reúne enfermeiras de maternidade e outros profissionais que trabalham com pais e bebês nos primeiros meses de vida.

Todas as dez enfermeiras que cuidam de aproximadamente duzentos partos por ano se espremiam na pequena sala de pacientes. Elas ansiosamente compartilharam seus sentimentos de impotência quando viram famílias que estavam claramente em dificuldades, já que não tinham escolha a não ser mandar essas famílias para casa "com um fio de esperança". Elas ouviram com muita atenção a apresentação e pareciam intrigadas com a ideia de aprender novas maneiras de apoiar pais e recém-nascidos. Em um fim de semana de primavera cerca de seis meses depois, quando o tempo mudou drasticamente em dois dias de neve para sol quente, essas mesmas enfermeiras se juntaram a pediatras, médicos de medicina familiar, enfermeiras-chefe, especialistas em intervenção precoce, prestadores de cuidados infantis, consultores de lactação e uma série de outros profissionais para um curso de treinamento de dois dias focado no uso de observações do comportamento do recém-nascido para abrir um espaço para a curiosidade e a incerteza. Embora o modelo médico de atendimento muitas vezes coloque o profissional no papel de especialista, queríamos mudar essa mentalidade e mobilizar a capacidade única dos pais para sintonizar e responder aos seus recém-nascidos.

O Projeto Hello It's Me agora se estende ao norte até Pittsfield e comunidades vizinhas. A maior cidade do condado de Berkshire, Pittsfield oferece um estudo de contrastes. Uma rica comunidade cultural e uma riqueza de belezas naturais estão lado a lado com a pobreza, a violência e uma crise crescente de dependência de opioides. O Berkshire Medical Center, o hospital local com mais de 700 partos por ano, viu um aumento drástico nas famílias em crise, com um aumento de 300% de recém-nascidos com sintomas de abstinência de opioides. Famílias de todo o espectro de origens socioeconômicas têm lutado contra gerações de doenças mentais, abuso de substâncias ou outras experiências adversas na infância.

No treinamento original do fim de semana, Patty, uma das enfermeiras que trabalhou na mesma unidade por décadas, compartilhou que viu relacionamentos familiares conturbados passarem de uma geração para a outra. "Agora", disse, "estou esperançosa de que a próxima geração possa ter um caminho diferente".

PLANTAR SEMENTES DE ESPERANÇA

Os significados que fazemos de nós mesmos no mundo como esperançosos e capazes de empatia ou, ao contrário, como desesperançosos, temerosos e fechados evoluem em incontáveis interações momento a momento. Claramente, a breve experiência de um conjunto de observações em torno do nascimento de um bebê não é suficiente para mudar o curso de vida de qualquer criança ou família. Deve ser apenas o primeiro de muitos dos que nosso colega Lou Sander chamou de *momentos de encontro.*

Observe que Patty usou a palavra *esperançosa* para descrever sua experiência. Em nosso primeiro encontro naquela sala quente e apertada da maternidade, o clima estava decididamente desesperador. Avance um ano para outra reunião, em que as enfermeiras de Fairview discutiam animadamente a apresentação que fariam em uma próxima conferência nacional de enfermagem. Longe de se sentirem desesperadas, elas agora tinham uma estrutura para reservar um tempo para observar o bebê junto com seus pais e outros cuidadores.

Elas falaram sobre uma mãe, Bethany, que havia sido abandonada pelo pai do bebê no meio da gravidez. Em sua tristeza e temores sobre a parentalidade solo, ela não estabeleceu muita conexão com seu bebê em desenvolvimento. Quando ele nasceu, ela mostrou pouco interesse em alimentá-lo. Charlie era um bebê quieto que provavelmente adormeceria em vez de gritar para ter suas necessidades atendidas. Suas diferenças podem ter provado ser uma incompatibilidade com consequências terríveis. As enfermeiras ficaram alarmadas com o risco real para esse bebê de não crescer adequadamente. Elas pararam para mostrar a Bethany como Charlie deu uma volta de noventa graus para localizar o som de sua voz. Elas compartilharam a observação[132] de que ela acalmou seus movimentos dispersos simplesmente colocando a mão em seu peito. Ao reconhecer com surpresa e deleite que "meu bebê me conhece", Bethany começou a definir um alarme à noite para acordar e alimentá-lo.

Estimuladas pelo poder de facilitar esses momentos de encontro, principalmente com famílias problemáticas e vulneráveis, as enfermeiras trouxeram energia renovada e esperança ao seu trabalho. Em sua apresentação para seus colegas na conferência nacional de enfermagem, elas capturaram o significado complexo do processo de incerteza envolvido em reservar um tempo para o jogo aberto. Viram os erros como uma parte inevitável e necessária do cuidado de um novo bebê e descreveram a intervenção como *"um veículo para capacitar os pais e nos permitir mudar o foco da enfermeira para os pais como especialistas em seus bebês"* (itálico delas).

Em outra conferência local na qual falamos um ano após o treinamento original, as enfermeiras da maternidade Fairview tiveram a oportunidade de assistir ao vídeo do rosto imóvel. Quando visitamos a maternidade vários meses depois, elas nos contaram como o paradigma do rosto imóvel trouxe uma segunda transformação drástica em seus trabalhos. Elas viram novamente a enorme capacidade de conexão de um bebê e o potencial de devastação quando essa conexão se perdia.

O Dr. Brazelton viajou para vários países devastados pela guerra para ensinar sobre seu trabalho e, quando as coisas que via ameaçavam dominá-lo, visitava uma nova mãe e seu bebê. Tirando tempo para ouvi-los, ele encontraria esperança renovada. Imagine comunidades inteiras de pessoas tocadas, como aquele pequeno grupo de enfermeiras, pela esperança de uma conexão significativa entre pais e recém-nascidos. Momentos de passagem pela incompatibilidade para a reparação ofereceram uma microdose de esperança que foi significativa não apenas para os bebês e seus pais mas também para cada enfermeira, a comunidade de enfermeiras e o hospital como uma organização. Essas interações significativas tinham o potencial de efeitos de longo alcance na comunidade. O tempo reservado para ouvir sem julgamentos, para apoiar o movimento da incompatibilidade à reparação, pode servir como uma espécie de berço de esperança e uma semente a partir da qual crescerá uma comunidade saudável.

Usar a abordagem de Brazelton com pais e recém-nascidos não deve ser considerado como outra solução simples para um problema complexo. Vemos isso como um modelo para abraçar a incerteza — a confusão — de todos os relacionamentos. Com a base de confiança que se desenvolve à medida que avançamos através da incompatibilidade para reparação, podemos encontrar nosso caminho para as experiências dos outros.

REDESCOBRIR A CONEXÃO COM O PARADIGMA DO ROSTO IMÓVEL

Em nossa sociedade atual, vemos pessoas persistentemente mantendo posições rígidas, com o medo dominando suas interações sociais. A empatia se dissipa. Perdendo a oportunidade de trabalhar em momentos difíceis e experimentar reparos juntas, perdem a fonte de energia que as move adiante.

Um candidato presidencial de 2020 envolveu-se em uma polêmica sobre uma preferência alimentar local de combinar molho salsa e ranch. Um artigo sobre o assunto revelou que "colossais 43%[133] dos entrevistados disseram que nunca haviam experimentado a combinação e nunca tentariam". Quase metade deles se apega à certeza. O humor da história pode envolver o vago inteligente e ajudar as pessoas a se conectarem. A mensagem, no entanto, é séria e preocupante. Um medo perigoso de diferença permeia nosso mundo hoje. No entanto, a própria confusão de uma sociedade diversa, composta de raças, etnias, gêneros e orientações sexuais variados, está no centro da força de nossa nação. Quando alcançamos uns aos outros ouvindo, passando pela incompatibilidade inevitável que tais diferenças geram, o poder da reparação nos dá potencial para grandeza.

Em seu artigo de opinião "How to Repair the National Marriage"[134] ["Como Consertar o Casamento Nacional", em tradução livre], no *New York Times*, o colunista David Brooks vê as opiniões polarizadas que dominam nossa sociedade como análogas a um casamento problemático. Ele consulta vários livros recentes sobre casamento em busca de soluções para nossa situação atual. Sua conclusão agora soará familiar aos leitores deste livro: "E como diz o ditado, a única maneira de sair dessa confusão é entrando nela".

Muitos dos quase setecentos comentários on-line sobre o artigo de Brooks exemplificam a dificuldade que as pessoas têm para ouvir umas às outras, o que sugere que nenhuma delas está pronta para aplicar sua metáfora à situação política. A divisão entre adultos tornou-se muito vasta. Como um exercício, talvez precisemos nos imaginar como bebês, alguns dos quais foram ouvidos e outros não. O vídeo do rosto imóvel nos leva para dentro da experiência de pais e filhos de uma forma que as palavras não conseguem. Repetidamente, ouvimos pessoas de diferentes estilos de vida e de todo o mundo que descrevem como o experimento do rosto imóvel mudou sua compreensão da natureza da conexão e da desconexão. Recebemos solicitações para usar o vídeo tanto para pais quanto para profissionais em uma ampla variedade de ambientes, incluindo clínicas de saúde mental, creches e até as forças de segurança.

Em um momento em que as pessoas estão cada vez mais desconectadas, o paradigma do rosto imóvel pode nos ajudar a redescobrir a conexão. A mãe e o bebê, cada um com seu próprio conjunto de significados, intenções e motivações, fazem um esforço para passar da incompatibilidade à reparação e descobrir novos significados juntos. No processo, sua conexão se fortalece e se aprofunda. Precisamos aprender com eles e fazer a mesma coisa. Quando você não compartilha das mesmas intenções, motivações e significados que as pessoas que encontra em sua vida, então, em vez de correr para o outro lado, você precisa se envolver e encontrar uma maneira de reparar, como fazem o bebê e a mãe. Só então cresceremos como sociedade.

Quanto mais amplamente as implicações do paradigma do rosto imóvel são compreendidas, mais elas podem iluminar a maneira como criamos nossos filhos, como lidamos em ser parte de um casal e nos relacionamos com os outros em nossa vida pessoal, profissional e civil. Elas transformam nossa compreensão da natureza do trauma e da resiliência e do processo de cura na psicoterapia. O paradigma do rosto imóvel informa a política social, destacando o papel crítico do investimento em bebês e pais.

Em um episódio do podcast *On Being*[135], a apresentadora Krista Tippett falou com a historiadora Lyndsey Stonebridge sobre uma "cultura do perdão". Stonebridge explicou: "Uma comunidade política madura precisa da capacidade de perdão para aceitar que as coisas dão errado. As pessoas cometem erros". Tippett expandiu essa noção, dizendo: "É permitir a complexidade da realidade, que é sempre confusa".

Nosso senso de pertencimento cresce não por nos agarrarmos a uma posição inflexível, mas por nos envolvermos na confusão da interação humana. Quando ouvimos as histórias uns dos outros com interesse, nem sempre tendo a resposta certa para um problema, criamos comunidades de conexão. Como indivíduos únicos, sempre teremos motivações e intenções diferentes. Quando nos envolvemos no complicado processo de descobrir as coisas juntos, crescemos e mudamos juntos. Ficamos mais bem preparados para o próximo momento inevitável de desconexão e reparação. Para todos os relacionamentos, pais com filhos, filhos adultos com pais, cônjuges, irmãos, amigos e colegas, a mensagem é esta: Não tenha medo de discordar. Cometa erros. Bata o pé. Deixe a turbulência acontecer. Porém, descubra uma maneira de consertar e reconectar, de encontrar seu caminho.

Criar um novo significado requer paciência, tempo e desordem. Precisamos nos permitir estar nos momentos difíceis quando não sabemos bem o que está acontecendo. Esse estado pode ser desagradável e às vezes até doloroso. A dinâmica maravilhosa da condição humana é que, quando encontramos a libertação do apego ansioso à certeza, podemos aprender a confiar uns nos outros e a confiar que, quando as coisas derem errado, seremos capazes de reparar o problema. Só então seremos capazes de ir além do conflito polarizador, tornar-nos flexíveis em nosso pensamento e desenvolver a habilidade para nos envolvermos de forma criativa na construção de um mundo mais saudável.

NOTAS

INTRODUÇÃO: ORIGENS

1   A prática utilizou as escalas de avaliação diagnóstica de TDAH de Vanderbilt; veja *Caring for Children with ADHD: A Resource Toolkit for Clinicians*. Itasca, IL: American Academy of Pediatrics, 2011.

2   WINNICOTT, D. W. *The Maturational Processes and the Facilitating Environment: Studies in the Theory of Emotional Development*. New York: International Universities Press, 1965. p. 140-152.

3   GOLD, Claudia M. *Keeping Your Child in Mind: Overcoming Defiance, Tantrums, and Other Everyday Behavior Problems by Seeing the World Through Your Child's Eyes*. Boston: Da Capo, 2011.

4   Acesse https://www.umb.edu/academics/cla/psychology/professional_development/infant-parent-mental-health.

5   Acesse https://www.youtube.com/watch?v=apzXGEbZht0.

6   A maioria das pesquisas foram realizadas com mães, portanto, embora o trabalho tenha implicações para todos os tipos de relacionamento, ao descrever os experimentos, geralmente usamos a palavra *mãe*.

7   TRONICK, E. Z. *et al*. The Infant's Response to Entrapment Between Contradictory Messages in Face-to-Face Interaction. *Journal of the American Academy of Child Psychiatry*, v. 17, n. 1, 1978.

8   TRONICK, E. Z. Why Is Connection with Others So Critical? *In*: NADEL, J.; MUIR, D. (ed.). *Emotional Development*. Oxford: Oxford University Press, 2005. p. 293-315.

9   HARLOW, Harry. The Nature of Love. *American Psychologist*, v. 13, p. 673-685, 1958.

10 RUPPENTHAL, G. C. *et al*. A Ten-Year Perspective of Motherless Mother Monkey Behavior. *Journal of Abnormal Psychology*, v. 85, p. 341-349, 1976.

11 BALL, W.; TRONICK, E. Infant Responses to Impending Collision: Optical and Real. *Science*, v. 171, p. 818-820, fev. 1971.

12 BRUNER, Jerome. *Acts of Meaning*. Cambridge, MA: Harvard University Press, 1990.

CAPÍTULO 1: REPARAÇÃO COMO ALIMENTO PARA A ALMA

13 COHN, J.; TRONICK, D. Mother-Infant Face-to-Face Interaction: The Sequence of Dyadic States at Three, Six, and Nine Months. *Developmental Psychology*, v. 23, p. 68-77, 1987.

14 TRONICK, E.; GIANINO, A. Interactive Mismatch and Repair: Challenges to the Coping Infant. *Zero to Three*, v. 6, n. 3, p. 1-6, fev. 1986.

15 BANELLA, F. E.; TRONICK, E. Mutual Regulation and Unique Forms of Implicit Relational Knowing. *In*: APTER, G.; DEVOUCHE, E. (ed.). *Early Interaction and Developmental Psychopathology*. Cham, Switzerland: Springer, 2017.

16 BRUNER, Jerome. *Acts of Meaning*. Cambridge, MA: Harvard University Press, 1990.

17 TRONICK, E. *The Neurobehavioral and Social-Emotional Development of Infants and Children*. New York: W. W. Norton, 2007. p. 274-292, p. 322-238.

18 SANDER, Louis. Regulation of Exchange in the Infant Caretaker System: A Viewpoint on the Ontogeny of 'Structures'. *In*: FREEDMAN, N.; GRAND, S. (ed.). *Communicative Structures and Psychic Structures*. Boston: Springer, 1977. p. 1-34; SANDER, Louis. Thinking Differently: Principles of Process in Living Systems and the Specificity of Being Known. *Psychoanalytic Dialogues*, v. 12, p. 11-42, 2002. https://doi.org/10.1080/10481881209348652.

19 Sander, Louis. Thinking Differently. p. 38.

20 GIANINO, A.; TRONICK, E. The Mutual Regulation Model: The Infant's Self and Interactive Regulation and Coping and Defensive Capacities. *In*: FIELD, T.; McCABE, P.; SCHNEIDERMAN, N. (ed.). *Stress and Coping*. Hillsdale, NJ: Lawrence Erlbaum Associates, 1988. p. 47-68.

21 RECK, C. *et al*. The Interactive Coordination of Currently Depressed Inpatient Mothers and Their Infants During the Postpartum Period. *Infant Mental Health Journal*, v. 32, n. 5, p. 542-562, 2011; TRONICK, E.; BEEGHLY, M. Infants' Meaning-Making and the Development of Mental Health Problems. *American Psychologist*, v. 66, n. 2, p. 114-115, 2011.

22 SANDER, Louis. Regulation of Exchange. p. 15.

23 Tronick e Beeghly. Infants' Meaning-Making. p. 107-119.

24 HAWKING, Stephen. *A Brief History of Time*. New York: Bantam, 1988. p. 124-125.

25 POTIRIADIS, M. *et al*. Serotonin Transporter Polymorphism (5HTTLPR), Severe Childhood Abuse, and Depressive Symptom Trajectories in Adulthood. *British Journal of Psychiatry Open*, v. 1, n. 1, p. 104-109, set. 2015.

26 ROSEBOOM, T. *et al.* Hungry in the Womb: What Are the Consequences? Lessons from the Dutch Famine. *Maturitas*, v. 70, n. 2, p. 141-145, 2011; https://linkinghub.elsevier.com/retrieve/pii/S0378512211002337.

27 EKAMPER, P. *et al.* Independent and Additive Association of Prenatal Famine Exposure and Intermediary Life Conditions with Adult Mortality Between Age 18-63 Years. *Social Science and Medicine*, v. 119, p. 232-239, 2014.

28 YEHUDA, R. *et al.* Vulnerability to Posttraumatic Stress Disorder in Adult Offspring of Holocaust Survivors. *American Journal of Psychiatry*, v. 155, n. 9, p. 1163-1172, set. 1998.

29 WINNICOTT, D. W. *The Maturational Processes and the Facilitating Environment: Studies in the Theory of Emotional Development.* New York: International Universities Press, 1965. p. 141.

30 SAFRAN, J. D.; MURAN, J. C.; EUBANKS-CARTER, C. Repairing Alliance Ruptures. *Psychotherapy*, v. 48, n. 1, p .80-87, 2011; http://dx.doi.org/10.1037/a0022140.

31 HAVENS, Leston. The Best Kept Secret: How to Form an Effective Alliance. *Harvard Review of Psychiatry*, v. 12, n. 1, p. 56-62, 2004.

32 TRONICK, E.; PERRY, B. D. The Multiple Levels of Meaning Making: The First Principles of Changing Meanings in Development and Therapy. *In*: MARLOCK, G. *et al.* (ed.). *Handbook of Body Therapy and Somatic Psychology*. Berkeley, CA: North Atlantic Books, 2015. p. 345–355.

33 Carta à Marie Bonaparte, citada em: JONES, Ernest. *The Life and Work of Sigmund Freud*, vol. 2. New York: Basic Books, 1955.

CAPÍTULO 2: ALMEJAR SER BOM O BASTANTE

34 WEINBERG, M. *et al.* A Still-Face Paradigm for Young Children: 2½-Year-Olds' Reactions to Maternal Unavailability During the Still-Face. *Journal of Developmental Processes*, v. 3, n. 1, p. 4-20, 2008.

35 WINNICOTT, D. W. *The Collected Works of D. W. Winnicott*, vol. 3. CALDWELL, L.; ROBINSON, Taylor H. (ed.). Oxford: Oxford University Press, 2017. p. 45.

36 COOPER, Steven H. An Elegant Mess: Reflections on the Research of Edward Z. Tronick. *Psychoanalytic Inquiry*, v. 35, n. 4, p. 337-354, 2015; https://doi.org/10.1080/07351690.2015.1022477.

37 *Into the Universe with Stephen Hawking*, documentário, Discovery Channel, apresentado em 25 de abril de 2010.

38 WONG, Kate. Why Humans Give Birth to Helpless Babies. *Observations* (blogue), *Scientific American*, 28 de agosto de 2012; http://blogs.scientificamerican.com/observations/why-humans-give-birth-to-helpless-babies/.

39 WINNICOTT, D. W. *Winnicott on the Child*. Cambridge, MA: Perseus, 2002. p. 12-18.

NOTAS

40 WINNICOTT, D. W. *Playing and Reality*. New York: Routledge Classics, 2005. p. 14.
41 Ibid., p. 187.
42 WINNICOTT, D. W. *Winnicott on the Child*, p. 102.
43 BRAZELTON, T. B.; SPARROW, J. *Touchpoints: Birth to Three*. 2. ed. Cambridge, MA: Da Capo, 2006, p. xx.
44 SHERRY, S.; SMITH, M. Young People Drowning in a Rising Tide of Perfectionism. Medical Xpress.com, 6 fev. 2019; https://medicalxpress.com/news/2019-02-young-people-tide-perfectionism.html.
45 HEWITT, P. L. *et al*. The Multidimensional Perfectionism Scale: Reliability, Validity, and Psychometric Properties in Psychiatric Samples. *Psychological Assessment*, v. 3, n. 3, p. 464-468, 1991; http://doi.org/10.1037/1040-3590.3.3.464.
46 CURRAN, T.; ANDREW, P. Perfectionism Is Increasing over Time: A Meta-Analysis of Birth Cohort Differences from 1989 to 2016. *Psychological Bulletin*, 28 dez. 2017.
47 ADAMS, Jane. More College Students Seem to Be Majoring in Perfection. *New York Times*, 18 jan. 2018; https://www.nytimes.com/2018/01/18/well/family/more-college-students-seem-to-be-majoring-in-perfectionism.html.
48 HURLEY, Katie. *No More Mean Girls: The Secret to Raising Strong, Confident, and Compassionate Girls*. New York: Penguin, 2018. p. 97.
49 HEWITT, P. L.; FLETT, G. L. Perfectionism in the Self and Social Contexts: Conceptualization, Assessment, and Association with Psychopathology. *Journal of Personality and Social Psychology*, v. 60, p. 456-470, 1991; doi: 10.1037/0022-3514.60.3.45.
50 WINNICOTT, D. W. *The Maturational Processes and the Facilitating Environment: Studies in the Theory of Emotional Development*. New York: International Universities Press, 1965. p. 49.

CAPÍTULO 3: SEGURO PARA FAZER CONFUSÃO

51 TRONICK, E.; BEEGHLY, M. Infants' Meaning-Making and the Development of Mental Health Problems. *American Psychologist*, v. 66, n. 2, p. 109-110, 2011.
52 PORGES, Stephen. *The Polyvagal Theory: Neurophysiologic Foundations of Emotions, Attachment, Communication, and Self-Regulation*. New York: W. W. Norton, 2011.
53 PORGES, Stephen. *The Pocket Guide to the Polyvagal Theory*. New York: W. W. Norton, 2017. p. 147.
54 HOUSE, J.; LANDIS, K.; UMBERSON, D. Social Relationships and Health. *Science*, v. 241, n. 4865, p. 540-545, 1998.
55 FURNESS, Hannah. Prince Harry: I Sought Counselling After 20 Years of Not Thinking About the Death of My Mother, Diana, and Two Years of Total Chaos in My Life. *Daily Telegraph*, 19 abr. 2017; https://www.telegraph.co.uk/news/2017/04/16/prince-harry-sought-counselling-death-mother-led-two-years-total/.

56   Acesse https://www.headstogether.org.uk/.
57   KAGAN, J. et al. The Preservation of Two Infant Temperaments into Adolescence. *Monographs for the Society for Research in Child Development*, v. 72, n. 2, p. 1-75, 2007.
58   PORGES, Stephen. *The Polyvagal Theory*. p. 253.
59   Acesse https://www.circleofsecurityinternational.com/.
60   WILLINGHAM, A. J. Baby Shark Has Taken over the World. Here's Who's Responsible. *CNN.com*, 15 jan. 2019; https://www.cnn.com/2019/01/15/entertainment/baby-shark-pinkfong-song-trnd/index.html.
61   PORGES, Stephen. *Pocket Guide to the Polyvagal Theory*. p.25.

CAPÍTULO 4: PARAR O JOGO DA CULPA

62   WINNICOTT, D. W. *The Maturational Processes and the Facilitating Environment: Studies in the Theory of Emotional Development*. New York: International Uni- versities Press, 1965. p. 30–33.
63   WEINBERG, M. K. et al. Gender Differences in Emotional Expressivity and Self-Regulation During Early Infancy. *Developmental Psychology*, v. 35, p. 175-188, 1999.
64   JOHNSON, Sue; TRONICK, E. Love Sense: From Infant to Adult. Dr-SueJohnson.com, 5 fev. 2016; http://drsuejohnson.com/uncategorized/love-sense-from-infant-to-adult/.
65   LALLY, J. Ronald. The Human Brain's Need for a 'Social Womb' During Infancy. *For Our Babies Campaign*, abr. 2014; https://forourbabies.org/wp-content/uploads/2014/04/The-Human-Brains-Need-for-a-Social-WombFINALApril2014.pdf.
66   GOLD, Claudia M. *Keeping Your Child in Mind: Overcoming Defiance, Tantrums, and Other Everyday Behavior Problems by Seeing the World Through Your Child's Eyes*. Boston: Da Capo, 2011. p. 58.
67   TRONICK, E. Emotions and Emotional Communication in Infants. *American Psychologist*, v. 44, n. 2, 1989, p. 113.
68   TRONICK, E. An Acute Maternal Stress Paradigm (manuscrito em preparação).
69   NIKOLAS, M. et al. Gene × Environment Interactions for ADHD: Synergistic Effect of 5HTTLPR Genotype and Youth Appraisals of Inter-Parental Conflict. *Behavioral and Brain Functions*, v. 6, 2010, p. 23; https://behavioraland brainfunctions.biomedcentral.com/articles/10.1186/1744-9081-6-23.
70   NETSI, E. et al. Association of Persistent and Severe Postnatal Depression with Child Outcomes. *JAMA Psychiatry*, v. 75, n. 3, p. 247253, 2018; doi: 10.1001/jamapsychiatry.2017.4363; MURRAY, L.; COOPER, P. The Role of Infant and Maternal Factors in Postpartum Depression, Mother-Infant Interactions, and Infant Outcome.

In: MURRAY, Lynne; COOPER, Peter (ed.). *Postpartum Depression and Child Development*. New York: Guilford, 1997, p. 129-130.
71 POWERS, Richard. *The Overstory*. New York: W. W. Norton, 2018.
72 CABRERA, Daniela. How to Become a Plant Parent. *New York Times*, 14 maio 2018; https://www.nytimes.com/2018/05/14/smarter-living/indoor-plant-garden.html.

CAPÍTULO 5: RESILIÊNCIA RECONSIDERADA

73 DiCORCIA, J.; TRONICK, E. Quotidian Resilience: Exploring Mechanisms That Drive Resilience from a Perspective of Everyday Stress and Coping. *Neuroscience and Biobehavioral Reviews*, v. 35, p. 1593-1602, 2011.
74 ERIKSON, E. *Childhood and Society*. New York: W. W. Norton, 1993. p. 268-269.
75 SHONKOFF, J.; GARNER, A. The Lifelong Effects of Early Childhood Adversity and Toxic Stress. *Pediatrics*, v. 129, n. 1, p. 232-246, 2012.
76 Centers for Disease Control and Prevention. Adverse Childhood Experiences (ACEs). 13 maio 2014; http://www.cdc.gov/violenceprevention/acestudy/.
77 WINFREY, Oprah. Treating Childhood Trauma. *60 Minutes*, CBS, apresentado em 11 de março de 2018; https://www.cbsnews.com/news/oprah-winfrey-treating-childhood-trauma/.
78 PERRY, B. Applying Principles of Neurodevelopment to Clinical Work with Maltreated and Traumatized Children. *In*: WEBB, N. B. (ed.). *Working with Traumatized Youth in Child Welfare*. New York: Guilford, 2006, p. 46; PERRY, B. Examining Child Maltreatment Through a Neurodevelopmental Lens: Clinical Applications of the Neurosequential Model of Therapeutics. *Journal of Trauma and Loss*, v. 14, p. 240-255, 2009.
79 RODMAN, F. R. (ed.), *The Spontaneous Gesture: Selected Letters of D. W. Winnicott*. Cambridge, MA: Harvard University Press, 1987, p. 17-19.
80 WINNICOTT, D. W. *Playing and Reality*. New York: Routledge Classics, 2005, p. 131.
81 MULLER, M. *et al*. What Dyadic Reparation Is Meant to Do: An Association with Infant Cortisol Reactivity. *Psychopathology*, v. 48, p. 386-399, 2015.
82 McEWEN, B. S. Central Effects of Stress Hormones in Health and Disease: Understanding the Protective and Damaging Effects of Stress and Stress Mediators. *European Journal of Pharmacology*, v. 583, p. 174-185, 2008; doi: 10.1016/j.ejphar.2007.11.071.

CAPÍTULO 6: NOSSOS JOGOS: APRENDER A PERTENCER

83 WINNICOTT, D. W. *Playing and Reality*. New York: Routledge Classics, 2005. p. 73.

84   BANELLA, F. E.; TRONICK, E. Mutual Regulation and Unique Forms of Implicit Relational Knowing. *In*: APTER, G.; DEVOUCHE, E. *Early Interaction and Developmental Psychopathology*. Cham, Switzerland: Springer, 2017.

85   TRONICK, E. *The Neurobehavioral and Social-Emotional Development of Infants and Children*. New York: W. W. Norton, 2007. p. 134-152; TRONICK, E.; BEEGHLY, M. Infants' Meaning-Making and the Development of Mental Health Problems. *American Psychologist*, v. 66, n. 2, 2011, p. 112-113.

86   Duality's End: Computational Psychiatry and the Cognitive Science of Representation. Stockbridge, MA, set. 2018); https://kripalu.org/presenters-programs/duality-s-end-computational-psychiatry-and-cognitive-science-representation.

87   Comunicação pessoal de Jerome Bruner, 1971.

88   BRAZELTON, T. Berry. Interview with Ellen Galinsky, 2010 Families and Work Institute's Work Life Legacy Award, Mind in the Making, https://www.facebook.com/Mindinthemaking/videos/fwi-2010-legacy-award-berry-brazelton/10156310019352958/.

89   BRAZELTON, T. B.; NUGENT, J. K. *Neonatal Behavioral Assessment Scale*, 4. ed. London: Mac Keith, 2011.

90   NUGENT, J. K. *et al*. *Understanding Newborn Behavior and Early Relationships: The Newborn Behavioral Observations (NBO) System Handbook*. Baltimore: Paul H. Brookes, 2007.

CAPÍTULO 7: TECNOLOGIA E O PARADIGMA DO ROSTO IMÓVEL

91   HAYNES, T. Dopamine, Smartphones, and You: A Battle for Your Time. *Science in the News* (blogue), Harvard University Graduate School of Arts and Sciences, 1º maio 2018; http://sitn.hms.harvard.edu/flash/2018/dopamine-smartphones-battle-time/.

92   TURKLE, Sherry. *Reclaiming Conversation: The Power of Talk in a Digital Age*. New York: Penguin, 2015, p. 107-108.

93   MORIN, Hervé. L'exposition des jeunes enfants aux écrans est devenue un enjeu de santé publique majeur. *Le Monde*, 31 maio 2017.

94   TURKLE, Sherry. *Reclaiming Conversation*, p. 108-109.

95   ELHAI, J. *et al*. Problematic Smartphone Use: A Conceptual Overview and Systematic Review of Relations with Anxiety and Depression Psychopathology. *Journal of Affective Disorders*, v. 207, p. 251-259, 2017.

96   DENNIS-TIWARY, Tracy. Taking Away the Phones Won't Solve Our Teenagers' Problems. *New York Times*, 14 jul. 2018; https://www.nytimes.com/2018/07/14/opinion/sunday/smartphone-addiction-teenagers-stress.html.

97   VOGEL, Erin *et al*. Social Comparison, Social Media, and Self-Esteem. *Psychology of Popular Media Culture*, v. 3, n. 4, p. 206-222, out. 2014.

NOTAS

98   KNAFO, Danielle; BOSCO, Rocco Lo. *The Age of Perversion: Desire and Technology in Psychoanalysis and Culture*. New York: Routledge. p. 62-80.

99   Ibid., p. 121.

CAPÍTULO 8: QUANDO OS SIGNIFICADOS DÃO ERRADO

100   NORMAN, R. Avoiding the Trap of the Present but Absent Parent; https://amotherfarfromhome.com/present-but-absent-parent/.

101   WINNICOTT, D. W. *Playing and Reality*. New York: Routledge Classics, 2005. p. 131.

102   FRIEDMAN, Richard. Suicide Rates Are Rising: What Should We Do About It? *New York Times*, 11 jun. 2018; https://www.nytimes.com/2018/06/11/opinion/suicide-rates-increase-anthony-bourdain-kate-spade.html.

103   WHITAKER, Robert. Suicide in the Age of Prozac. *Mad in America* (blogue), 6 ago. 2018; https://www.madinamerica.com/2018/08/suicide-in-the-age-of-prozac/.

104   LIEBERMAN, A. F.; DIAZ, M. A.; VAN HORN, P. Perinatal Child-Parent Psychotherapy: Adaptation of an Evidence-Based Treatment for Pregnant Women and Babies Exposed to Intimate Partner Violence. *In*: GRAHAM-BERMAN, S. A.; LEVENDOSKY, A. A. (ed.). *How Intimate Partner Violence Affects Children*. Washington, DC: American Psychological Association, 2011. p. 47-68.

105   NETSI, E. *et al*. Association of Persistent and Severe Postnatal Depression with Child Outcomes. *JAMA Psychiatry*, v. 75, n. 3, p. 247-253, 2018; doi: 10.1001/jamapsychiatry.2017.4363.

106   WEINBERG, M. K.; TRONICK, E. Z. Emotional Characteristics of Infants Associated with Maternal Depression and Anxiety. *Pediatrics*, v. 102, p. 1298-1304, 1998.

107   SPITZ, René. The Role of Ecological Factors in Emotional Development of Infancy. *Child Development*, v. 20, n. 3, 1949, p. 149.

108   Abrigos coletivos e centros residenciais de tratamento para crianças mais velhas e adolescentes ainda existem hoje.

109   ZEANAH, C. *et al*. Institutional Rearing and Psychiatric Disorders in Romanian Preschool Children. *American Journal of Psychiatry*, v. 166, n. 7, p. 777-785, 2009.

110   SZALAVITZ, Maia. It's the Orphanages, Stupid!. *Forbes*, 20 abr. 2010, https://www.forbes.com/2010/04/20/russia-orphanage-adopt-children-opinions-columnists-medialand.html#71ef91fd21e6.

111   TRONICK, E.; BEEGHLY, M. Infants' Meaning-Making and the Development of Mental Health Problems. *American Psychologist*, v. 66, n. 2, 2011, p. 114.

112   TRONICK, E.; FIELD, T. (ed.). *Maternal Depression and Infant Disturbance*. San Francisco: Jossey-Bass, 1987.

113   MUELLER, I. *et al*. In a Heartbeat: Physiological and Behavioral Correlates of Event Memory at 4 Months. *Frontiers in Psychology* (em revisão).

114 FURMAN, Robert. Attention Deficit Hyperactivity Disorder: An Alternative Viewpoint. *Journal of Infant, Child, and Adolescent Psychotherapy*, v. 2, n. 1, 2002.

115 CASPI, A. *et al.* Genetic Sensitivity to the Environment: The Case of the Serotonin Transporter Gene and Its Implications for Studying Complex Diseases and Traits. *American Journal of Psychiatry*, v. 167, n. 5, p. 509-527, 2010.

116 MONTIROSSO, R. *et al.* "Social Stress Regulation in 4-Month-Old Infants: Contribution of Maternal Social Engagement and Infants' 5-HTTLPR Genotype. *Early Human Development*, v. 91, n. 3, p. 173-179, 2015.

117 DAVIDSON, R.; McEWEN, B. S. Social Influences on Neuroplasticity: Stress and Interventions to Promote Well-Being. *Nature Neuroscience*, v. 15, p. 689-695, 2012.

118 NIKOLAS, M. *et al.* Gene × Environment Interactions for ADHD: Synergistic Effect of 5HTTLPR Genotype and Youth Appraisals of Inter-Parental Conflict. *Behavioral and Brain Functions*, v. 6, 2010, 23; https://behavioralandbrainfunctions.biomedcentral.com/articles/10.1186/1744-9081-6-23.

119 LINDEN, D. How Psychotherapy Changes the Brain — the Contribution of Functional Neuroimaging. *Molecular Psychiatry*, v. 11, p. 528-538, 2006.

CAPÍTULO 9: CURA EM UM MOSAICO DE MOMENTOS AO LONGO DO TEMPO

120 VAN DER KOLK, Bessel. *The Body Keeps Score: Brain, Mind, and Body in the Healing of Trauma.* New York: Viking, 2014.

121 Ibid., p. 342-344.

122 Acesse https://www.decruit.org/cry-havoc/.

123 SIEBERT, Charles. What Does a Parrot Know About PTSD? *New York Times*, 28 jan. 2016; https://www.nytimes.com/2016/01/31/magazine/what-does-a-parrot-know-about-ptsd.html.

124 Boston University School of Medicine. Screening Women Veterans with Fibromyalgia for Childhood Abuse May Improve Treatment. *ScienceDaily*, 8 ago. 2018; www.sciencedaily.com/releases/2018/08/180808134211.htm.

125 HORVATH, A. The Therapeutic Relationship: From Transference to Alliance. *Journal of Clinical Psychology*, v. 56, n. 2, 2000.

126 WINNICOTT, D. W. *Playing and Reality.* New York: Routledge Classics, 2005.

CAPÍTULO 10: ENCONTRAR ESPERANÇA NA INCERTEZA

127 CRITCHLEY, Simon. The Dangers of Certainty: A Lesson from Auschwitz. *New York Times*, 12 fev. 2014; https://opinionator.blogs.nytimes.com/2014/02/02/the-dangers-of-certainty/.

128 WESTOVER, Tara. *Educated.* New York: Penguin, 2018.

129 JAMISON, Leslie. *The Empathy Exams.* Minneapolis: Graywolf, 2014, p. 5.

130 KALANITHI, Paul. *When Breath Becomes Air*. New York: Random House, 2016, p. 133.

CAPÍTULO 11: DA DISCÓRDIA À CONEXÃO E AO PERTENCIMENTO

131 Acesse https://www.helloitsmeproject.org/.
132 LYLE, D.; DALLMEYER, J. Using the Newborn Behavioral Observations (NBO) System to Promote Healthy Relationships Between Parents and Infants (apresentação, Association of Women's Health, Obstetric and Neonatal Nurses Conference, Atlanta, GA, 2019).
133 CARMAN, T. We Hear You, Pete Buttigieg. Salsa and Ranch Really Do Taste Great Together. *Washington Post*, 2 ago. 2019; https://www.washingtonpost.com/news/voraciously/wp/2019/08/02/we-hear-you-pete-buttigieg-salsa-and-ranch-really-do-taste-great-together/.
134 BROOKS, David. How to Repair the National Marriage. *New York Times*, 4 jun. 2018; https:// www.nytimes.com/2018/06/04/opinion/partisanship-tribalism-marriage-bipartisan-debate.html.
135 TIPPETT, K. The Moral World in Dark Times: Hannah Arendt for Now. *On Being*, 18 maio 2017; https://onbeing.org/programs/lyndsey-stonebridge-the-moral-world-in-dark-times-hannah-arendt-for-now-jun2018/.

ÍNDICE

A
ACE, 124
Aceitação social, 157
Acessos
    de raiva, 93, 121
Adversidades, 128
    na infância, 125
A Expressão das Emoções no Homem e Nos Animais, 80
Alelo S, 190
Alive and Kicking, 98
Ambiente
    benigno, 101
    de acolhimento, 108
    social complexo, 121
Amor, 17
Andaimes regulatórios, 124
Aniquilação, 181
Ansiedade, 5, 66
A Origem das Espécies, 80
Aprendizagem, 111
Autismo, 86, 193
Autoconfiança, 98
Autoconforto, 103
Autocontrole, 97
Autodescoberta, 122
Autoestima, 1
Autorregulação, xi, 64, 96, 97, 103, 168
Autossuficiência, 98

B
Bebê arco-íris, 178
Bem-estar emocional, 18, 169
Berry Brazelton, 14
Biologia humana, 130
Bonecas do amor, 166–168
Boston Change Process Study Group, 150
Bruce Perry, 127
Bruner, 19
Bullying, 188

C
Caos emocional, 92
Capacidades sociais, 20
Centro de Desenvolvimento Infantil da Universidade de Harvard, 122
Centro de Estudos Cognitivos de Harvard, 19
Cérebro imaturo, 63
Certeza autoritária, 208
Charles Darwin, 80
Circle of Security, 89
Clinicamente deprimidos, 40
Cocriação de significado, 109
Coerência da criança, 171
Colapso
    explosivo, 99
    total, 193
Comportamento, 4
    espontâneo, 143
    regulatório autodirigido, 110
Comunicação significativa, 171
Conexões, 1, 6
    neurais, 26
    sociais, 1, 16, 80
Conflito conjugal, 128
Conhecimento relacional implícito, 150
Conjunto de significados, 227
Conselho de Revisão Institucional, 25
Constelações familiares, 15
Contato visual, 158
Contexto cultural, 148
Continuidade
    do ser, 144, 172, 181
    pessoal de existência, 172
Contratransferências, 186
Controle de impulso, 111
Corregulação, 111
Criança substituta, 178
Criar ignificado, 19
Criar significado, 37
Cuidadores primários, 14
Culpa, 112, 116
Cultura do perdão, 228

ÍNDICE

Culturas organizacionais, 151
Curiosidade intelectual, 141

D
Darwin, 45
Deficit de atenção dos pais, 157
Depressão, 40, 193
Desconexão, 2, 7, 33, 76, 221
Desenvolvimento
    emocional, 60
    humano, 32
    infantil, 3
Desregulação, 159
    mútua, 111
Díades, 15
Discórdia, 27, 30, 61, 142
Discussão explosiva, 69
Disrupção, 121
Distúrbios cerebrais, 191
DNA, 191
Doença mental parental, 124, 128
Doenças metabólicas, 47
Dra. Claudia M. Gold, xi
Dr. Spock, 64

E
Ed Tronick, xi
Emocionalmente disponível, 29
Empatia, 212, 226
Enfrentamento interativo, 39
Engajamento social, 79, 87
Epigenética, 46, 48, 190
Epigenoma, 191
Erik Erikson, 122
Escala de Avaliação Comportamental Neonatal (NBAS), 154
Escala Multidimensional de Perfeccionismo, 72
Escala Neonatal de Avaliação Comportamental, 21

Escala Neurocomportamental da Rede de Unidades de Terapia Intensiva Neonatal, 21
Espaço aberto, 38
Estímulos sensoriais, 22
Estresse, xi, 46, 125
    fisiológico, 200
    péssimo, 123
    positivo, 122
    relacional, 159
    tolerável, 123
    tóxico, 123
Estruturas neurais, 149
Eu único, 38
Exercício neural, 88, 96
Expectativa
    de perfeição, 57
    irreal, 71
Experiências
    Adversas na Infância, 124, 172
    emocionais, 130
    sensoriais, 199
    traumáticas, 119
Expressividade emocional, 83

F
Falhas de comunicação, 5
Falso eu, 65
Falta de amor, 181
Fantasia da perfeição, 166
Fatores psicossociais, 182
Fiação do cérebro, 26
Filho problemático, 91
Fisiologia do bebê, 187
Fome Holandesa, 46, 54
Função adaptativa, 86, 189
Funções executivas, 111
Fundação Nacional de Saúde, xi

G
Gene 5HTT, 190

Gene PIM3, 47
Genética, 11
Gestão comportamental, 2, 127
Going on being, 129
Gordon Flett, 72
Guerra do Vietnã, 30

H
Harlow, 17
Harry Harlow, 17
Harvard Medical School, xi
Heads Together, 84
Hiperatividade, 188
Hipotálamo-pituitária-adrenal, 78
Holocausto, 48
Homozigoto L, 190
HPA, 78, 131

I
Imersão, 160
Imigrantes indocumentados, 188
Inadequação, 9, 71
Incerteza, 210
Incompatibilidade e reparação, 4, 34, 42, 82, 84, 103, 167, 169, 194
Indisponibilidade
    emocional, 169
    intermitente, 176
Influência calmante, 168
Instinto, 90
    de sobrevivência, 178
Instituto Nacional de Saúde, xi
Instituto Psicanalítico Berkshire, 2
Integridade do ego, 122
Intenções, 227
Interação
    contínua, 221
    social, 111
    típica, 33

Intimidade, 1, 97
IRB, 25
Isolamento social, 81

J
Jack Shonkoff, 122
James Gibson, 18
Jerome Bruner, 19, 36
Jerome Kagan, 86
John Bowlby, 17
John Williams, 89
J. Ronald Lally, 108

K
Katie Hurley, 72
Kristie Brandt, 11

L
Leston Havens, 52
Loucura, 172
Louis Sander, 42
Luto, 167
Lynne Murray, 116

M
Mãe
    boa demais, 65
    devotada comum, 63
    perfeita, 67
    suficientemente boa, 63, 101
    tigre, 174
Medo, 54, 55
Meghan Markle, 82
Memória relacional, 145
Metilação, 46
Mídia social, 157
Millennials, 72
Mindfulness, 191
Modelo de Perry, 128
Modelo de regulação mútua, 161
Momento de reunião, 42
Motivação, 146, 218
    subjacente, 219
Mundo social, 197

Músculo orbicular, 80

N
Nancy Snidman, 86
National Science Foundation, 146
Negligência emocional, 183
Nervo vago, 78, 81
Neuroarquitetos, 26
Neurocepção, 78, 80, 82
Neurociência, 11
Neurocomportamento e desenvolvimento socioemocional infantil, xi
Neurônios motores, 146
Neuroplasticidade, 26
Núcleo emocional, 16
    negativo, 185

O
Olhar mútuo, 146
Opiniões polarizadas, 226

P
Padrões
    de metilação, 191
    de sono, 70
    torturantes de conflito, 129
Pais controladores, 174
Paradigma do rosto imóvel, xi, 11, 27, 38, 57, 76, 92, 102, 123, 145, 157, 169, 227
Parceiros interativos, 147
Par de bases, 191
Parentalidade, 222
    autoritária, 210
    confiável, 211
    solo, 224
Paul Hewitt, 72
Pediatras, 19
Pensamento
    consciente, 90
    flexível, 111
Percepção temporal, 129

Perda, 171
Perfeccionismo, 72
Peter Cooper, 116
Peter Fonagy, 6
Pobreza relacional, 128
Pontos de reflexo, 20
Portabilidade, 157
Posição de dependência, 51
Prematuro tardio, 8
Preocupação materna primária, 210
Primeira infância, xi
Príncipe Harry, 82
Princípio da incerteza de Heisenberg, 207
Privação
    de sono, 137
    emocional, 182
Problemas
    emocionais e comportamentais, 10
    sociais, 158
Processos
    epigenéticos, xi
    mentais, 149
Programa de Saúde Mental da Criança e Família da Universidade de Massachusetts Boston, vii
Projeto Hello It's Me, 222
Psicanálise, 166
Psicologia, 17
    do desenvolvimento, 11, 33
Psicoterapia, 93
Psiquiatria, 17

R
Rachel Yehuda, 48
Raiva extrema, 159
RealDoll, 166
Reborn, 167
Recém-nascidos, 19
Reconexão, 4, 7
Recuperação, 171

ÍNDICE

Redes sociais, 164
Reflexo
    de apreensão, 20
    de enraizamento, 20
Regulação mútua, 98, 110
Relacionamentos
    anormais, 18
    fortes, 33
    humanos, 13, 97
    interpessoais, 146
    terapêuticos, 185
Reparação, 34, 45, 82
    e ruptura de aliança, 52
Repetição, 139
Resiliência, 28, 119, 227
    cotidiana ou diária, 121
Responsabilidade, 116
Resposta neurológica
    primitiva, 92
Robert LeVine, 146

S

Saudações exuberantes, 147
Saúde mental, xi, 211
Saúde relacional, 128
Segurança do meio
    ambiente, 77
Sensação emergente, 61
Senso
    de agência, 146
    de coerência, 120, 187
    de controle, 39, 41, 58
    de esperança, 215
    de identidade, 98
    de pertencimento, 228
    de si, 31, 38, 49, 60, 97, 143, 175
Serve and return, 100
Sexo, 98
Shakespeare in the
    Courts, 197
Sigmund Freud, 17, 56, 65
Significados
    compartilhados, 96
    negativos, 39

Síndrome de Asperger, 160
Sistema de engajamento
    social, 94
Sistema de Obervações
    do Comportamento
    Neonatal, 154
Sistema de Observação
    do Comportamento
    Neonatal, 21
Sistema hipotálamo-hipófise-
    adrenal, 130
Sistema nervoso
    autônomo, 54, 77
    imaturo, 42
    parassimpático, 78
    simpático, 78, 81
Sistemas biológicos, 43
Situação ameaçadora, 90
SNA, 77, 81, 93, 130
Sobrecarga sensorial, 162
Sobrevivência da ruptura das
    relações, 53
Sociedade de Pesquisa
    em Desenvolvimento
    Infantil, 17
Sofrimento emocional,
    168, 173
Solidão, 81
Stephen Hawking, 43,
    62, 207
Stephen Porges, 78
Stephen Sondheim, 97
Suicídio, 172

T

Taxas de mortalidade, 181
T. Berry Brazelton, 70
TDAH, 2, 113, 157, 187, 191, 193
Teia terapêutica, 129
Temperamento, 86
Teoria da evolução, 45
Teoria de sistemas
    dinâmicos, 71
    abertos, 43

Teoria do apego, 17
Teoria polivagal, 92, 176, 204
TEPT, 198
Touchpoints, 71
Transferência, 65, 186
Transtorno bipolar, 127
    pediátrico, 7
Transtorno de estresse pós-
    traumático, 198
Transtorno do Deficit
    de Atenção com
    Hiperatividade, 2
Transtorno do Espectro
    Autista, 87, 161
Trauma, 50, 130, 133, 227
    cotidiano ou diário, 134

U

Uma Breve História do
    Tempo, 43
Universidade de
    Massachusetts Boston, ix

V

Vago
    inteligente, 78, 80, 83, 226
    mielinizado, 79
    não mielinizado, 79
    primitivo, 79, 80, 177
Ventre social, 108
Verdadeiro eu, 3, 65
Vício, 126
Vínculo perfeito, 221
Violência doméstica, 128
Vulnerabilidades
    neurobiológicas, 161

W

Winnicott, 3

Projetos corporativos e edições personalizadas
dentro da sua estratégia de negócio. Já pensou nisso?

Coordenação de Eventos
Viviane Paiva
viviane@altabooks.com.br

Contato Comercial
vendas.corporativas@altabooks.com.br

A Alta Books tem criado experiências incríveis no meio corporativo. Com a crescente implementação da educação corporativa nas empresas, o livro entra como uma importante fonte de conhecimento. Com atendimento personalizado, conseguimos identificar as principais necessidades, e criar uma seleção de livros que podem ser utilizados de diversas maneiras, como por exemplo, para fortalecer relacionamento com suas equipes/ seus clientes. Você já utilizou o livro para alguma ação estratégica na sua empresa?

Entre em contato com nosso time para entender melhor as possibilidades de personalização e incentivo ao desenvolvimento pessoal e profissional.

PUBLIQUE SEU LIVRO

Publique seu livro com a Alta Books. Para mais informações envie um e-mail para: autoria@altabooks.com.br

 /altabooks   /alta-books   /altabooks   /altabooks

CONHEÇA OUTROS LIVROS DA **ALTA BOOKS**

Todas as imagens são meramente ilustrativas.

Este livro foi impresso nas oficinas gráficas da Editora Vozes Ltda.,
Rua Frei Luís, 100 – Petrópolis, RJ.